The German Teacher's Companion
Development and Structure of the German Language

Workbook and Key

Helga Hosford
University of Montana

NEWBURY HOUSE PUBLISHERS, INC.
ROWLEY, MASSACHUSETTS 01969
ROWLEY • LONDON • TOKYO
1982

0-88377-276-0

Adapted and verbatim exercises reprinted and reproduced by permission of Harcourt Brace Jovanovich Inc. from *Problems in the Origins and Development of the English Language,* Second Edition, by John Algeo, copyright, 1972, by Harcourt Brace Jovanovich Inc.

Cover design by Barbara Frake

NEWBURY HOUSE PUBLISHERS, INC.

Language Science
Language Teaching
Language Learning

ROWLEY, MASSACHUSETTS 01969
ROWLEY ● LONDON ● TOKYO

Copyright © 1982 by Newbury House Publishers, Inc. All rights reserved. No part of this book may be reproduced or transmitted in any form or by any means, electronic or mechanical, including photocopying, recording, or by any information storage and retrieval system, without permission in writing from the Publisher.

Printed in the U.S.A.

First printing: November 1982
5 4 3 2 1

FOREWORD

Discussions about languages can become sterile and lifeless - unless they are applied to the language in question. This WORKBOOK was designed to supplement the analysis contained in THE GERMAN TEACHER'S COMPANION by using and practicing the German language.

Common to all exercises and problems contained in the WORKBOOK is the practice and amplification of the structural and lexical items discussed in THE GERMAN TEACHER'S COMPANION. The exercises are designed to increase the user's mastery of the German language and to provide insights into its nature and function. Individual exercises are of various types: Some elaborate on certain facts outlined in the COMPANION, others contrast or compare German and English structural characteristics, many summarize related grammatical phenomena, numerous problems are designed to formulate pedagogical approaches and a large number of exercises are designed for the use of the German language. Occasionally some exercises may require the assistance of a dictionary.

The WORKBOOK has the same table of contents as THE GERMAN TEACHER'S COMPANION of which each paragraph is supplemented by at least one, more frequently several exercises or problems. All answers to the exercises and problems can be verified in the KEY.

CONTENTS

CHAPTER ONE

1. ORIGIN AND DEVELOPMENT OF GERMAN
- 1.1 Common Origin of English and German — 1
- 1.2 Indo-European — 1
- 1.3 Germanic — 6
  - 1.31 Germanic Stress Accent — 6
  - 1.32 Germanic Consonant Shift — 6
  - 1.33 Germanic Vowels — 8
  - 1.34 Germanic Structural Innovations — 9
  - 1.35 Germanic Vocabulary — 9
- 1.4 Old Saxon and Old High German — 10
  - 1.41 Old Saxon — 11
  - 1.42 Old High German — 12
    - 1.421 Old High German Consonant Shift — 12
    - 1.422 Old High German Vowels — 15
    - 1.423 Old High German Structure — 16
    - 1.424 Old High German Vocabulary — 19
- 1.5 Middle High German — 20
  - 1.51 Middle High German Sounds — 20
  - 1.52 Middle High German Structure — 23
  - 1.53 Middle High German Vocabulary — 24
- 1.6 Early New High German — 26
  - 1.61 Rise of the Standard Language — 27
  - 1.62 Early New High German Syntax — 28
  - 1.63 Early New High German Vocabulary — 29
- 1.7 New High German — 31
  - 1.71 Refinement of the Standard Language — 31
- 1.8 Modern German — 33
  - 1.81 Modern Standard German — 33
  - 1.82 Modern German Dialects — 34
- 1.9 Descriptions of the German Language — 37
  - 1.91 Early German Grammars — 37
  - 1.92 Descriptions of Modern German — 38

CHAPTER TWO

2. PHONOLOGY
- 2.1 Phonemics — 40
- 2.2 Transcriptions — 40
- 2.3 Consonants — 41
  - 2.31 Description of Consonants — 41
  - 2.32 German and English Consonant Systems — 42
  - 2.33 English-German Conflicts — 42

2.331	Phonemic Conflicts: /ç/, /x/	43
2.332	Phonetic Conflicts: /l/, /r/	44
2.333	Allophonic Conflicts /š/; /p,t,k/	44
2.334	Distributional Conflicts: Clusters	45
2.4	Vowels	47
2.41	Description of Vowels	47
2.42	German and English Vowel Systems	48
2.43	English-German Conflicts	49
2.431	Allophonic Conflicts: /ī,ū,ē,ō/; /ai,oi,au/; /ə/	49
2.432	Phonetic Conflicts: /ā,a/o/	49
2.433	Phonetic Conflicts: /ū,ü,ō,ö/ Vowels before /r/	50
2.434	Distributional Conflicts: Unstressed Vowels	52
2.5	Suprasegmentals	53
2.51	Stress	53
2.52	Intonation	53
2.53	Juncture	53
2.6	Orthography	54
2.61	Consonant Graphemes	54
2.62	Vowel Graphemes	55
2.63	Syllabic Division	56
2.64	Capitalization	57
2.65	Punctuation	57

CHAPTER THREE

3.	VERB PHRASE	
3.1	Forms in the Verb Phrase	58
3.11	Verbal Inflection	58
3.12	Inflected Forms	58
3.13	Verb Types	59
3.131	Separable and Inseparable Verbs	59
3.132	Weak Verbs	60
3.133	Strong Verbs	60
3.134	Verbs with Weak and Strong Forms	62
3.135	Mixed Verbs	64
3.1351	Modal Verbs and *wissen*	65
3.146	Auxiliaries	65
3.14	Inventory of Verbal Morphemes	66
3.141	Inflectional Endings	66
3.142	Tense and Mood Markers	68
3.1421	Phonological Conditioning of Verbal Morphemes	68
3.15	Non-Finite Forms	69
3.151	Infinitive	69
3.152	Past Participle	69
3.153	Present Participle	70
3.16	Formation of Simple Tenses and Moods, Active Voice	71

3.161	Present Indicative	71
3.162	Simple Past Indicative	71
3.163	General Subjunctive	72
3.164	Special Subjunctive	73
3.165	Imperative	76
3.17	Formation of Compound Tenses and Moods, Active Voice	77
3.171	Present Perfect Indicative	77
3.172	Past Perfect Indicative	79
3.173	Future Indicative	81
3.174	Future Perfect Indicative	81
3.175	Compound Tenses in Subjunctive Mood	82
3.18	Formation of Passive Voice	82
3.181	Tenses in the Passive Voice	82
3.182	Future Passive and Passive with Modals	84
3.183	Alternate Expressions of Passive	85
3.19	Coordination of the Verb Phrase	86
3.2	<u>Use and Function of Forms in the Verb Phrase</u>	87
3.21	Use of Tenses	87
3.211	Use of Present Tense	88
3.212	Use of Conversational Present Perfect	88
3.213	Use of Narrative Past and Past Perfect	88
3.214	Time Modifiers	89
3.215	Use of Future and Future Perfect	90
3.22	Use of Moods	91
3.221	Use of Indicative	91
3.222	Mood Modifiers	91
3.223	Use of Modal Verbs	91
3.2231	Objective and Subjective Meaning	92
3.2232	Infinitive Complements	93
3.2233	Other Complements of Modals	94
3.2234	Modal Verbs in Imperatives	95
3.2235	Idiomatic Use of Individual Modals	96
3.224	Use of General Subjunctive	98
3.2241	Unreal Conditions	99
3.2242	Unreal Wishes	99
3.2243	Unreal Comparisons	100
3.2244	Other Uses of General Subjunctive	101
3.225	Use of Special Subjunctive	103
3.2251	Indirect Speech	103
3.2253	Other Uses of Special Subjunctive	104
3.226	Use of Imperative	105
3.23	Use of Voices	106
3.231	Use of Active Voice	106
3.232	Use of Passive Voice	107
3.24	Use of Non-Finite Forms	108
3.241	Use of Infinitive	108
3.2411	Use of Infinitive with <u>zu</u>	110
3.242	Use of Past Participle	110
3.243	Use of Present Participle	111

3.3	<u>The Verb Phrase as Syntactical Unit</u>	113
3.31	Predicate	113
3.311	Finite Verb	113
3.312	Finite Verb + Infinitive	114
3.313	Finite Verb + Past Participle	114
3.314	Finite Verb + Present Participle	115
3.315	Finite Verb + Adjective	115
3.316	Finite Verb + Nominative	115
3.317	Constituents of Predicate	116
3.32	Congruence between Subject and Predicate	117
3.33	Valence of Predicate	117
3.331	Subject	117
3.332	Object	118
3.3321	Predicates with Accusative Object	119
3.3322	Predicates with Dative Object	120
3.33221	Reflexive Predicates	122
3.3323	Predicates with Dative and Accusative Objects	123
3.3324	Predicates with Genitive Object	124
3.3325	Predicates with Prepositional Object	125
3.333	Clause Constituent Plans	126
3.4	<u>Modification of the Verb Phrase</u>	128
3.41	Forms of Modifiers	128
3.411	Adverbs Modifying Verb Phrases	128
3.412	Noun Phrases Modifying Verb Phrases	129
3.413	Prepositional Phrases Modifying Verb Phrases	129
3.42	Use and Function of Modifiers	130
3.421	Modifiers of Place	130
3.422	Modifiers of Time	131
3.423	Modifiers of Mood	132
3.424	Modifiers of Cause	133
3.425	Modifiers of Purpose	134
3.426	Modifiers of Contrast	134
3.427	Modifiers of Condition	134
3.428	Modifiers of Comparison	135
3.429	Modifiers of Emphasis	136
3.43	Negation of the Predicate	137

CHAPTER FOUR

4.	<u>NOUN PHRASE</u>	
4.1	<u>Forms in the Noun Phrase</u>	139
4.11	Constituents of the Noun Phrase	139
4.12	Nouns	139
4.121	Nominal Inflection	140
4.122	Gender	141
4.123	Number	141
4.1231	Phonological Conditioning of Plural Morphemes	143
4.124	Case	144
4.13	Determiners	144

4.131	<u>der</u>-Determiners	144
4.132	<u>ein</u> Determiners	145
4.14	Adjectives	146
4.141	Determining Adjective Inflection	147
4.142	Reduced Adjective Inflection	148
4.143	Inflectional Fluctuations	150
4.144	Comparison of Adjectives	152
4.1441	Phonological Conditioning of Adjective Morphemes	152
4.145	Nominalized Adjectives	152
4.146	Extension of Adjectives	154
4.147	Numbers	155
4.1471	Cardinal Numbers	155
4.1472	Ordinal Numbers	156
4.1473	Other Numerical Expressions	157
4.15	Prepositions	158
4.151	Prepositions with Accusative	159
4.152	Prepositions with Dative	160
4.153	Prepositions with Accusative and Dative	161
4.154	Prepositions with Genitive	161
4.16	Pronouns	162
4.161	Personal Pronouns	162
4.1611	Reflexive Pronouns	164
4.162	Prepositional Pronouns	165
4.163	Determiners as Pronouns	167
4.164	Indefinite Pronouns	168
4.165	Interrogative Pronouns	168
4.17	Coordination of the Noun Phrase	170
4.2	<u>Use and Function of Forms in the Noun Phrase</u>	171
4.21	Use of Nouns	171
4.211	Nominalization	171
4.22	Use of Adjectives	173
4.23	Use of Functional Markers	174
4.231	Use of Determiners	174
4.232	Use of Prepositions	174
4.24	Use of Functional Categories	176
4.241	Use of Number	176
4.242	Use of Case	177
4.2421	Use of Nominative	177
4.2422	Use of Accusative	177
4.2423	Use of Dative	177
4.2424	Use of Genitive	177
4.23	Use of Pronouns	178
4.3	<u>The Noun Phrase as Syntactical Unit</u>	179
4.31	Subject	179
4.311	Predicate Nominative	179
4.32	Objects	179

4.321	Accusative Object	179
4.322	Dative Object	179
4.323	Genitive Object	179
4.324	Prepositional Object	179
4.33	Noun Phrases as Modifiers	179
4.331	Prepositional Phrases as Modifiers	179
4.34	Valence of the Noun Phrase	180
4.4	Modification of the Noun Phrase	181
4.41	Adverbs Modifying Noun Phrases	181
4.42	Noun Phrases Modifying Noun Phrases	182
4.421	Apposition	182
4.422	Genitive Modifier	183
4.423	Prepositional Modifier	184
4.43	Negation of the Noun Phrase	186

CHAPTER FIVE

5.	<u>SENTENCES AND CLAUSES</u>	
5.1	<u>Sentences</u>	187
5.11	Constituents of Sentences	187
5.2	<u>Main Clauses</u>	188
5.21	Types of Main Clauses	188
5.211	Communicative Function	188
5.22	Position of Constituents in Main Clauses	189
5.221	Position of Predicate	189
5.222	Position of Subject	190
5.223	Position of Objects	191
5.224	Position of Modifiers	192
5.2241	Emphatic Positions	193
5.2242	Position of Negation	193
5.23	Coordination of Main Clauses	194
5.231	Coordinating Conjunctions	194
5.232	Pronouns and Adverbs as Connectors	194
5.33	<u>Subordinate Clauses</u>	196
5.31	Function of Subordinate Clauses	196
5.32	Position of Constituents in Subordinate Clauses	197
5.33	Types of Subordinate Clauses	198
5.331	Relative Clauses	198
5.332	daß-Clauses	199
5.3321	Infinitive Constructions	201
5.333	Interrogative Clauses	202
5.334	Modifier Clauses	203
5.3341	Clauses of Place	203
5.3342	Clauses of Time	204
5.3343	Clauses of Cause	206
5.3344	Clauses of Purpose	206
5.3345	Clauses of Contrast	208

5.3346	Clauses of Condition	209
5.3347	Clauses of Comparison	210
5.4	**Complex Sentences**	213
5.41	Position of Clauses in Sentences	213
5.411	Initial Clauses	214
5.412	Embedded Clauses	215
5.413	Abbreviated Clauses	216
BIBLIOGRAPHY		218
KEY		219

CHAPTER ONE

1. ORIGIN AND DEVELOPMENT OF GERMAN
1.1 Common Origin of German and English

a. Design a small introductory teaching unit to show your students how many German words they already know, before even having begun the study of German.

___

b. Evaluate the validiity of asking students to look up in a recent encyclopedia the entries "English Language: History" and "German Language: History."

___

1.2 Indo-European

a. The map below shows the main Indo-European language groups in Europe and the Near East, as well as some non-Indo-European languages. Complete the key on the next page by writing the number of the language branch in the appropriate blanks:

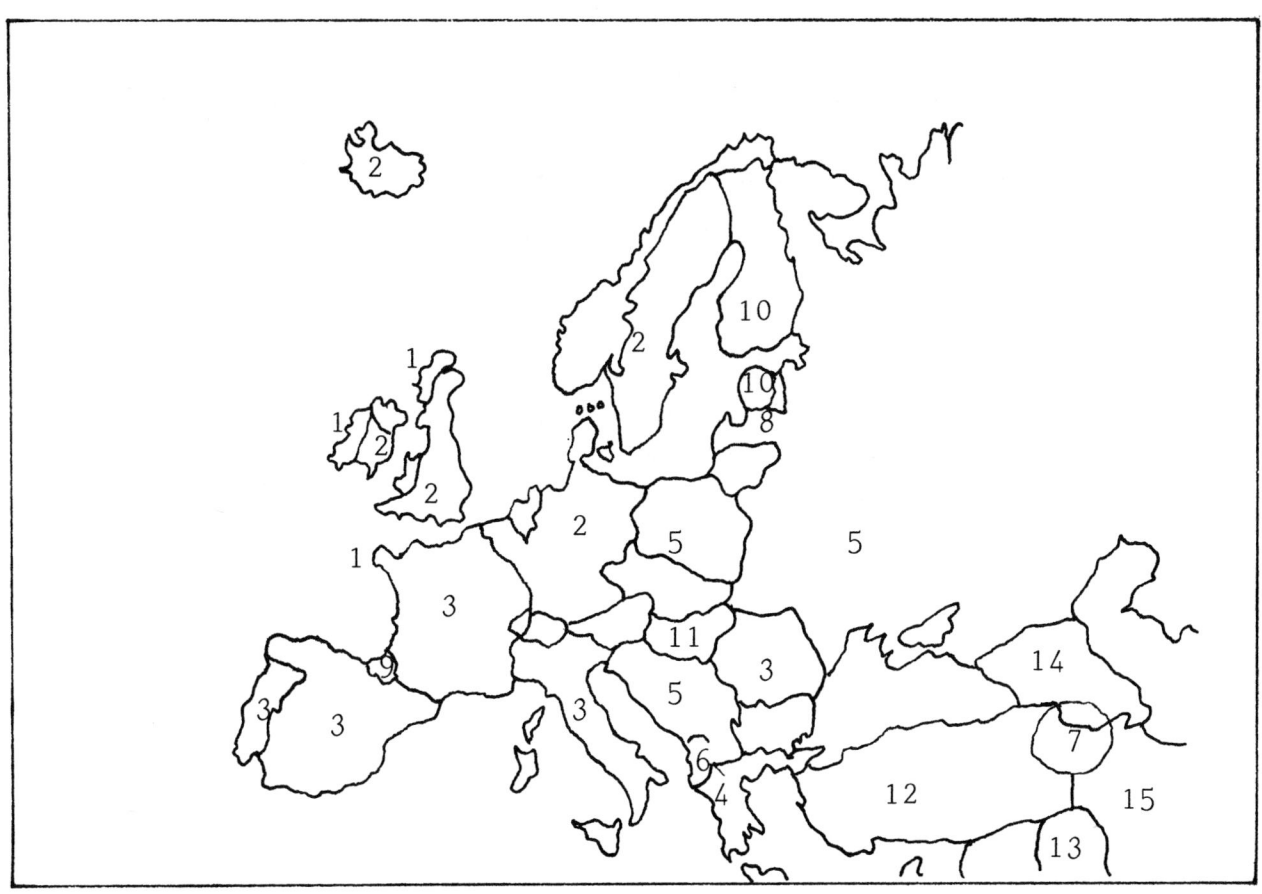

INDO-EUROPEAN		NON-INDO-EUROPEAN	
1. Iranian	____	10. Finish	____
2. Armenian	____	11. Hungarian	____
3. Albanian	____	12. Semitic	____
4. Baltic	____	13. Altaic	____
5. Slavic	____	14. Basque	____
6. Greek	____	15. Caucasian	____
7. Romance	____		
8. Celtic	____		
9. Germanic	____		

b. Below are lists of words from ten Indo-European languages and their reconstructed Indo-European source. Use the blanks to sort out the words into cognate lists:

OLD ENGLISH: dohtor, ēast, fæder, full, hund, mōdor, morðor, sunu, sweostor, Tiw, toþ, widuwe.

NEW HIGH GERMAN: Hund, mord, Mutter, Osten, Schwester, Sohn, Tochter, Vater, voll, Witwe, Zahn, (OHG) Zīo.

OLD NORSE: dóttir, faðir, fullr, hundr, morðr, moðir, öxull, sunr, systir, tönn, Týr.

GOTHIC: dauhtar, fadar, fulls, hunds, maurþr, sunus, swistar, tunþus, widuwo.

LATIN: aurōra, canis, dens, Iūppiter, māter, mors, pater, plēnus, soror, vidua.

GREEK: ēṓs, huios, kuōn, mētēr, mortos, odontos, patēr, pleres, thygater, Zeus.

RUSSIAN: dočʹ, matʹ, mjortvyĭ, polnyĭ, sestra, suka 'bitch,' syn, vdova.

LITHUANIAN: aušra, dantis, dievas, dukte, mirtîs, mote 'woman,' pilnas, sesuo, sunus, šuns, (O. Prussian) widdewu.

IRISH: athir, cū, det, dia 'god,' fedb, lan, marb, mathir, suir.

SANSKRIT: çvan-, dant-, duhitar-, dyaus-pitar, martaš-, matar-, pitar-, purna-, sunu-, svasar-, usas, vidhava-.

INDO-EUROPEAN: *aus(t)-, deiwos/dyeu, *dent-/(o)dont-, *dhughəter, *kw(o)n(-to)-/kan-i-, *māter, *m(e)rt(r)-, *pətēr, *pləno-, *sunu-, *swesor-, *widhēwo-.

	'father'	'mother'	'sister'	'son'
OE				
NHG				
ON				
GOT				
LAT				
GK				
RUSS				
LITH				
IR				
SKT				
IE				

	'daughter'	'widow'	'east'	'full'
OE				
NHG				
ON				
GOT				
LAT				
GK				
RUSS				
LITH				
IR				
SKT				
IE				

	'hound'	'tooth'	'Sky-father'	'mortal, death'
OE				
NHG				
ON				
GOTH				
LAT				
GK				
RUSS				
LITH				
IR				
SKT				
IE				

c. In describing the historical development of a language group, we have recourse to various metaphors or models. One such metaphor is that of a family with the Indo-Europen language as parent with its descendants. the other metaphor is a botanical one, with the Indo-European stem and its branches. These metaphors are often combined in a family tree model.

Use the languages in the following list to complete the family tree on the next page:

Aeolic	Galician	Pali	Slovak
Albanian	Gaulish	Persian	Slovenian
Armenian	Hindi	Picard	Spanish
Avestic	Hindustani	Pictish	Tocharian
Bengali	Hittite	Polish	Ukrainian
Breton	Ionic-Attic	Portuguese	Umbrian
Bulgarian	Italian	Provençal	Urdu
Byelorussian	Lettish	Prussian	Walloon
Catalan	Lithuanian	Rhaeto-Romanic	Welsh
Cornish	Manx	Romany	Wendish[1]
Czech	Modern Greek	Rumanian	
Doric	Norman	Russian	
French	Oscan	Serbo-Croatian	

---

[1] Exercises 1.2 a, b, c: Adapted and verbatim exercises reprinted and reproduced by permission of Harcourt Brace Jovanovich, Inc, from PROBLEMS IN THE ORIGINS AND DEVELOPMENT OF THE ENGLISH LANGUAGE, Second Edition by John Algeo, © 1972 by Harcourt Brace Jovanovich, Inc.

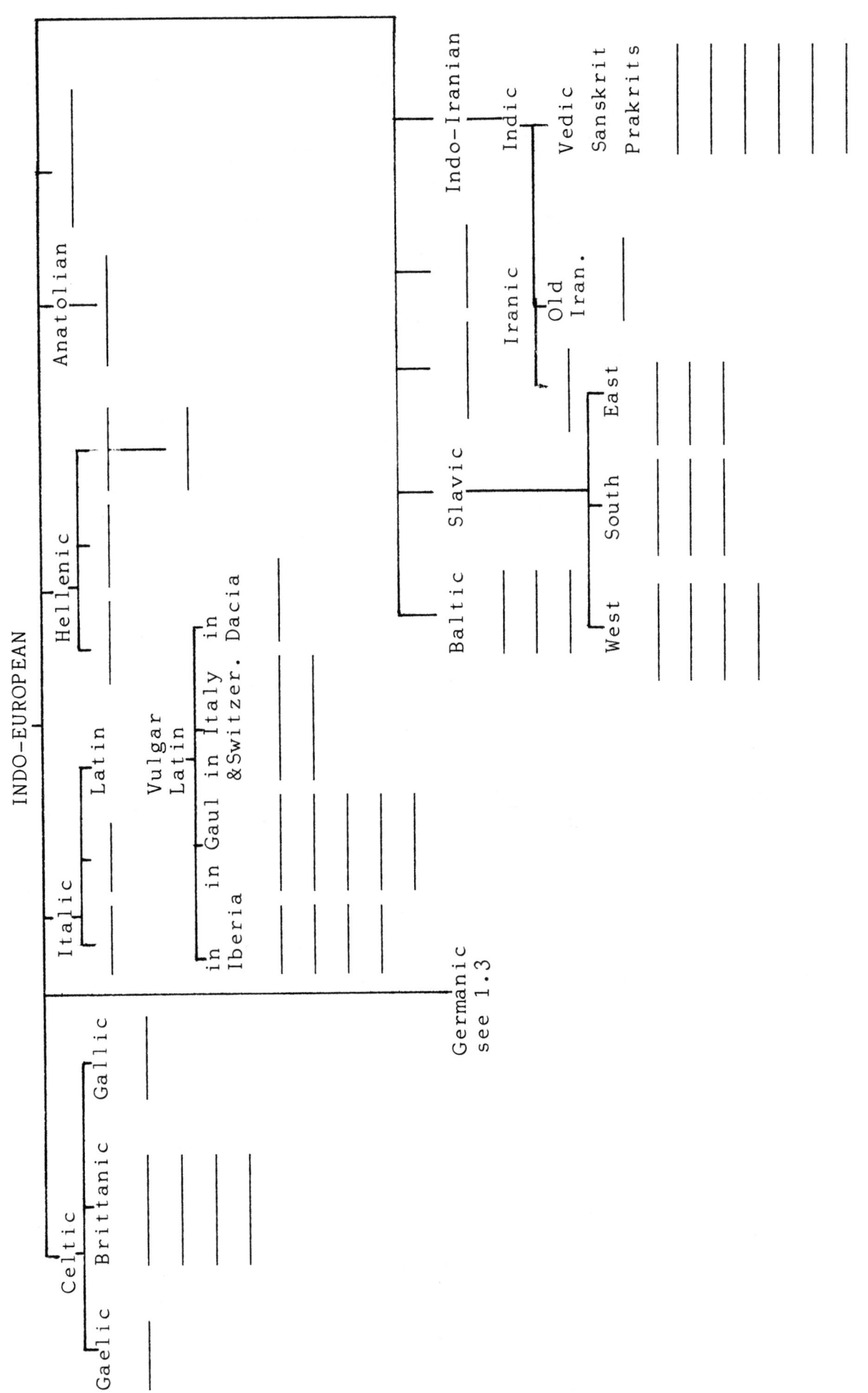

1.3 Germanic

a. What tribes or peoples gave their names to the following regions, concepts, or names:

1. Burgundy _____
2. England _____
3. Essex _____
4. France _____
5. Normandy _____
6. Lombardy _____
7. vandalism _____
8. Wendel _____

b. Complete the family tree of the Germanic languages on page 7 by placing the following languages in the appropriate blanks:

Afrikaans	English	Icelandic	Old Low Franconian
Alemannic	Flemish	Langobardic	Old Norse
Bavarian	Frankish	Low German	Old Saxon
Burgundian	Frisian	Norwegian	Swedish
Danish	Gothic	Old English	Vandalic
Dutch	High German	Old Frisian	Yiddish

1.31 Germanic Stress Accent

a. Observe commercials that use alliteration, or brand-names, associations, firms, or names used on Citizen Band Radio. Give a few examples:

_____
_____

b. Find at least ten English and German alliterative idioms.

_____ _____
_____ _____
_____ _____
_____ _____
_____ _____

1.32 Germanic Consonant Shift

a. In each of the pairs, seen below, the first item is the reconstructed Indo-European root; the second is the English cognate in which the consonants reflect the effects of the Germanic consonant shift in a regular manner. Complete the English words:

IE	ENGLISH	IE	ENGLISH
1. *bha- 'speak'	___an	5. *de-	___o
2. *dheu- 'flow'	___ew	6. *gel-	___ool
3. *ghans- 'goose'	___oose	7. *pau-	___ew
4. *bend- 'point'	___en	8. *tr-	___rough

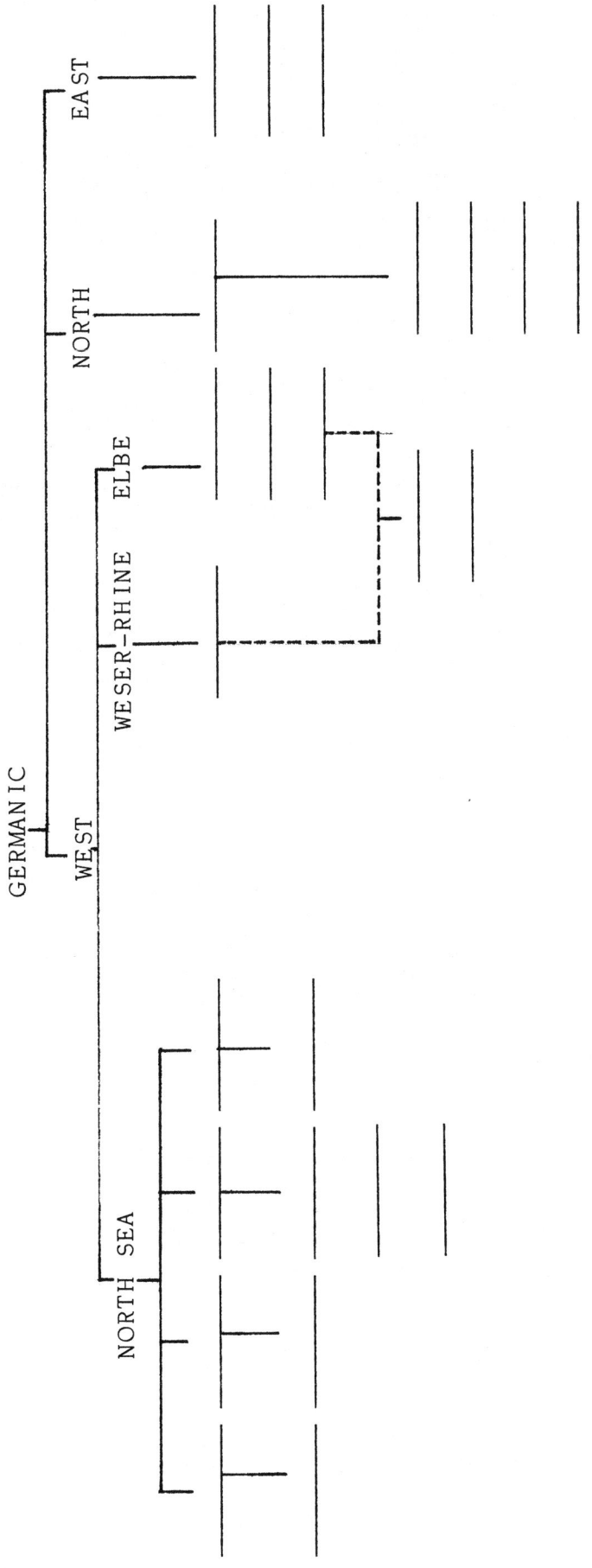

9. *kan- 'sing'   ____en   24. *leb-   li____
10. *angh- 'tight'   an____er   25. *dem- 'built'   ____imber
11. *bher-   ____ear   26. *bhlō-   ____loom
12. *koimo-   ____ome   27. *dhō- 'put'   ____o
13. *pā-   ____ood   28. *tum- 'swollen'   ____umb
14. *swād-   swee____   29. *tong- 'feel'   ____an
15. *gl- 'ball'   ____lue   30. *pet- 'fly'   ____ea____er
16. *dhrēn-   ____rone   31. *treud- 'squeeze' ____rea
17. *lab- 'lick'   la____   32. *bhreg-   ____rea
18. *pūlo- 'rotten'   ____oul   33. *bheid- 'split'   ____i____e
19. *wadh- 'pledge'   we____   34. *dhragh-   ____ra
20. *wāb-   wee____   35. *grebh- 'scratch' ____ra
21. *plōu-   ____low   36. *porko- 'pig'   OE____ear____
22. *aug- 'increase'   e____e   37. *kwerp- 'turn'   w____ar
23. *kel- 'cover'   ____ell   38. *ghreib-   ____ri
                                        39. *magh- 'can'   OE ma____an
                                        40. *wegh- 'go'   OE we____[1]

b. In the words below, the Indo-European stress accent was on some syllable other than the first; therefore, Verner's Law applies. Supply the missing letters:

1. *kaput-   Got. hau____iþ 'head' Haupt
2. *plōtu-   floo____
3. *konk-   han____
4. *wes-   we____e
5. *sep(t)m   Got. si____un 'seven' sieben
6. *klūto-   OE hlū____ 'loud'
7. *dukā-   OE to____ian ziehen
8. *sauso-   sea____[1]

c. In modern German, a number of doublets with alternations of consonants bear witness to Verner's Law. Supply the missing letters:

1. Riege   Rei____e   7. gedeihen   gedie____en
2. Öse   Oh____   8. Schnitt   schnei____en
3. Knödel   Kno____en   9. ziehen   Zu____
4. frieren   Fro____t   10. war   gewe____en

---

[1]Exercises 1.32 a. and b: Adapted and verbatim exercises reprinted and reproduced by permission of Harcourt Brace Jovanovich, Inc, from PROBLEMS IN THE ORIGINS AND DEVELOPMENT OF THE ENGLISH LANGUAGE, Second Edition by John Algeo, ©1972 by Harcourt Brace Jovanovich, Inc.

5. Kiesen	Ku___fürst		11. darben	dür___en	
6. verlieren	Verlu___t		12. nähren	gene___en	

1.33 Germanic Vowels

a. The following English words exhibit loss of nasal before spirant. Give the German cognates:

1. mouth _____   4. dust _____
2. soft _____   5. south _____
3. tooth _____   6. couth _____

b. The vowel pattern of the OHG strong verb class III still exists in modern German. Give four NHG examples:

IIIa _____   _____
     _____   _____

IIIb _____   _____
     _____   _____

1.34 Germanic Structural Innovation

Identify the Germanic structural changes in the examples below by placing the number (1, 2 or 3 from below) in the blanks:

(1) two tense verbal system (2) two-fold adjective inflection (3) weak verbs

1. suohu 'I week'   sagio 'I perceive'
    suohta 'I sought'   sagivi 'I perceived'   ____/____

2. ther triuwo manno   iste fidus servus
    triuwer manno   fidus servus
           '(the) faithful servant'   ____

3. zemmu   'I tame'   domo 'I tame'
    zemmeta 'I tamed'   domui 'I tamed'   ____/____

4. singt 'he sings'   cantat   'he sings'
    sang   'he sang'   cantabat 'he sang'
                                cantavit 'he has sung'   ____

5. dese guoton friunta   illi boni amici
    guote friunta   boni amici
           '(these) good friends'   ____

1.35 Germanic Vocabulary

a. Many Germanic names, frequently composed of two words, survive in German and English. Find names that contain at least one of the OHG words below:

OHG	ENGLISH	NAMES
1. adal	'noble'	_____
2. aro	'eagle'	_____
3. balt	'bold, courageous'	_____

4. beraht   'bright'   _____
5. brant   'sword'   _____
6. fridu   'peace'   _____
7. gēr   'javelin'   _____
8. gund   'battle'   _____
9. harti/herti   'hard, strong'   _____
10. haþu   'battle'   _____
11. helm   'helmet'   _____
12. heri   'army'   _____
13. hilt   'battle'   _____
14. lint   'shield of linden wood' _____
15. mār   'famous'   _____
16. rīh-   'ruler, empire, powerful' _____
17. runa   'rune'   _____
18. wīg   'battle'   _____
19. will   'will'   _____
20. wīn   'friend'   _____

b. The Romans named the days of the week for their gods that were, in part, represented by planets, and for the moon and the sun. The Germanic gods were Wotan (Wodan, Odin), Tio (Ziu, Teiwa, Tingus), Thor (Donar), and Freia.

   1. Determine the Germanic origin of the English and German names for the days of the week.

      _____
      _____
      _____
      _____

   2. Where does <u>Mittwoch</u>, as opposed to English 'Wednesday,' come from?

      _____

   3. <u>Samstag</u> came into German through the Greek mission. Where is it used?

      _____

1.4 Old Saxon and Old High German

Match the geographical areas of Germany with the dialects of origin and the modern German dialects:

(1) Northern Germany   (3) Middle Germany   (5) Southern Germany
(2) Old Saxon   (4) Middle German   (6) Upper German

1. Alemannic _____ _____   5. Moselle Franconian _____ _____
2. Bavarian _____ _____   6. Low German _____ _____
3. East Franconian _____ _____   7. Rhenish Franconian _____ _____
4. Franconian _____ _____   8. Ripuarian _____ _____

1.41 Old Saxon

To illustrate the similarity between Old English and Old Saxon, some compound nouns in both languages are given below.

a. Give an approximate English translation:

	OLD ENGLISH	OLD SAXON	NHG	ENGLISH
1.	æþel-cyning	aðal-kuning	Edelkönig	
2.	eorð-rīce	erð-rīki	Erdreich	
3.	wine-trēow	wini-treuwa	Freundestreue	
4.	freodo-wær	fridu-wāra	Friedenswahrer	
5.	heals-myne	hals-meni	Halsband	
6.	heofod-wund	hōbiþ-wunda	Hauptwunde	
7.	ceap-steta	kōp-steti	Kaufstätte	
8.	lād-weorc	lēd-werc	Leidwerk	
9.	hearm-cwiðe	harm-quiði	Schmährede	
10.	sōð-spell	soð-spell	Wahrrede	

b. Which of the compound words exist in
   NHG _____
   NE _____

c. Which of the words in the first part of the above compound nouns exist in
   NHG _____
   NE _____

d. What words in the second part of the compounds exist in
   NHG _____
   NE _____

e. Compare the capacity of compounding in German and English on the basis of the evidence provided above.
   _____
   _____

f. Which of the languages is more conservative? _____

1.42 Old High German

a. Deliberate on the difficulties of adapting a writing system to a language which previously had none.

_____
_____

b. Many translations from Latin to Old High German were interlinear. What influence may this practice have had on German syntax?

_____
_____

1.421 Old High German Consonant Shift

a. Complete the cognates below according to the rules of the OHG consonant shift and of $d>t$, $þ>d$:

1. better	be___er		16. pepper	___e___er
2. bite	bei___en		17. penny	___ennig
3. both	bei___e		18. plant	___lan___e
4. bread	Bro___		19. plough	___lug
5. brother	___ru___er		20. pole	___ahl
6. dead	___o___		21. shoot	schie___en
7. deed	___a___		22. tame	___ahm
8. door	___ür		23. thank	___ank
9. dream	___raum		24. the	___ie
10. foot	___u___		25. thou	___u
11. grip	grei___en		26. thumb	___aumen
12. heart	Her___		27. tide	___ei___
13. hearth	Her___		28. to	___u
14. let	la___en		29. token	___ei___en
15. pan	___anne		30. weapon	Wa___en [1]

b. Complete the English words:

1. bear___	Bart		5. ___rong	Drang
2. bi___	bieten		6. fea___er	Feder
3. boo___	Buch		7. floo___	Flut
4. ___istle	Distel		8. ha___e	hassen [1]

---

[1] Examples taken from PROBLEMS IN THE ORIGINS AND DEVELOPMENT OF THE ENGLISH LANGUAGE, Second Edition by John Algeo, copyright © 1972 by Harcourt Brace Jovanovich, Inc., adapted by permission of the publisher.

9.	ho___e	hoffen		15.	re___on	rechnen
10.	coo___	kochen		16.	sha___e	schaffen
11.	la___e	Lache		17.	shi___	Schiff
12.	ma___e	machen		18.	___oll	Zoll
13.	o___en	offen		19.	___ongue	Zunge
14.	___a___	Pfad		20.	___wo	zwei

c. Some cognates have assumed divergent meanings in English and German. Complete the words and give their meanings:

	ENGLISH	MEANING	GERMAN	MEANING
1.	timber		___immer	
2.	dish		___isch	
3.	sake		Sa___e	
4.	town		___aun	
5.	plight		___li___t	
6.	fret		fre___en	
7.	wreath		Ra___	
8.	gate		Ga___e	
9.	team		___aum	
10.	doughty		ü___tig	
11.	write		rei___en	
12.	dreary		___raurig	
13.	ordeal		Ur___eil	
14.	dapper		___a___er	
15.	tide		___ei___	

d. The chart below gives a summary of the development of some consonants from IE to OHG. Place the consonants in the appropriate spaces under Germanic and OHG consonants:

INDO-EUROPEAN		GERMANIC		OLD HIGH GERMAN	
EXAMPLE	CONSON	EXAMPLE	CONSON	EXAMPLE	CONSON
*bendh	*b	pound		pfund	
*(slabn-)		sleep		slaffen	
*del	*d	tell		zellen	
*ed-		eat		ezzan	
*gno-	*g	OE kunnan		chunnan	
*ag-		make		mahhōn	
*ghebh-	*bh	Gmc geban		geban	
*dhragh-	*dh	OE dragan		tragan	
*ghans-	*gh	goose		gans	
*pod-	*p	foot		fuoz	
*treyes-	*t	three		drei	
*kmt-	*k	hund(red)		hund-	

e. Complete the following cognates, showing the correspondence between English 'v, f' and NHG b in intervocalic and final position:

	ENGLISH	GERMAN			ENGLISH	GERMAN
1.	raven	Ra e		6.	sho e	schieben
2.	give	ge en		7.	li e	leben
3.	have	ha en		8.	wea e	weben
4.	strive	stre en		9.	sie e	Sieb
5.	loaf	Lai		10.	hea e	heben

f. Some of these cognates underwent semantic changes. Give the meanings of the following words:

	ENGLISH	MEANING	GERMAN	MEANING
1.	stove	_____	Stu e	_____
2.	wife	_____	Wei	_____
3.	drive	_____	trei en	_____
4.	knave	_____	Kna e	_____
5.	shave	_____	scha en	_____
6.	starve	_____	ster en	_____

1.422 Old High German Vowels

a. Since umlaut was a West and North Germanic tendency, reflexes of it also exist in modern English. Complete the English word pairs:

1. strong   _____
2. OE mōt 'get together'   to _____
3. gold   _____
4. OE dōm 'judgment'   to _____
5. older   _____
6. _____ brethren
7. _____ vixen
8. _____ feet
9. _____ mice
10. _____ length

b. In OHG and MHG, the umlaut of Gmc *a>e (Got. gasteis, OHG gesti) and from Gmc *e>i (OHG geben, gibit) were expressed in writing. A later spelling reform introduced the spelling <ä> for the umlaut of Gmc *a. A few words, however, were overlooked and are still spelled with <e>.

1. schnell zur Hand   beh___nde
2. Überschwang   überschw___nglich
3. Adel   ___del
4. alt   ___ltern
5. aus dem Land   el___nd
6. fahren   f___rtig
7. Hag   Geh___ge

c. Not only cognates which reflect consonantal correspondences in English and German, but also cognates which illustrate regular, if different, developments of vowels are easy to find and helpful to use. Complete the words:

Modern German <ei> /ai/ is equivalent to modern English /ai/ or /ō/.

	ENGLISH	GERMAN		ENGLISH	GERMAN
1.	ice	___s	7.	___k	Eiche
2.	bite	b___βen	8.	g___t	Geiβ
3.	pipe	Pf___fe	9.	cl___the	Kleid
4.	smite	schm___βen	10.	h___me	Heim
5.	wide	w___t	11.	st___ne	Stein
6.	ride	r___ten	12.	al___ne	allein

Modern German <u>ie</u> /ī/ corresponds with English /ī/:

13. thief	D___b		18. b___r	Bier	
14. freeze	fr___ren		19. f___	Vieh	
15. Greek	Gr___che		20. s___ge	Sieg	
16. seal	S___gel		21. z___l	Ziel	
17. keel	K___l		22. sm___r	schmieren	

Since English unrounded those vowels that had resulted from umlaut, many cognates show German /ü/ and /ö/ and English the unrounded counterpart /i/ and /e/.

23. mint	M___nze		28. tw___lve	zwölf	
24. kiss	k___ssen		29. th___n	dünn	
25. hell	H___lle		30. h___r	hören	
26. sin	S___nde		31. f___l	fühlen	
27. keen	k___hn		32. sw___r	schwören	

1.423 Old High German Structure

a. Observe the paradigm of OHG <u>geban</u> 'to give' and supply the NHG paradigm:

<u>OHG</u>　　　　　　　　　　　　　　　　　　<u>NHG</u>

Inf.: <u>geban</u>　　　　　　　　　　　　　　　　_____

Pres. indicative:

　　　<u>gibu</u>　　　　　　　　　　　<u>ich</u> _____
　　　<u>gibis(t)</u>　　　　　　　　　<u>du</u> _____
　　　<u>gibit</u>　　　　　　　　　　<u>er</u> _____
　　　<u>gebamēs</u>　　　　　　　　　<u>wir</u> _____
　　　<u>gebet</u>　　　　　　　　　　<u>ihr</u> _____
　　　<u>gebent</u>　　　　　　　　　 <u>sie</u> _____

Special Subj:

　　　<u>gebe</u>　　　　　　　　　　<u>ich</u> _____
　　　<u>gebes(t)</u>　　　　　　　　<u>du</u> _____
　　　<u>gebet</u>　　　　　　　　　 <u>er</u> _____
　　　<u>gebēm</u>　　　　　　　　　 <u>wir</u> _____
　　　<u>gebēt</u>　　　　　　　　　 <u>ihr</u> _____
　　　<u>gebēn</u>　　　　　　　　　 <u>sie</u> _____

Past indicative:

　　　<u>gab</u>　　　　　　　　　　 <u>ich</u> _____
　　　<u>gābi</u>　　　　　　　　　　<u>du</u> _____
　　　<u>gab</u>　　　　　　　　　　 <u>er</u> _____
　　　<u>gābumēs</u>　　　　　　　　 <u>wir</u> _____
　　　<u>gābut</u>　　　　　　　　　 <u>ihr</u> _____

gābun	sie	_____
General Subj:		
gābi	ich	_____
gābīs(t)	du	_____
gābi	er	_____
gābīm	wir	_____
gābīt	ihr	_____
gābīn	sie	_____
Pres. participle:		
gebanti		_____
Past participle:		
gigeban		_____

1. In the du-form of the present indicative, only the ending -is is historical. The -t was probably added as an enclitic: gibis tu> gibst du. How did the -st arise in the simple past and in the subjunctives?

   _____

2. Apocope (<Greek apokopē 'cutting off') is the loss of a final syllable or sound. Indicate in what instances apocope occurred from the OHG to the NHG forms of geben:

   _____ _____ _____

3. Synocope (<Greek synkopē 'cutting off together') is the loss of a medial sound. In which forms did this happen?

   _____ _____ _____

4. Analogy (<Greek analogia 'proportion') is the process by which a less frequent form is replaced by a more frequent form. In what instance was the vowel length in the paradigm leveled through analogy?

   _____

5. In what instances and why do some NHG forms show umlaut?

   _____

6. The weakening of unstressed syllables changed each vowel in unstressed syllables to /ə/. Supply the OHG vowels from the paradigm:

OHG	___	___	___	___	___
NHG			/ə/		

b. Below are paradigms of some OHG and MHG nouns. Supply the NHG forms:

der-NOUNS

	OHG	MHG	NHG	OHG	MHG	NHG
Sg N	tag	tac	___	gast	gast	___
A	tag	tac	___	gast	gast	___
D	tage	tage	___	gaste	gaste	___
G	tages	tages	___	gastes	gastes	___
Pl N	taga	tage	___	gesti	gestes	___
A	taga	tage	___	gestin	gesten	___
D	tagun	tagen	___	gestin	gesten	___
G	tago	tage	___	gestio	geste	___

der-NOUN   das-NOUN

	OHG	MHG	NHG	OHG	MHG	NHG
Sg N	boto	bote	___	lamb	lamp	___
A	boton	boten	___	lamb	lamp	___
D	boten	boten	___	lambe	lambe	___
G	boten	boten	___	lambes	lambes	___
Pl N	boton	boten	___	lembir	lember	___
A	boton	boten	___	lembir	lember	___
D	botōn	boten	___	lembiron	lembern	___
G	botōno	boten	___	lembiro	lember	___

die-NOUNS

	OHG	MHG	NHG	OHG	MHG	NHG
Sg N	muoter	muoter	___	zunga	zunge	___
A	muoter	muoter	___	zungūn	zungen	___
D	muoter	muoter	___	zungūn	zungen	___
G	muoter	muoter	___	zungūn	zungen	___
Pl N	muoter	müeter	___	zungūn	zungen	___
A	muoter	müeter	___	zungūn	zungen	___
D	muoterum	müetern	___	zungōm	zungen	___
G	muotero	müeter	___	zungōno	zungen	___

1. NHG has four plural morphemes: /-(ə)n/, /-(¨)-ə/, /-¨-ər/, /-(¨)-/. Determine the origin of the NHG plural morphemes by supplying the OHG example(s) from which they arose:

/-(ə)n/   _____   _____

/-(¨)-ə/   _____   _____

/-¨-ər/   _____

/-(⸚)-/ _____

2. The NHG der-nouns which have the plural morpheme /-(ə)n/ are sometimes called "weak" nouns, as opposed to those with other plural morphemes and the genitive /-s/. What is the relevance of this distinction in NHG?

_____

3. What is the origin of the genitive singular morpheme /-ns/ in der-nouns such as Friede, Funke, Glaube, etc. and one das-noun, Herz?

_____

1.424 Old High German Vocabulary

a. Loan translations were not easy to formulate. Fifteen attempts at translating Latin resurrectio into OHG are documented:

urstant	urstendidi	uferstende
urrist	urstōdali	uferstēunge
urstendī	arstantnessi	uferstandenkeit
urrestī	erstantnunga	uferstendnisse
urstendida	irstandinī	uferstandunge

What is the NHG word? _____

b. Match the following German and English cognates, providing an insight into their etymology:

	GERMAN		ENGLISH	
1.	Wand	'wall'	knife	_____
2.	Messer	'knife'	tree	_____
3.	Schemel	'stool'	to bid	_____
4.	Fürst	'prince'	thatch	_____
5.	taufen	'baptize'	beech	_____
6.	kneifen	'pinch'	to answer	_____
7.	Zaum	'bridle, rein'	first	_____
8.	beten	'pray'	team	_____
9.	Reißbrett	'drawing board'	to dip	_____
10.	Holunder	'elderberry tree'	stone for a meal	_____
11.	schwören	'give an oath'	tint	_____
12.	Dach	'roof'	to write	_____
13.	Gabel	'fork'	to wind, weave	_____
14.	Buch	'book'	gable	_____
15.	Tinte	'ink'	shambles	_____

1.5 Middle High German

The Middle High German language was beautiful, and in general not very difficult to read and understand. Compare the MHG and NHG versions of a song written around 1150:

MHG	NHG
Dū bist mīn, ich bin dīn:	Du bist mein, ich bin dein,
des solt dū gewis sīn.	dessen sollst du gewiß sein.
Dū bist beslossen	Du bist verschlossen
in mīnem herzen	in meinem Herzen,
vlorn ist daz slüzzelīn:	verloren ist das Schlüsselchen.
dū muost och immer darinne sīn.	Du mußt auch immer darin bleiben.

Vowels are short unless they are marked for length, uo, ie, ei, üe are diphthongs, MHG w is pronounced like English 'w', zz after vowels is NHG ss or ß.

Read the text aloud.

1.51 Middle High German Sounds

a. How is the final hardening of voiced stops (e Auslautverhärtung) taught in elementary German classes?

_____

b. MHG /w/ changed to (1) /v/
    (2) u after ā
    (3) b after l, r
    (4) ∅ after long vowels and diphthongs

Complete the words below and identify the changes by writing the number into the space:

1. vrouwe	Fr____ ____	5. weit	____eit ____
2. swalwe	Sch____ / ____	6. būwen	b____en ____
3. pfāwe	Pf____ ____	7. brāwe	Br____e ____
4. triuwe	Tr____ ____	8. iuwer	e____er ____

c. The changes in vowel quality from MHG to NHG can be summarized as follows:

	MHG	NHG		MHG	NHG
(1) Diphthong-ization:	ī >	ei	(4) Unrounding:	ü >	i
	ū >	au		ö >	e
	iu >	eu/äu		öu >	ei
(2) Monophthong-ization:	ie >	ī	(5) Rounding	i >	ü
	uo >	ū		e >	ö
(3) Lowering:	ü >	ö		a >	o
	u >	o			

Complete the words below and indicate which change the example presented by filling the number from above in the blanks:

1. līp	L	b	___	13. mūs	M	s	___
2. schepfen	sch	pfen	___	14. sprützen	spr	tzen	___
3. būwen	b	en	___	15. buoch	B	ch	___
4. bülez	P	lz	___	16. liet	L	d	___
5. hiuser	H	ser	___	17. swern	schw	ren	___
6. zwelf	zw	lf	___	18. sunne	S	ne	___
7. guot	g	t	___	19. leffel	L	ffel	___
8. nunne	N	nne	___	20. āne		hne	___
9. wā	w		___	21. swīn	Schw	n	___
10. güete	G	te	___	22. müede	m	de	___
11. sumer	S	mmer	___	23. ströufen	str	fen	___
12. helle	H	lle	___	24. mügen	m	gen	___

d. Changes in vowel quantity from MHG to NHG occurred as following:
  Lengthening: (1) in open syllables
              (2) in closed syllables by analogy to inflected forms
              (3) before r (+ dental consonant)
  Shortening: (4) before consonant clusters
              (5) in compound words
              (6) before -en, -el, -er in the following syllable.

Complete the words below and indicate which change (using the numbers from above) the example illustrates:

1. herre	H	rr	___	10. muoter	M	tter	___
2. stube	St	be	___	11. wec	W	g	___
3. tür	T	r	___	12. lērche	L	rche	___
4. gienc	g	ng	___	13. ir		hr	___
5. ligen	l	gen	___	14. lāzen	l	ssen	___
6. Viertel	V	rtel	___	15. vart	F	hrt	___
7. geben	g	ben	___	16. jāmer	J	mmer	___
8. erde		rde	___	17. lieht	L	cht	___
9. brāhte	br	chte	___	18. sagen	s	gen	___

e. The following chart summarizes the most important vowel changes from Germanic to NHG, disregarding some conditional changes.

1. Complete the chart by filling in the appropriate Gmc, OHG, and with indication of quantity (i.e. /i/ or /ī/):

GERMANIC		OLD HIGH GERMAN		NEW HIGH GERMAN		
Gothic Example	Vowel	Example	Vowel	Example	Vowel	
fisk		fisc		Fisch		(1)
(itan)	*e	ezzan		essen		(2)
arks		acker		Acker		(3)
				Äcker		(4)
hunt		hunt		Hund		(5)
				Hündin		(6)
wulfs		wolf		Wolf		(7)
				Wölfe		(8)
(steigan)	*ī	stīgan		steigen		(9)
(lailōt)	*ē	liez		ließ		(10)
(gadēþs)		tāt		Tat		(11)
				Täter		(12)
fōr		fuor		fuhr		(13)
				führe		(14)
mūs		mūs		Maus		(15)
				Mäuse		(16)
(biugan)	*eu	biugit		beugt		(17)
		beogan		biegen		(18)
maiza		mēr		mehr		(19)
dails		teil		teil		(20)
rauþs		rōt		rot		(21)
				Röte		(22)
haubiþ		houbet		Haupt		(23)
				Häupter		(24)

2. Of the NHG vowels you just entered in the chart, four vowels appear twice. Indicate the vowels and their number:

   ____ ( )&( ), ____ ( )&( ),
   ____ ( )&( ), ____ ( )&( ).

3. Three vowels represent the same pronunciation in two instances and can therefore be deleted once:

   ____ ( )&( ); ____ ( ) & ____ ( );
   ____ ( ),( ) & ____ ( ).

4. Disregarding /ə/, which occurs only in unstressed syllables, and disregarding one of the vowels that appeared twice, NHG has a total of ____ vowel phonemes of which ____ are short, ____ are long, and ____ are diphthongs.

5. Which NHG examples and numbers represent umlaut?

   ____ ( ), ____ ( ), ____ ( ), ____ ( ),
   ____ ( ), ____ ( ), ____ ( ), ____ ( ).

6. Which numbers represent the result of the

   NHG monophthongization: ( ), ( ), ( ).
   NHG diphthongization: ( ), ( ), ( ).

1.52 Middle High German Structure

a. In the late MHG period and subsequent centuries, the distinction between the singular and plural past of strong verbs was leveled. Consider the first five classes of strong verbs in MHG and indicate from which of the stems the NHG preterite was taken:

	INFIN	PAST Sg	Pl	NHG PAST	MHG STEM
I.	rīten	reit	riten		
II.	bīten	bōt	buten		
IIIa.	binden	band	bunden		
IIIb.	helfen	half	hulfen		
IV.	nemen	nam	nāmen		
V.	geben	gap	gāben		

b. In many textbooks of elementary German, the verbs with unmutation (Rückumlaut), brennen, nennen, rennen, kennen, senden and wenden, are classified together with bringen and denken as "mixed verbs" or "weak-strong verbs" or "hybrid verbs."

   1. Is such a classification of these verbs historically justified?
   _____

   2. Is such a classification pedagogically practical?
   _____

   3. Some textbooks also add the modal verbs können, dürfen, müssen, sollen, wollen and mögen to the class of mixed verbs. Is this

approach pedagogically practical? Why/why not?

_____
_____

c. A number of NHG nouns have a different meaning when the gender differs. Give the gender of the nouns below:

1. _____ Band   'ribbon'   _____ Band   'volume' (book)
2. _____ Bauer   'farmer'   _____ Bauer   'bird cage'
3. _____ Bund   'federation'   _____ Bund   'bundle'
4. _____ Erbe   'inheritance' _____ Erbe   'heir'
5. _____ Flur   'topography'   _____ Flur   'corridor, hall'
6. _____ Gefallen 'joy'   _____ Gefallen 'favor'
7. _____ Hut   'protection'   _____ Hut   'hat'
8. _____ Junge   'boy'   _____ Junge   'baby animal'
9. _____ Kristall 'glass'   _____ Kristall 'crystal'
10. _____ Kunde   'news'   _____ Kunde   'customer, client'
11. _____ Schild   'sign'   _____ Schild   'shield, protection'
12. _____ See   'lake'   _____ See   'ocean'
13. _____ Steuer   'steering'   _____ Steuer   'tax'
14. _____ Weise   'melody'   _____ Weise   'wise man'

d. Another group of homonyms are historically unrelated and have different meanings and genders. Indicate the gender:

1. _____ Kiefer   'pine tree'   _____ Kiefer   'jaw'
2. _____ Leiter   'leader'   _____ Leiter   'ladder'
3. _____ Mark   'currency'   _____ Mark   'marrow'
4. _____ Reis   'rice'   _____ Reis   'twig'
5. _____ Tau   'dew'   _____ Tau   'heavy rope'
6. _____ Taube   'pidgeon'   _____ Taube   'deaf person'
7. _____ Tor   'silly person' _____ Tor   'large door, gate'

1.53 Middle High German Vocabulary

a. Many MHG words have acquired different meanings in NHG. Supply the NHG meaning:

1. hell   'clear sounding'   hell   _____
2. snel   'courageous, bold'   schnell _____
3. alwære   'very true'   albern   _____
4. getregede 'all that is worn or   Getreide _____
              carried'
5. līh   'flesh, living being'   Leiche   _____

6.	edele	'of noble birth'	edel	
7.	dierne	'girl'	Dirne	
8.	vrevele	'bold' (adj)	Frevel	
9.	hōchgēzit	'festival'	Hochzeit	
10.	arebeit	'worry, hardship'	Arbeit	
11.	dicke	'often' (adv)	dick	
12.	balt	'courageous' (adj)	bald (adv)	
13.	sleht	'simple'	schlecht	
14.	ervinden	'find out, hear'	erfinden	
15.	bescheiden	'finformed, wise'	bescheiden	
16.	milte	'generous'	milde	
17.	veige	'doomed by fate'	feige	
18.	faul	'foul, rotten'	faul	
19.	list	'wisdom, knowledge'	List	
20.	ernern	'save, rescue'	ernähren	

b. A great number of the loan translations created by the mystics have survived in modern German. Match the NHG with the Latin words from which they were translated and cognates of which exist in modern English:

	NHG	LATIN	
1.	Empfang	unitas	
2.	Zeitlichkeit	facultas (adj)	
3.	unbegreiflich	entitas	
4.	Eindruck	acceptio	
5.	Demut	visio	
6.	Größe	quantitas	
7.	Wesen	temporalitas	
8.	Anschauung	impressio	
9.	Einigkeit, Einheit	humilitas	
10.	möglich	ineffabilis (adj)	
11.	unaussprechlich	differentia	
12.	Unterschied	incomprehensibilis (adj)	

c. Some Latin words were borrowed in their Latin form, but their suffixes were slightly altered. What are the English and German forms?

	LATIN	ENGLISH	ENGLISH EXAMPLE	GERMAN	GERMAN EXAMPLE
1.	-tas				
2.	-tio				
3.	-(n)tia				
4.	-io				

5. -or _____ _____ _____ _____

6. -um _____ _____ _____ _____

1.6 Early New High German

a. To illustrate the inconsistent spelling of Early New High German, an excerpt from the ban pronounced by Emperor Charles V against Franz von Sickingen on October 20, 1522 is given below. The document was written in Nürnberg.

"...So verkundē vn̄ denuciiern wir euch hiermit denselben   1
Frantzen von Sigkingen als vnsern, vnd des Reichs erklerten   2
vnd offen achter. Vnd gebieten darauff Euch allen vnd   3
yedem besunder, von Römischer Kayserlicher macht, mit   4
disem vnserm offenbrieff ernstlich, vnd wollē, das ir   5
denselben von Sigkingen, als vnd für vnsern vnd des   6
Reichsoffenbarē achter haltet, vnd in ewrn Furstenthumben,   7
Landen, herrschaften, Sloßsen, Steten, Mergkten, Dorffern,   8
Gerichten, gepieten, oder behausungē furohin nit einlas-   9
set, enthaltet, beherberget, hofet, etzet, drenket,   10
furschiebet, durchslaiffet, mit kaufen, verkaufen, oder   11
in ander weg keinerley gemeinschaft mit jme habent, noch   12
den ewrn zethun gestattet, in keyn weise noch wege..."   13

1. What does the slash over some final letters mean _____/_____

2. Find variant spellings of the same sound:

   ei _____

   ie _____

   eu _____

   i _____

   z _____

3. Is the umlaut indicated consistently?

   _____

4. Find instances of consonant accumulation:

   _____

5. Are nouns consistently capitalized?

   _____

b. The printers' languages were highly diverse. Compare the examples:

Köln, 1499: <u>Koelhoffsche Chronic</u>:

"Hie is zo mirken vlislich, dat in den lesten ziden as die   1
liefde ind die vuirichkeit der minschen sere verloschen is   2
of bevlekt, un mit idel gloria, nu mit giricheit, nu   3
mit traicheit etc. die sonderlichen groislich zu   4
straifen is in den geistlichen, die vil me wachen..."   5

Leipzig, 1506: <u>Leipziger Kleiderordung</u>:

"Nach dem in dieser stadt vermargkt, gesehen, vnd ŏf-   1
fentlich bfunden ist, das sich gemeine bŭrger, auch   2

```
handwergs lewte, vnd sunderlich ire weyber kinder         3
vnd gesinde, hantwergßgesellen, knecht vnd meyde,         4
auch ander inwoner köstlicher tracht an smugke            5
cleynoten vnd cleyderen...sich geflissen..."              6
```

Ulm, 1476/80: <u>Fabel</u> by Heinrich Steinhöwel:

```
"...Ain vatter het dry sün. Als er aber gestarb/          1
verließ er inen ze erb ainen pirenboum/ain bock           2
und ain mül. Die sün wurdent unains in der tailung        3
des erbs und kamen für den richter..."                    4
```

1. In the text from Köln, there are instances of unshifted Gmc *t and *d. Give the words:

   _____

2. How are /e/ and /ā/ spelled?

   _____

3. In what words are final consonants missing?

   _____

4. In the text from Leipzig, Upper German influences can be detected:

   apocope: _____   syncope: _____

5. In the text from Ulm, is <u>wurdent</u> conservative or innovative?

   _____

6. What vocalic development has not taken place in <u>sün</u>?

   _____

7. Give examples of apocope in the text from Ulm:

   _____

1.61 Rise of the Standard Language

a. To illustrate Luther's skill in translating, a paragraph from Johann Mentel's bible of 1466 and the same text from Luther's translation of 1545 are given below (Phil. 2:5-9):

Mentel, 1466:

```
"Wann ditz entphint in euch: das auch in ihesu christo.   1
Wie das er was in dem bilde gotz er masst nit den raube   2
wesent sich geleich got: wann er verüppigt sich selber    3
er nam an sich das bilde des knechts er ist gemacht in    4
die gleichsam der mann; und ist funden in der wande-      5
lung als ein man. er gedemtiügt sich selber er ist ge-    6
macht gehorsam got dem vatter untz an den tod: wann       7
untz an den tode des kreutzes."                           8
```

Luther, 1545:

```
"Ein jeglicher sei gesinnet, wie Ihesus Christus auch     1
war. Welcher, ob er wol in göttlicher gestalt war,        2
hielt ers nicht fur einen raub, Gotte gleich sein.        3
```

```
Sondern aüssert sich selbs, und nam Knechtsgestalt          4
an, ward gleich wie ein ander Mensch, und an geber-         5
den als ein Mensch erfunden. Ernidriget sich selbs,         6
und ward gehorsam bis zum Tode, ja bis zum tode am          7
Creutz.
```

What types of devices make Luther's translation fluid and clear?

_____

_____

_____

b. Luther introduced many words from Low German. Some of them replaced the High German words completely; some synomyms coexist as regionalisms, and some changed their meanings, so that they are no longer synonyms.
Give the English meaning of the words below and indicate whether or not (1) one of the pairs died out, (2) remains as regionalism, (3) both exist with minor change of meaning:

1. fett _____   feist _____   _____
2. schelten _____   strafen _____   _____
3. Splitter _____   Spreiß _____   _____
4. Gewand _____   Kleid _____   _____
5. Lefze _____   Lippe _____   _____
6. Ziege _____   Geiß _____   _____
7. Pein _____   Qual _____   _____
8. Pfuhl _____   Teich _____   _____
9. Gestade _____   Ufer _____   _____
10. Gebrechen ___   Gebresten _____   _____
11. Hafen _____   Topf _____   _____
12. Gleisner ____   Heuchler _____   _____

1.62 Early New High German Syntax

a. To show the loss of the genitive and the means by which it is replaced, rewrite the sentences in modern German and indicate the syntactic structure which is used:

1. Gebraucht der Zeit! (Goethe)

   _____   _____

2. Vergiß der Qual (Uhland)

   _____   _____

3. Eines Gesprächs genießen (Ranke)

   _____   _____

4. ...vergaß ihrer ganz (Fontane)

   _____   _____

5. ...des Vaters Mord zu strafen (Schlegel)

b. The cases required by certain prepositions were fluid and became stabilized only relatively recently. Use the modern German cases when rewriting the following sentences:

1. Ob meines wohlgelungenen Meisterwerks (Schiller) (ob=über)

2. Ich bitte mich bei Sie zu Gast (Goethe)

3. ...ist ein Himmel gegen meiner Qual (Goethe)

4. Ohne ihrem Lysias (Weise)

5. Seit des Ungewitters (Opitz)

6. ...sich neben ihr zu stellen (Lessing)

7. Welche auf ihrem Rufe halten (Gotthelf)

8. Halten Sie sich an Ihrem Trost (Lessing)

9. Sie wollte das Mädchen...in das Nebenzimmer sitzen lassen (Goethe)

10. Dein holdes Köpfchen wird an meine Schulter lehnen (Heine)

1.63 Early New High German Vocabulary

a. Translate the following compound words coined by Luther into English and note how many cannot be rendered by an English compound:

1. Gottesfurcht
2. Wiedergeburt
3. Götzentempel
4. Morgenland
5. Goldklumpen
6. Feuereifer
7. Lästermaul
8. Mördergrube
9. Denkzettel
10. Feuertaufe

11. wetterwendisch _____
12. gichtbrüchig _____

b. Other expressions used by Luther have become idiomatic, but are rarely recognized as biblical coinages. What are the English equivalents?

1. wie Sand am Meer _____
2. die himmlischen Heerscharen _____
3. das Dichten und Trachten _____
4. die verbotene Frucht _____
5. ein Dorn im Auge _____
6. Krethi und Plethi _____
7. Wolf im Schafspelz _____
8. in den Wind reden _____
9. ein Buch mit sieben Siegeln _____
10. der Stein des Anstoßes _____

1.7 New High German

a. Italian furnished not only vocabulary of banking and commerce, but also the vocabulary of music. In Italy, the art of opera and oratorio had developed; the first opera was performed in 1594. In Germany, the first opera was staged in 1627 with a translation by Martin Opitz and new music by Heinrich Schütz. Many musical terms are from Italian; give some examples below:
_____
_____

b. Through the efforts of the Sprachgesellschaften and subsequent puristic efforts, many foreign words and their German translations exist side by side. Give the appropriate equivalents of the following:

GERMAN TRANSLATION	FOREIGN WORD
1. e Erdbeschreibung	_____
2. e Vielweiberei	_____
3. e Rücksicht	_____
4. s Stelldichein	_____
5. e Lehrart	_____
6. e Leidenschaft	_____
7. r Dunstkreis	_____
8. e Nachschrift	_____
9. empfindsam	_____
10. unsinnig	_____
11. _____	s Testament
12. _____	s Imperium
13. _____	s Journal
14. _____	r Appetit
15. _____	e Humanität
16. _____	s Fragment
17. _____	s Kuvert
18. _____	monoton
19. _____	permanent
20. _____	universal

1.72 Refinement of the Standard Language

In order to appreciate the prose style of the Classical period of German literature and, at the same time, to understand how much the language has changed since that time, read the following excerpt from Goethe's Dichtung und Wahrheit (I,1):

"Wir Knaben hatten eine sonntägliche Zusammenkunft, wo
Jeder von ihm selbst verfertigte Verse producieren sollte.
Und hier begegnete mir etwas Wunderbares, was mich sehr
lang in Unruh setzte. Meine Gedichte, wie sie auch sein
mochten, mußte ich immer für die bessern halten. Allein
ich bemerkte bald, daß meine Mitwerber, welche sehr lah-
me Dinge vorbrachten, im gleichen Falle waren und sich
nicht weniger dünkten; ja, was mir noch bedenklicher erschien, ein guter, obgleich zu solchen Arbeiten völlig
unfähiger Knabe, dem ich übrigens gewogen war, der aber
seine Reime sich vom Hofmeister machen ließ, hielt diese
nicht allein für die allerbesten, sondern war auch völlig überzeugt, er habe sie selbst gemacht; wie er mir
in dem vertrauteren Verhältniß, worin ich mit ihm stand,
jederzeit aufrichtig behauptete. Da ich nun solchen Irrthum und Wahsinn offenbar vor mir sah, fiel es mir
eines Tages aufs Herz, ob ich mich nicht vielleicht
selbst in dem Falle befände, ob nicht jene Gedichte
wirklich besser seien als die meinigen, und ob ich nicht
mit Recht jenen Knaben ebenso toll als sie mir vorkommen
möchte? Dieses beunruhigte mich sehr und lange Zeit;
denn es war mir durchaus unmöglich, ein äußeres Kenn-
zeichen der Wahrheit zu finden; ja, ich stockte sogar
in meinen Hervorbringungen, bis mich endlich Leichtsinn
und Selbstgefühl und zuletzt eine Probearbeit, die uns
Lehrer und Eltern, welche auf unsere Scherze aufmerksam
geworden, aus dem Stehgreif aufgaben, wobei ich gut bestand und allgemeines Lob davontrug."

a. Find four examples of spelling which differ from modern German:

_____ _____ _____ _____

b. Indicate words with apocope and syncope:

_____ _____ _____

c. The words below have a different meaning today. Explain what they meant in the context of Goethe's text nd what we would use today instead:

   1. producieren (2) _____
   2. Wunderbares (3) _____
   3. Falle (7) _____
   4. Wahnsinn (16) _____
   5. Leichtsinn (24) _____
   6. Scherze (26) _____

d. Replace the words and expressions below by their modern equivalents:

   1. Knabe (1) _____
   2. Allein (5) _____
   3. Mitwerber (6) _____
   4. Hofmeister (11) _____
   5. dem...gewogen war (10) _____

6. fiel...aufs Herz (16) _____

e. Give four examples in which the relative pronouns differ from modern usage:

_____ _____

_____ _____

f. Identify four subjunctive forms:

_____ _____

_____ _____

1.8 Modern German

a. Compare the impact of dialects and regionalisms in Germany and in America.

_____
_____
_____
_____

b. Some of the following terms and expressions have assumed figurative meanings. Translate them into English and indicate their origin from (1) the railroad, (2) areas of science, (3) various types of sports:

1. die Weichen stellen _____ ____
2. in Form sein _____ ____
3. aufpulvern _____ ____
4. spezifisches Gewicht _____ ____
5. am Ball bleiben _____ ____
6. ein großer Bahnhof _____ ____
7. sondieren _____ ____
8. zu Boden gehen _____ ____
9. das Gleichgewicht halten _____ ____
10. ausbooten _____ ____
11. ein Pufferstaat _____ ____
12. den Absprung finden _____ ____

1.81 Modern Standard German

a. Below are words that are understood through popular etymology as derived from one source, although they are really derived from another. Match the words in the left column with the number of one word in the right which reflects the true origin of the former:

1. Wetterleuchten
   'distant lightening'
2. schwierig
   'difficult'
3. Römer
   'type of wine glass'
4. Seehund
   'seal'
5. Elfenbein
   'ivory'
6. Rosenmontag 'Montag before Ash Wednesday'
7. Gerücht
   'rumor'
8. Eintracht
   'unity'
9. erst
   'first'
10. Rosenheim
    'town in Germany'
11. Verlust
    'loss'
12. Schütze
    'a good shot'
13. zu guter Letzt
    'at long last'
14. potztausend
    an exclamation
15. verschlingen
    'to devour'

1. leuchten
2. MHG leichen 'dance' _____
3. OHG swer 'abscess' _____
4. schwer _____
5. Rom _____
6. Ruhm _____
7. See _____
8. OHG selah 'seal' _____
9. Elefant _____
10. Elfe _____
11. Rose _____
12. rasen _____
13. rufen _____
14. riechen _____
15. tragen _____
16. trachten _____
17. eins _____
18. eher _____
19. Leprose _____
20. Rose _____
21. lustig _____
22. verlieren _____
23. schießen _____
24. schützen _____
25. letzt- _____
26. laben _____
27. Teufel _____
28. tausend _____
29. Schlund _____
30. Schlinge _____
31. Schlange _____

b. The following terms are synonyms which are used at different stylistic levels. Mark each term as to whether it is spoken in the

(1) Hochsprache, e.g. by a professor during a lecture,
(2) gehobene Umgangssprache, e.g. by upper class people,
(3) Umgangssprache, e.g. by townspeople with one another,
(4) Volkssprache, e.g. by young people or within a family,
(5) Sondersprache, e.g. by asocial groups.

1. weggehen _____
2. auskneifen _____
3. ausrücken _____
4. Leine ziehen _____
5. sich trollen _____
6. sich absetzen _____
7. abzwitschern _____
8. sich entfernen _____
9. das Weite suchen _____
10. Geld

19. lügen _____
20. schwindeln _____
21. mogeln _____
22. flunkern _____
23. Unwahrheit sagen _____
24. nicht bei der Wahrheit bleiben _____
25. sterben _____
26. abkratzen _____
27. entschlafen _____

11. Moneten _____   28. aushauchen _____
12. Mittel _____   29. das Leben lassen _____
13. Zaster _____   30. den Geist aufgeben _____
14. Kröten _____   31. in die Grube fahren _____
15. Kohlen _____   32. das Zeitliche segnen _____
16. Pinke(pinke) _____   33. ins Gras beißen _____
17. Penunze _____   34. die Augen für immer
18. Kapitalien _____   schließen _____
                            35. verscheiden _____

1.82 Modern German Dialects

a. In order to gain a geographical perspective, match the dialect groups with the areas in which they are spoken:

DIALECT GROUPS

(1) Upper German   (4) West Low German
(2) West Middle German (5) East Low German
(3) East Middle German

AREAS

1. Mecklenburg _____   9. Böhmen _____
2. Niedersachsen _____   10. Pommern _____
3. Elsaß _____   11. Schlesien _____
4. Österreich _____   12. Ostfranken _____
5. Brandenburg _____   13. Ostpreußen _____
6. Obersachsen _____   14. Mittelfranken _____
7. Schweiz _____   15. Thüringen _____
8. Westfalen _____   16. Rheinfranken _____

b. Match the following dialects with the towns listed below:

DIALECTS

(1) Hochalemannisch   (7) Westfälisch
(2) Ostfränkisch   (8) Rheinfränkisch
(3) Niederalemannisch   (9) Schlesisch
(4) Ripuarisch   (10) Bairisch
(5) Schwäbisch   (11) Moselfränkisch
(6) Obersächsisch   (12) Niederdeutsch

TOWNS

1. Basel _____   10. Hannover _____   19. Braunschweig _____
2. Köln _____   11. Wittenberg _____ 20. Dresden _____
3. Leipzig _____   12. Freiburg _____   21. Innsbruck _____
4. Bamberg _____   13. Münster _____   22. Ulm _____
5. Nürnberg _____   14. Straßburg _____   23. Koblenz _____
6. Wien _____   15. Zürich _____   24. Salzburg _____
7. Meißen _____   16. Magdeburg _____   25. Würzburg _____

8. Breslau _____   17. Göttingen _____   26. Lübeck _____

9. Bremen _____   18. Augsburg _____   27. Karlsruhe _____

c. Identify the dialects of the following samples:

1. Ick weit einen Eikbom, de steiht an de See,
   De Nordstorm, de brus't in sin Knäst;
   Stolz reckt hei de mächtige Kron in de Höh,
   So is dat all dusend Johr gewest;
   Kein Minschenhand
   De het em plant;
   Hei reckt sick von Pommern bet Nedderland. _____

2. A Bauer hat drei Buabm im Feld,
   Sie lassen goar nix hörn,
   Jetzt is er halt nach Münka nein,
   Zum Fragen in d' Kasern.
   "Wie geht's mein Toni?" hat er gfragt,
   Den mag er halt vor allen.
   Da schaugens nach und sagens ihm:
   "Der is bei Wörth drin gfallen..." _____

3. De Sonn steigt hinnern Wald drübn nei,
   Besaamt de Wolken rut,
   A jeder legt sei Warkzeig hi
   Und schwenkt zen Gruß den Hut.
   'S Feieromd, es Tagwark is vollbracht,
   'S giet alles seiner Haamit zu,
   Ganz sachte schleicht de Nacht. _____

4. Einen Bock hat er si kaufet
   Und daß er ihm net verlaufet,
   Bindet en der guete Ma
   An de hintre Wage na. _____

5. Dat du min Leevsten büst,
   Dat du wol weeßt.
   Kumm bi de Nacht,
   Segg mi wat Leevs! _____

6. Wenn's Mailüfterl weht,
   Z'rgeht im Wald drauß der Schnee,
   Da heb'n d' blauen Veigerln ihre Köpferln in d' Höh.

   _____

1.9 Descriptions of the German Language

1.91 Early German Grammars

a. In his grammar, Shottel wrote the following under the title <u>Von der Teilung des Nennwortes:</u>

"1. Das Nennwort (Nomen) ist ein wandelbares Wort/ein Nahm oder Nennung eines Dinges/oder welches amzeiget ein Ding ohn Zeit und Tuhn.
2. Das Nennwort wird erkannt/weil es vor sich nimmt und leiden kann/der/die/das/ein/eine/ein/als: ein Kind/der Mensch...
9. Die völlige Erkäntniß des Nennwortes wird erforschet und erkant aus dessen...Haubtstükken/nemlich des Nennwortes Enderung (Motione)/...Geschlechte (Genere)/Zahle (Numero)/Zahlendung (Casu)/ Abwandelung (Declinatione)/Ableitung (Derivatione)/Doppelung (Comparatione)..."

1. Parts of speech in modern linguistics are defined by form, function, and marker. How modern is Schottel's definition?

   _____

   _____

2. Traditional English grammar defined a noun as "the name of a person, place, or thing." Comment on the value of this definition and compare it with Schottel's approach.

   _____

   _____

3. Some elementary textbooks of German introduce German grammatical terminology. Is such an approach practical? Why/why not?

   _____

   _____

b. Give the appropriate English or German equivalents for the following grammatical terms:

GERMAN	ENGLISH
1. <u>s</u> hinweisende Fürwort	_____
2. <u>s</u> Geschlechtswort	_____
3. <u>e</u> Höchststufe	_____
4. <u>e</u> Beugung	_____
5. <u>s</u> Tätigkeitswort	_____
6. <u>r</u> Wes-Fall	_____
7. <u>e</u> Vorvergangenheit	_____
8. <u>e</u> Leideform	_____
9. <u>s</u> Hauptwort	_____
10. <u>e</u> Einzahl	_____
11. <u>e</u> Nennform	_____
12. <u>e</u> Satzaussage	_____

13. _____ accusative case
14. _____ tense
15. _____ imperative
16. _____ subject
17. _____ relative clause
18. _____ conjunction
19. _____ mood
20. _____ adverb
21. _____ grammar
22. _____ personal pronoun
23. _____ active voice
24. _____ syntax

1.92 Descriptions of Modern German

a. Indicate which characteristics of linguistic investigation are typical of

    (1) traditional grammar
    (2) content oriented grammar (inhaltbezogene Grammatik)
    (3) structural-descriptive grammar
    (4) transformational-generative grammar

  1. Linguistic investigation emphasizes

    the relationship between world view and language _____

    mechanic-taxonomic analysis of human behavior _____

    creative aspects of human behavior _____

    mechanical choices in human behavior _____

  2. The investigation proceeds from

    deep and conceptual structure of language to surface structure _____

    phonology to morphology to syntax _____

    philosophical analysis of content _____

    morphology to syntax _____

  3. The grammatical analysis is understood as

    a segmentation and classification of elements of sentences _____

    a device to reflect the individual and social view of the world _____

    a system defining and characterizing all grammatically correct sentences of a language _____

    a classification of morphological markers _____

  4. The basis of analysis is primarily

    the written language of literature _____

the spoken language of a linguistic community _____

the language of an individual observed through introspection by the investigator _____

the linguistic competence of speakers rather than their actual performance _____

5. The analysis stresses

particulars in which each language differs uniquely from others _____

semantic particulars reflecting the culture of the linguistic community _____

universals in which all languages are alike _____

particulars of one language that are applicable to other languages _____

b. Since content-oriented and transformational grammar have exerted only limited influence on the grammatical descriptions in textbooks of elementary German, primarily characteristics of (1) traditional and (2) structural-descriptive grammar can be found. Indicate which example reflects the descriptive devices of one of the two schools:

1. Abundance of verbal and nominal paradigms _____
2. Abbreviated charts of morphological classes _____
3. Nouns sequenced without context nominative-genitive-dative-accusative _____
4. Practice through oral drills _____
5. Definition of phonemes by articulatory characteristics _____
6. Practice by written translations _____
7. Nouns ssequenced nominative-accusative, etc. _____
8. Innovative terminology _____
9. Approximate transfer of native to foreign sound _____
10. Contrasting structures that differ in the native and the target language _____
11. Latin terminology _____
12. Describing and memorizing all structures regardless of difficulty _____

CHAPTER TWO

2. PHONOLOGY

2.1 Phonemics

a. In the textbooks you are using in your elementary German classes, how much space is devoted to phonology and pronunciation?

b. Does the textbook contain articulatory descriptions of German sounds and drills to practice those sounds which differ from English?

c. Some German teachers seem to have the attitude that language is commmunication and they pursue the goal of speaking and understanding German without regard to good pronunciation. What is your attitude?

2.2 Transcriptions

Transcribe the following text in normal orthography:

/ainə bīnə felt ins vasʌ. ainə naxtigal zitst auf

ainəm baum unt zīt dī bīnə im vasʌ. zī zīt das dī

bīnə ans lant švimən vil. Zī nimt ain blat fom baum

unt lest es īn ins vasʌ fallən. dī bīnə zetst ziç zuf

das blat unt komt in vēnigən minūtən glükliç

ans lant. ainigə tāgə špētʌ zitst dī naxtigal vīdʌ

auf ainəm baum. ain juŋə komt nimt ainən štain unt

vil dī naxtigal tȫtən. šnel zetst ziç dī bīnə auf

dī hant des juŋən. der juŋə fült den štaxəl der bīnə

lest den štain falən und dī naxtigal flīkt wek/

2.3   Consonants
2.31 Description of Consonants

a. Write the phonetic symbol of the sounds described below:
   1. voiceless bilabial stop   _____
   2. voiceless glottal spirant   _____
   3. voiceless dorso-alveolar spirant   _____
   4. voiced labio-dental spirant   _____
   5. voiceless dorso-velar spirant   _____
   6. voiced bilabial stop   _____
   7. bilabial nasal   _____
   8. voiceless bilabial affricate   _____
   9. voiced dorso-velar stop   _____
   10. voiceless apico-dental stop   _____
   11. apico-dental nasal   _____
   12. voiceless dorso-velar stop   _____
   13. voiceless dorso-palatal spirant   _____
   14. voiced apico-dental stop   _____
   15. voiced apico-dental spirant   _____
   16. voiced labio-dental spirant   _____
   17. voiceless apico-alveolar affricate   _____
   18. voiced dorso-palatal spirant   _____
   19. voiced dorso-uvular trill   _____
   20. velar nasal   _____
   21. voiced apico-dental sibilant   _____
   22. voiceless lateral   _____
   23. voiceless alveolar-palatal sibilant   _____
   24. voiceless apico-dental sibilant   _____
   25. voiced alveolar-palatal sibilant   _____

b. 1. Of the phonemes above, sixteen can be grouped in pairs with
      the same manner of articulation, but in voiced - voiceless
      opposition. Give the pairs and their numbers:

      ____ ____   ____ ____   ____ ____   ____ ____

      ____ ____   ____ ____   ____ ____   ____ ____

   2. Of the pairs you just found, which does not occur in German?

      ____ ____

   3. One partner in one of the pairs has no equivalent in English.
      Which one is it?

      ____

4. Of the remaining consonants in a., which two are phonemes in German but not in English?

   _____ _____

5. Which of the phonemes are produced by closing the oral passage and letting the breath escape through the nose?

   _____ _____ _____

6. Which exclusively German phoneme has no voiced counterpart?

   _____

7. Which phoneme in both German and English has no voiced counterpart?

   _____

8. Which phoneme is produced by letting the breath stream flow at the sides of the tongue?

   _____

c. One symbol in each of the following sets is inappropriate. Circle it and explain why it does not fit into the group:

   1. /f/   /v/   /m/   /h/   _____
   2. /t/   /a/   /p/   /b/   _____
   3. /n/   /m/   /r/   /ŋ/   _____
   4. /ç/   /x/   /f/   /l/   _____
   5. /k/   /t/   /n/   /g/   _____
   6. /ts/   /s/   /š/   /z/   _____
   7. /r/   /t/   /d/   /m/   _____
   8. /h/   /f/   /p/   /ç/   _____
   9. /g/   /k/   /x/   /t/   _____
   10. /m/   /f/   /j/   /b/   _____

2.32-2.33 English-German Conflicts

a. What sound in the German phonemic inventory has contributed to the impressionistic notion that German is a "guttural" language?

   _____

b. Summarize the techniques which can minimize inhibition and embarrassment for students who are learning foreign sounds:

   _____
   _____

c. Evaluate the advantages and disadvantages of delaying the introduction of the written word until the pronunciation of an elementary German class has reached a level of ease and perfection:

   _____
   _____

2.331 Phonemic Conflicts

a. Below are some graphemic consonant symbols which have different values in German and English. Give the phonemic symbols and an example in each language:

	GERMAN			ENGLISH		
GRA-PHEME	POSI-TION	PHON-EME	EXAMPLE	POSI-TION	PHON-EME	EXAMPLE
<u>z</u>						
<u>s</u>	before vowel					
	before /t/, /p/					
<u>ch</u>	after front vowel					
	after back vowel					
	before /s/					
<u>th</u>						
<u>w</u>						

b. In teaching and practicing sounds, the teacher needs a group of examples, if possible minimal pairs, which illustrate the difference between phonemes. Form examples which contrast

1. German /ç/ and /k/

   _____ _____ _____ _____

   _____ _____ _____ _____

2. German /ç/ and /š/

   _____ _____ _____ _____

   _____ _____ _____ _____

3. German /ç/ and /x/

   _____ _____ _____ _____

   _____ _____ _____ _____

4. German /x/ /ç/ and /k/

   _____ _____ _____ _____

   _____ _____ _____ _____

2.332 Phonetic Conflicts

a. Design a teaching plan on how to introduce, explain in articulatory terms, and practice the German /l/, /r/:

_____
_____
_____

b. Form minimal pairs, if possible, for the following pairs of sounds:

1. German /l/ and English /ɫ/

   _____ _____ _____ _____
   _____ _____ _____ _____

2. German [R] and English [r]

   _____ _____ _____ _____
   _____ _____ _____ _____

3. German prevocalic [R] and postvocalic [ʌ]

   _____ _____ _____ _____
   _____ _____ _____ _____

4. German [R] and German /l/

   _____ _____ _____ _____
   _____ _____ _____ _____

2.333 Allophonic Conflicts: /š/; /p,t,k/: Medial /t/

a. Form minimal pairs, opposing German /š/ and English /š/:

   _____ _____ _____ _____
   _____ _____ _____ _____

b. Sort out the approximate German and English pairs which illustrate English unaspirated, unreleased /p,t,k/ and German aspirated, released /p,t,k/. Fill the pairs in the appropriate boxes below:

   <u>ab</u>, <u>hart</u>, <u>welke</u>, <u>kalt</u>, <u>Lampe</u>, <u>Lump</u>, <u>sank</u>, <u>Schärpe</u>, <u>sollte</u>, <u>welk</u>, <u>warte</u>, <u>wirke</u>

   bumper, salty, bulky, up, colt, elk, sharper, turkey, party, sank, lump, heart

	MEDIAL BEFORE UNSTRESSED VOWEL	FINAL
/p/		
/t/		
/k/		

2.334 Distributional Conflicts: Clusters

a. To demonstrate what kinds of combinations in consonant clusters are possible in English and in German, place a + in the proper space where such a combination is possible (ignore foreign words):

	ENGLISH						GERMAN					
	(Vowel)	/r/	/l/	/m/	/n/	/w/	(Vowel)	/r/	/l/	/m/	/n/	/v/
/p/	-----						-----					
/t/	-----						-----					
/k/	-----						-----					
/b/	-----						-----					
/d/	-----						-----					
/g/	-----						-----					
/f/	-----						-----					
/s/	-----						-----					
/š/	-----						-----					
/sp/												
/st/												
/šp/												
/št/												
/sk/												

1. Circle the German consonant clusters above which have no equivalent in English.

2. What teaching problems arise from the combination of velar stop + nasal?
___
___

3. What teaching problems arise from the clusters containing sibilants and stops in German?
___
___

b. The combination of voiceless stop and homorganic spirant (here including sibilant) is called an affricate. At what stage in the history of the German language did the affricates originate and

why does English have no equivalent?
_____
_____

c. Transcribe the following words and fill them in the appropriate boxes:

Pfand, Adagio, Herz, Psalm, hetzen, Tscheche, Stumpf, Mops, Dschungel, hüpfen, Stöpsel, zart, latschen, Matsch.

CLUSTER	WORD-INITIAL	MEDIAL	FINAL
/ /			
/ /			
/ /			
/ /			
/ /			-------

2.4 Vowels
2.41 Description of Vowels

a. Circle the words which contain in their first syllable the vowels described below:

1. High vowels are in:
   Kiele, kühle, Kohle, Köhler, Kuhle, Kehle, kahle, Keile, Keule

2. Mid vowels are in:
   Bahnen, Bohnen, Besen, Bienen, Busen, Bühnen, bösen

3. Low vowel is in:
   Lügen, lögen, logen, lugen, legen, liegen, lagen

4. Front vowels are in:
   Rassen, rissen, Russen, rüsten, Rossen, rösten, Resten

5. Back vowels are in:
   Rose, Rabe, Reise, Rebe, Ruhe

6. Diphthongs are in:
   Latte, lette, Leute, litte, leite, läute, Laute

7. Long vowels are in:
   Stiele, Stadt, steht, Stätte, Stollen, Staat, Stille, Stühle, Stulle, gestohlen, stürzen, Stuhl

b. Give the phonetic symbol for the vowel sound described below:

1. Long high rounded front vowel   _____
2. Short low back vowel   _____
3. Mid central vowel   _____
4. Long high rounded back vowel   _____
5. Short mid unround front vowel   _____
6. Long mid rounded front vowel   _____
7. Short mid rounded back vowel   _____
8. Short unround high front vowel   _____

c. 1. Of the vowels you just found, seven each have a counterpart differing in only quantity. Match the vowels above with their long/short counterparts:

   _____ _____ _____ _____ _____ _____
   _____ _____ _____ _____ _____ _____

   2. What vowel in b. above does not belong to a pair? _____

   3. Which of the vowels do not exist in English?

   _____ _____ _____

d. Vowels are sometimes classified, in a manner similar to consonants, as palatal and velar, according to their place of articulation along the tongue.

   1. Which four German vowels are palatal? _____ _____ _____ _____

   2. Which three German long vowels are velar? _____ _____ _____

3. Which four (long and short) vowels originated from the palatalization of velar vowels in the Old High German time?

____ ____ ____ ____

2.42 German and English Vowel Systems

a. In the following diagram, place a + in the box in which the features 'stressed-unstressed,' 'open-closed syllable,' 'long-short' and 'tense-lax' describe the distribution:

	STRESSED SYLLABLE			UNSTRESSED SYLLABLE	
	LONG	SHORT		SHORT	
	TENSE	TENSE	LAX	TENSE	LAX
OPEN SYLLABLE					
CLOSED SYLLABLE					

b. The spelling of the letter <ä> is a writing convention which indicates that the vowel originated from *a by umlaut (1.422; 2.62). When short, <ä> represents /e/, and there is no difference in words such as Eltern-älter. However, when long, many German speakers have, in careful speech, two distinct phonemes in words such as Beeren-Bären, the first phonemically /ē/, the latter /ɛ̄/.

1. Find the word which makes up a minimal pair for the following words and test whether or not you distinguish between the two phonemes:

   /e/   /ɛ/
   ────   ────
   geben
   _____   _____
                    Schwären
   Segen
   _____   _____
                    Dänen
   wegen
   _____   _____
                    stählen

2. In what instances is a distinction between the two sounds practical in the classroom?

   _____

3. Are these words useful in the classroom? Krämerseele, Erdnähe, Seebäder, Sägemehl, zählebig.

   _____
   _____

2.43 English-German Conflicts
2.431 Allophonic Conflicts: /i,u,e,o/; /ai,au,oi/; /ə/

a. Transcribe the following words in phonetic transcription, carefully noting long and short vowels:
   1. Buchdruckerkunst
   2. Kinderspiel
   3. Nebenstelle
   4. Kostprobe
   5. Schiedsrichter
   6. Meereswellen
   7. Hosenrock
   8. Untersuchung
   9. Wißbegier
   10. Goldkrone

b. Practice the pronunciation of the diphthongs in the following words:
   1. Raumlichkeiten   4. Eiszeit   7. Maurersleute
   2. Seiteneingang   5. Sauberkeit   8. Augenaufschalg
   3. Räuberbeute   6. Trauerkleid   9. meistgebraucht

c. Sort out from the following minimal pairs those which practice /ə/, / /, and /i̯/ and write them in transcription in the proper categories:
   Sieges-Siegers, Bote-Botin, Lage-Lager, Tisches-Tischlers, Grieche-Griechin, sprechen-Sprechern, Fliege-Flieger, fahren-Fahren, Frage-Frager, Gatte-Gattin, zeigen-Zeigern, Fisches-Fischers.

   1. [ən]   -   [ʌn]   3. [əs]   -   [ʌs]

   2. [ə]   -   [ʌ]   4. [ən]   -   [i̯n]

2.432 Phonetic Conflicts /a,a,o/

a. Transcribe the following poem by Goethe:

   Feiger Gedanken
   Bängliches Schwanken,
   Weibisches Zagen,
   Ängstliches Klagen,
   Wendet kein Elend,
   Macht dich nicht frei.

49

Allen Gewalten   _____
　　　Zum Trotz sich erhalten,   _____
　　　Nimmer sich beugen,   _____
　　　Kräftig sich zeigen   _____
　　　Rufet die Arme   _____
　　　der Götter herbei.   _____

b. Organize the words from this poem which contain /ā/, /a/ or /o/ in the spaces below:

/ā/ _____ _____

/a/ _____ _____ _____ _____ _____
    _____ _____

/o/ _____

c. For practice, form minimal pairs which oppose /ā/, /a/ and /o/ by completing the words below:

/ā/	Sch le	f hle	L chen	r te	B se	W hlen
/a/	Sch lle	f lle	l chen	R tte	B sse	w llen
/o/	Sch lle	v lle	l chen	R tte	B sse	w llen

2.433 Phonemic Conflicts: /ū, ü, ō, ö/; Vowels before /r/

a. Transcribe the following poem by Schiller:

　　　Ach, aus dieses Tales Gründen,   _____
　　　die der kalte Nebel drückt,   _____
　　　könnt ich doch den Ausgang finden,_____
　　　ach, wie fühlt ich mich beglückt! _____
　　　Dort erblick ich schöne Hügel,   _____
　　　ewig jung und ewig grün!   _____
　　　Hätt ich Schwingen, hätt ich Flügel,_____
　　　nach den Hügeln zög ich hin!   _____

b. Sort out the words which contain rounded front vowels in the above text and form minimal pairs according to the provided clues:

	/ǖ/	/ī/	/ū/
1.	_____	_____	Pf
2.	_____	R	h (ɣ)
3	_____	en	_____ ewald
4.	_____	(ɣ)	_____ (eɣ)
	/ü/	/i/	/u/
5.	_____	sch(ɣ)	Schr

6.		st	Schr
7.		st	
	/ȫ/	/ē/	/ō/
8.		ge	(∅)hen
9.		r	e
	/ö/	/e/	/o/
10.			ge

c. To illustrate how the allophones of German /r/ are used in vocalic surroundings, transcribe the underlined portions of this poem by Nietzsche, noting especially vowels in unstressed syllables and before /r/ and using the following symbols:

[R] prevocalic in stressed syllable

[ʌ] postvocalic after long vowel in stressed syllable

[r] postvocalic after short vowel in stressed syllable

[ʌ] unstressed -er word-final

[ɹ] in non-final unstressed position

Die Krähen schrein

und ziehen schwirren Flugs zur Stadt:

bald wird es schnein -

wohl dem, der jetzt noch - Heimat hat!

Nun stehst du starr,

schaust rückwärts, ach, wie lange schon!

Was bist du Narr

vor Winters in die Welt entflohn?

Die Welt - ein Tor

zu tausend Wüsten stumm und kalt!

Wer das verlor,

was du verlorst, macht nirgends halt.

Nun stehst du bleich,

zur Winter-Wanderschaft verflucht,

dem Rauche gleich,

der stets nach kältern Himmeln sucht.

Flieg, Vogel, schnarr

dein Lied im Wüstenvogel-Ton!

Versteck, du Narr,

dein blutend Herz in Eis und Hohn!

Die Krähen schrein
und ziehen schwirren Flugs zur Stadt:
bald wird es schnein -
weh dem, der keine Heimat hat!

2.434 Distributional Conflicts: Unstressed Vowels

The following words are grouped according to their vowels and stress patterns, /'V/ representing any vowel with primary stress, /v/ any other vowel.

Transcribe the words, indicating in particular, tenseness and laxness of the vowels as well as length:

/v-'V.../

1. Essenz
2. Zigarre
3. elektrisch

/v-v-'V.../

4. Lizensierung
5. Kompromisse
6. demokratisch

/v-v-v-'V.../

7. Restauration
8. kompromittieren
9. anthropologisch

/v-v-v-v-'V.../

10. Dezentralisierung
11. Kollaboration
12. Elektrizität

/v-v-v-v-v-'V.../

13. Demilitarisierung
14. Reorganisation
15. onomatopoetisch

2.5 Suprasegmentals
2.51 Stress

a. Indicate the primary stress in the word pairs below:

<u>Überfall</u> — <u>überfallen</u>   <u>Unterhaltung</u> — <u>unterhalten</u>
<u>Urteil</u> — <u>erteilen</u>   <u>Durchbruch</u> — <u>durchbrechen</u>
<u>Urlaub</u> — <u>erlauben</u>   <u>Zukunft</u> — <u>zukommen</u>

b. Form the tenses, as indicated:

	<u>'über‚treten</u>	<u>über'treten</u>
1. Pres	Er _____	Er _____
2. Perf	Er _____	Er _____
3. Modal	Er will _____	Er will _____
4. Pres	Wenn er _____	Wenn er _____

c. Give the plural and indicate the primary stress:

1. <u>Motor</u> _____   4. <u>Atlas</u> _____
2. <u>Dämon</u> _____   5. <u>Charakter</u> _____
3. <u>Pastor</u> _____   6. <u>Dirigent</u> _____

2.52 Intonation

Briefly discuss whether or not a discussion of intonational patterns of German is necessary and/or practical:

_____

_____

2.53 Juncture

a. What part of juncture has led to the impressionistic notion that German is a "military, staccato" language?

_____

b. Outline how the English habit of "running words together" can be overcome and how German juncture is practiced:

_____

_____

2.6 Orthography
2.61 Consonant Graphemes

a. The letter <s> is the most overworked in the German spelling system. Give the phonetic symbol for the pronunciation in the surroundings indicated below:

1. <s> initially before vowel _____
2. <s> initially before <t, p> _____
3. <s> initially before other voiceless consonants _____
4. <s> medially before long vowel and voiced consonants _____
5. <ss> medially after short vowel _____
6. <s> finally after vowels and consonants _____

b. The Eszet <β> has the phonetic value

7. <β> medially after long vowel _____
8. <β> finally after vowels and before <t> _____

c. How does one know whether to spell <s> or <β> at the end of words after vowels?

9. _____

d. What is the phonetic value of <s> before and after voiceless consonants medially and finally?

10. _____

e. Match the words below with the number (1-10) of the surroundings of <s> in a. through d. above:

1. singen _____   11. Fluβ _____
2. Stein _____   12. Wespe _____
3. Skala _____   13. messen _____
4. Rose _____   14. Hals _____
5. Laus _____   15. Spule _____
6. Hast _____   16. Hirse _____
7. hassen _____   17. Röβchen _____
8. heiβen _____   18. Hülse _____
9. Aster _____   19. links _____
10. Achse _____   20. Börse _____

f. Complete the words:

<s> or <ss>? 1. In we__en Wohnung __ind __ie gewe__en? 2. Mit die__em Be__en __oll Il__e be__er fegen. 3. Wo ha__t du da__ Buch gela__en, da__ wir la__en? 4. Mit Getö__e fiel der Wa__erke__el herunter.

<s> or <β>?   5. Annelie___e hat Mu___e, ihre wei___e Blu___e zu waschen. 6. Wer hat die gro___e Va___e mit den Ro___en umgesto___en? 7. Ein wei___er Mann bleibt zu Hau___e, wenn drau___en tau___end Auto___ durch die Stra___en sau___en.

<β> or <ss>?   8. Sie mü___en wi___en, da___ das Wa___er jetzt hei___ ist. 9. Er soll diese Flü___igkeit nicht auf seine blo___en Fü___e gie___en.

<st> or <βt>?   10. Wenn ich nur wü___e, ob der ___urm die O___kü___e verwü___et hat. 11. Sie ha___ diesen häßlichen Ka___en. 12. Er hat gewu___, wie der Pa___or heißt. 13. Die be___en Lei___ungen der ___udenten werden von der Schule begrü___.

2.62 Vowel Graphemes

a. Complete the words paying particular attention to the length of the vowels:

/ī/ or /i/?   1. W___r tr___nken h___r v___l B___r. 2. M___tte Apr___l b___ttet ___lse ___ren M___ter um d___ M___te und g___bt m___r eine Qu___ttung. 3. Sab___ne ___βt v___r___rs ge B___rnen.

/ē/ or /e/?   4. P___ter und ___va s___hen an dieser St___lle die die h___llen W___llen auf d___m S___. 5. Auf d___m ___r___chten F___ld st___t st___ts eine H___rde sch___ller Pf___rde. 6. Wir br___chen die K___kse auf d___m T___ller.

/ū/ or /ü/?   7. Er sagte m___r de, er m___sse noch f___nf B___cher lesen. 8. An den Fl___ssen liegen h___ben und dr___ben gr___ne H___gel. 9. Die M___tter h___ten h___stelnd die T___ren der H___tten. 10. Er sendet Gr___βe und K___sse.

/ō/ or /ö/?   11. Z___lle wurden pl___tzlich wieder erh___ht. 12. M___gen Sie ___rtliche H___lzer? 13. Die sch___ne ___sterreicherin err___tete b___se. 14. ___stliche Fr___ste st___ren die Kl___ster.

b. Complete the following words:

    <u>e</u> or <ä>? 1. In den F__ldern, W__ldern und T__lern j__ner L__nder l__ben viele b__renfr__ssende B__ren. 2. Die verh__hrende K__lte l__hmt die Kr__fte der h__rtesten M__nner. 3. Die __rnsten W__hler ern__nnen die __hrlichen R__te der b__sten St__dte.

    <u>i</u> or <ie>? 4. Br__g__tte ß__t ihren F__sch am T__sch __m f__nsteren Z__mmer. 5. D__s greichen Gr__chen schl__ßen __mmer w__der Fr__den. 6. S__ schr__b m__r s__ben ausg__b__ge Br__fe. 7. Der __gel und der B__ber s__nd n__dl__che T__re.

    <u>ei</u> or <ai>? 8. Im M__ singt H__nz __ne kl__ne W__se. 9. Die w__se W__se bl__bt mit __nem L__b Brot all__n. 10. Der K__ser r__tet im H__n am R__n des Rh__ns. 11. M__s und R__s sind nicht h__mische Getr__de.

    <äu> or <eu>? 12. Die L__te s__men unter __ren B__men oder in t__ren H__sern. 13. N__e Geb__de kosten hohe St__ern. 14. H__te l__tet er die Glocke fr__dig. 15. Die M__te bekämpft das h__lende F__er mit k__chenden Wasserschl__chen.

2.63 Syllabic Division

a. Summarize the respects in which it is important to teach the concepts of open and closed syllables at early stages of German instruction.

_____

b. Rewrite the following expressions and indicate syllabic division:
1. königliche Hoheit
2. treue Freundinnen
3. unsinnige Behauptungen
4. zuckersüße Kekse
5. bunte Herbstastern
6. erwachsene Enkelkinder
7. die Vereinigten Staaten
8. deutsche Gründlichkeit
9. unwillkommene Gäste
10. Auffassungsvermögen
11. Erbauungsliteratur
12. Einkaufsliste

13. Untersuchungsgefängnis _____
14. außerordentliche Mühe _____
15. Regierungsdirektoren _____

2.64-2.65 Capitalization - Punctuation

Rewrite the following text (adapted from Hellmuth Rösler's Deutsche Geschichte, Stuttgart, 1961, p. 42) with the appropriate capitalization and punctuation:

karl der große überragte mit seiner köpergröße von 192 metern

schon außerlich seine umgebung man sah auch an seinem von

blonden locken umrahmten antlitz mit der etwas überlangen

gebogenen nase und den gewöhnlich gütigen nur in der leiden-

schaft aufflammenden augen den geborenen herrscher seine hohe

durchdringende stimmme war das passende werkzeug seines wendigen

geistes der durch übingen aller art gestählte körper

versagte sich dessen nie tief eingewurzelt war in karl

war der glaube an die fränkische weltsendung die nach

seinem tode otfried von weißenburg mit den stolzen worten

wiedergab die franken sind hochgemut zu vielem guten zu

vielem vorteil führt sie der verstand kein volk das an ihr

land grenzt entzieht sich ihnen durch ihre tüchtigkeit

zwingen sie es ihnen zu dienen alles was sie im sinne haben

führen sie mit gott aus nichts tun sie in der not ohne

seinen rat

CHAPTER THREE

3. VERB PHRASE
3.1 Forms in the Verb Phrase
3.11 Verbal Inflection

Identify the inflectional devices in the examples below; use (1) – (4): (1) inflectional morpheme, (2) ablaut, (3) umlaut, (4) prefix.

1.	(gold)	gilt _____	11.	(reißen)	Riß	_____
2.	(bind)	bond _____	12.	(denken)	bedenken	_____
3.	(go)	goes _____	13.	(altern)	Eltern	_____
4.	(sing)	singing _____	14.	(fragen)	fragend	_____
5.	(goose)	geese _____	15.	(fahren)	Fähre	_____
6.	(come)	become _____	16.	(schieben)	Schub	_____
7.	(swear)	sworn _____	17.	(beten)	Gebet	_____
8.	(doom)	deem _____	18.	(fanden)	fänden	_____
9.	(give)	forgive _____	19.	(Sitz)	sitze	_____
10	(mend)	mended _____	20.	(zwingen)	Zwang	_____

3.12 Inflected Forms

a. Evaluate the merit of using German grammatical terminology in elementary classes, e.g. Gegenwart 'present tense,' Einzahl 'singular,' etc.

_____

_____

b. Identify grammatically the following English and German verb phrases, e.g. Sie hatten gesehen werden müssen 'they had to have been seen' = pl sie-form past perfect passive indicative with modal.

1. Er ist gefahren.

_____

2. Du hättest ihn erkennen sollen.

_____

3. Ich bin nicht gefragt worden.

_____

4. Wir haben es beschreiben müssen.

_____

5. Bestellen Sie es!

_____

6. He had not been informed.

_____

7. If I were rich...

8. They will have arrived by now.

9. She had to have believed it.

10. We could have been mentioned.

3.13-3.131 Verb Types - Separable and Inseparable Verbs

a. Evaluate the practical merit of the suggestion that grammatical phenomena should be described not only by their form and function, but also by the number of members in each class.

b. Indicate which of the following verbs are separable and which are inseparable by completing the verb phrase with the particle <u>zu</u>:

1. <u>Sie wagte nicht</u>, <u>seine Worte</u> (<u>anzweifeln/bezweifeln</u>).

2. <u>Wir planen</u>, <u>den Berg</u> (<u>ersteigen/besteigen</u>).

3. <u>Sie hat vergessen</u>, <u>den Tresor</u> (<u>abschließen/verschließen</u>).

4. <u>Er beabsichtigt</u>, <u>die Pläne besser</u> (<u>ausarbeiten/bearbeiten</u>).

5. <u>Sie versprechen</u>, <u>seine Post</u> (<u>weitersenden/nachsenden</u>).

6. <u>Es fällt ihm schwer</u>, <u>pünktlich</u> (<u>erwachen/aufwachen</u>).

7. <u>Sie versuchen</u>, <u>sich eine Existenz</u> (<u>erbauen/aufbauen</u>).

8. <u>Es ist unmöglich</u>, <u>seine Staatsbürgerschaft</u> (<u>erweisen/beweisen</u>).

9. <u>Ich bin unfähig</u>, <u>es Ihnen</u> (<u>abkaufen/verkaufen</u>).

10. <u>Sie planen</u>, <u>bald</u> (<u>abfahren/zurückfahren</u>).

c. Where does zu belong?

1. (durchbrechen): Die Sonne scheint die Wolken _____.
   Er bemüht sich, den Stock _____.
2. (unterstellen): Er plante, ihr schlechte Absichten _____.
   Wir denken nicht daran, uns im Regen _____.
3. (untergraben): Der Gärtner begann, den Dünger _____.
   Der Alkohol begann, seine Gesundheit _____.
4. (überziehen): Ich plane nicht, mein Bankkonto _____
   _____. Er bat sie, sich einen Mantel _____.
5. (durchfahren): Der Zug scheint Hamburg _____.
   Der Zug scheint bis Hamburg _____.
6. (umschreiben): Man bat ihn, diese Forderung mit besseren Worten _____.
7. (durchkreuzen): Der Lehrer begann, die falschen Antworten mit Rotstift _____. Er beabischtigte nicht, unsere Ferienpläne _____.
8. (umstellen): Aus Langeweile begann sie, die Möbel _____.
   Die Polizei plante, das Haus des Verdächtigten _____.
9. (übergehen): Ich denke nicht daran, den Vorfall mit Stillschweigen _____. Die Musiker begannen, in eine andere Tonart _____.
10. (umgehen): Sie baten ihn, mit seinem Geld sparsam _____. Sie weigerte sich, die Antwort _____.

3.132 Weak Verbs

a. Explain why all newly coined or borrowed verbs in English and German are weak.
   _____

b. Design a small teaching unit comparing the English and German dental suffixes of weak verbs.
   _____
   _____

3.133 Strong Verbs

a. Many originally strong verbs have become weak in English. Some of their strong forms survive as adjectives. Match the underlined English adjectives with their cognate German strong verbs and give the three stemforms of the strong verb:

	ENGLISH	GERMAN COGNATE VERB
1.	a snide remark	_____ _____ _____
2.	the waxing moon	_____ _____ _____
3.	molten lava	_____ _____ _____
4.	a wound clock	_____ _____ _____
5.	frozen meat	_____ _____ _____
6.	a graven image	_____ _____ _____
7.	driven snow	_____ _____ _____
8.	a sworn enemy	_____ _____ _____
9.	with heaving lungs	_____ _____ _____
10.	a shorn sheep	_____ _____ _____
11.	a swollen river	_____ _____ _____
12.	sodden ground	_____ _____ _____
13.	a forlorn expression	_____ _____ _____
14.	the downtrodden masses	_____ _____ _____
15.	a sunken ship	_____ _____ _____
16.	the forbidden fruit	_____ _____ _____
17.	a bounden duty	_____ _____ _____
18.	blown glass	_____ _____ _____
19.	a drunken bum	_____ _____ _____
20.	a high-born person	_____ _____ _____

b. It is unrealistic to teach all strong verbs in the first year of elementary German. If you were to design a textbook, what verbs or classes of verbs would you introduce?

_____

_____

c. It has been suggested that certain strong verbs should be distinguished from the majority because of their consonantal alternations, such as stehen - stand, and that these verbs should constitute a separate group called "irregular strong." How many verbs belong in that group and is such a class necessary and practical?

_____

_____

d. Show the predictability of formal clues to weak and strong inflection by placing a + into the appropriate box:

FORMAL CLUES	ALWAYS WEAK	MOSTLY WEAK	WEAK OR STRONG	MOSTLY STRONG
1. Infinitive vowel eu/äu (reuen/läuten)				
2. Infinitive vowel ä/ö/ü (lärmen/lösen/rügen)				
3. Infinitive vowel o/u/au (bohren/brummen/bauen)				
4. Infinitive vowel e (leben)				
5. Infinitive vowel a (fragen)				
6. Infinitive vowel ei (leihen)				
7. Infinitive vowel ie (lieben)				
8. Infinitive ends with -eln/-ern/-igen/-ieren (ähneln/ärgern/verteidigen/telefonieren)				
9. Stem ends with in+consonant (finden/rinnen)				

10. Give the exceptions to (2.) above: _____

11. Give the exceptions to (3.) above: _____

3.134 Verbs with Weak or Strong Forms

a. Give the stem forms for:

INFINITIVE	PAST	P. PARTIC.	INFINITIVE	PAST	P. PARTIC.
1. set	___	___	5. raise	___	___
2. sit	___	___	6. rise	___	___
3. lay	___	___	7. hang	___	___

4. lie _____ _____   8. hang _____ _____

b. What is the relationship between strong and weak tense formation and transitivity of the above verbs?
   _____

c. Design an exercise using the German verb pairs liegen/legen, stellen/stehen, setzen/sitzen and hangen/hängen to practice tense formation, use of an object, and the case of a prepositional phrase:
   _____
   _____
   _____

d. Rewrite the following sentences in the simple past tense:
   1. Der Verkäufer wiegt das Fleisch. Es wiegt drei Pfund.
      _____
   2. Sie bewegt ihn, ihr zu helfen. Sie bewegt ihr Hände nicht.
      _____
   3. Nach der Arbeit schafft er nicht viel. Der Maler schafft ein neues Werk.
      _____
   4. Die Mutter weicht die Wäsche ein. Der Autofahrer weicht dem Fußgänger aus.
      _____
   5. Er schleift mein Messer. Er schleift das Paket hinter sich her.
      _____

e. Complete the sentences using the simple past tense or the past participle:
   wenden: 1. Das Kind _____ kein Auge von der Schokolade.
           2. Seine Vorlesung _____ sich nur an Fachleute.
           3. Das Wetter _____ sich, es begann zu regnen.
           4. Gegen das Verbot _____ das Auto auf der Einbahnstraße.
           5. Sie _____ sich ärgerlich gegen den Vorschlag.
   senden: 6. Sie hatte uns ein Telegramm _____.
           7. Du kommst wie gerufen, der Himmel hat dich _____.
           8. Wann _____ der Rundfunk die Nachrichten?
           9. Die Firma _____ uns immer Reklame zu.
          10. Wohin _____ ihn die Regierung?

schaffen:
11. Am Anfang _____ Gott Himmel und Erde.
12. Sie _____ die Arbeit nicht allein.
13. Ich _____ es nicht, ihm die Idee auszureden.
14. Beethoven _____ neun unvergleichliche Symphonien.
15. Er _____ die Voraussetzungen für den Plan.

bewegen:
16. Der Bagger _____ große Mengen von Erde.
17. Die Preise _____ sich zwischen 1000 und 2000 Mark.
18. Seine Frau _____ ihn, in die Stadt zu ziehen.
19. Eure Geschichte hat uns lange _____.
20. Ein kalter Wind _____ die Bäume vor dem Haus.

schleifen:
21. Der Musemsführer _____ uns von Saal zu Saal.
22. Sei vorsichtig! Die Messer sind frisch _____.
23. Das Auto ergriff die Frau _____ sie mit.
24. Dieser teure Edelstein ist noch nicht _____.
25. Sie _____ das weinende Kind die Straße entlang.

hängen:
26. Warum hast du deinen Beruf an den Nagel _____?
27. Die Haare _____ ihm Gesicht.
28. Das Photo hat jahrelang über dem Sofa _____.
29. Die Wäsche hat zum Trocknen im Garten _____.
30. Wohin hast du meinen Mantel _____?

erschrecken:
31. Die Sirene hat mich sehr _____.
32. Sie _____ bei seinem Eintreten.
33. Ich hoffe, ich habe sie mit dieser Nachricht nicht _____.
34. Wir _____ von dem plötzlichen Krach.
35. Er war vor dem Gebrüll des Tigers _____.

3.135 Mixed Verbs

a. Justify the separation of mixed verbs from weak and strong verbs on the basis of their formal characteristics:

_____

_____

b. What English verbs have characteristics similar to the German mixed verbs?

_____   _____

3.1351 Modal Verbs and wissen

a. Why is the term 'auxiliaries' not fully appropriate for the modal verbs?

_____

b. Do the English forms 'could,' 'would,' 'should' and 'might' express the concept of past tense without ambiguity?

_____

c. Instead of the modal verbs, periphrastic constructions are frequently used in English. Match the expressions below with the German and English modals:

	ENGLISH	GERMAN
1. to be allowed to	_____	_____
2. to have to	_____	_____
3. to like (to)	_____	_____
4. to be supposed to	_____	_____
5. to be able to	_____	_____
6. to want (to)	_____	_____
7. to be permitted to	_____	_____
8. to be capable of	_____	_____

3.135 Auxiliaries

a. Contrast and compare the various stems of English 'to be' with those of German sein.

_____
_____

b. The auxiliary werden is used as a main verb in the active voice in different syntactical frames:

werden + adjective: Er wird krank.
werden + noun   : Er wird Lehrer.

How is werden translated here and how is the perfect tense formed?

_____
_____

3.14 Inventory of Inflectional Morphemes
3.141 Inflectional Endings

The chart below organizes the inflectional morphemes for person and number. Complete the chart, indicating mood, tense, verb type, combinations with other morphemes, and examples.

3.14 Inventory of Inflectional Morphemes
3.141 Inflectional Endings

The chart below organizes the inflectional morphemes for person and number. Complete the chart, indicating mood, tense, verb type combinations with other morphemes, and examples.

PERS NUM	MOR- PHEME	MOOD	TENSE	VERB TYPE	OTHER MORPHEMES	EXAMPLES
ich	/-ə/	ind	pres	___	(none)	ich sage
				str	(none)	
				___	___	ich kann, will
	/---/			___	inclusion /-tə-/	
				str		
		spec subj		all		
		___		___	(does not exist)	
				str		
du	/-st/			___	(none)	du sagst
				___	sometimes umlaut	
		___		___	changed stem	
			past	___	___	du sagtest
				str	___	
		___		all	inclusion /-ə-/	
		___		weak	(does not exist)	
		___		___	___	du sängest
	/---/	imper		___	(none)	___ !
				str	(none)	___ !
				str	e>i(e)	___ !

PERS NUM	MOR- PHEME	MOOD	TENSE	VERB TYPE	OTHER MORPHEMES	EXAMPLE
er	/-t-/	ind		weak	(none)	er sagt
				mod		
					inclusion /-tə-/	
						er sang
	/---/	spec subj		all		
				weak	(does not exist)	
						er könnte
					abl, uml, /-ə-/	
wir/ sie	/-n/	ind		all	(none)	wir sie sagen
			past			
						wir sie sangen
				all	(does not exist)	
				weak	(does not exist)	
						wir sie sängen
ihr	/-t/	ind	pres	all	(none)	ihr sagt
				weak	inclusion /-tə-/	
						ihr sangt
				all	inclusion /-ə-/	
				weak	(does not exist)	
						ihr sänget
		imper		all	(none)	_____!

3.142 Tense-and-Mood Markers

a. Many textbooks analyze the simple past tense of weak verbs in a manner different from that suggested here by considering the morpheme as /-t-/, e.g. du sag-t-est. Evaluate the advantages and disadvantages of this approach.

_____
_____

b. Justify the notion that the weak past morpheme /-tə-/ and the strong past morpheme caused by ablaut /∼/ are allomorphs.

_____

c. In what instances is apocope of final /ə/ operative in modern German?

_____

3.1421 Phonological Conditioning of Verbal Morphemes

a. What are the allomorphs of the English past tense morpheme in weak verbs?

   1. /_____/ after _____
   2. /_____/ after _____
   3. /_____/ after _____

b. Identify the inflectional morphemes and the reason for phonological conditioning in the following examples:

		MORPHEME(S)	CONDITIONING
1.	er lädt	/_____/	_____
2.	ihr antwortetet	/_____/	_____
3.	meutern	/_____/	_____
4.	du rätst	/_____/	_____
5.	ich drängle	/_____/	_____
6.	ihr standet	/_____/	_____
7.	wir leben	/_____/	_____
8.	sie lachten	/_____/	_____
9.	sie gleitet	/_____/	_____
10.	du mißt	/_____/	_____
11.	ihr schriet	/_____/	_____
12.	sie lagern	/_____/	_____
13.	du leidest	/_____/	_____
14.	es gilt	/_____/	_____
15.	du last	/_____/	_____
16.	ich läutete	/_____/	_____

17. er reitet   /_____/ _____
18. sie beten   /_____/ _____
19. wir bemängeln   /_____/ _____
20. er schilt   /_____/ _____

3.15 Non-Finite Forms
3.151 Infintive

a. What is the English infinitive marker? _____

b. Give the English equivalents of the infinitives below and indicate whether they are present or perfect infinitives:

1. fragen
2. gesehen haben
3. gerannt sein
4. bauen
5. studiert haben
6. geworden sein
7. erlebt haben
8. gestorben sein
9. grüßen
10. vergangen sein

3.152 Past Participle

a. How is the past participle formed in English?

b. Give the past participle of the verbs below and the English translation:

	PAST PARTICIPLE	ENGLISH
1. verlieren		
2. bringen		
3. telefonieren		
4. reiten		
5. dringen		
6. erheben		
7. kaufen		
8. wissen		
9. beschreiben		
10. sitzen		

3.153 Present Participle

a. Give the present participle of the German equivalents of the English examples below:
   1. entertaining _____
   2. frightening _____
   3. gleaming _____
   4. dancing _____
   5. knowing _____
   6. running _____
   7. becoming _____
   8. awakening _____
   9. loving _____
   10. ruining _____

b. Rewrite the following sentences, using the present participle with sein, e.g., Das überrascht uns - Das ist für uns überraschend.
   1. Die Ruhe im Wald tut wohl.
   _____
   2. An einem heißen Tag erfrischt kühle Limonade.
   _____
   3. Harte Strafen schrecken Kriminelle ab.
   _____
   4. Der Straßenlärm stört in unserem Haus.
   _____
   5. Diese Behauptung trifft nicht zu.
   _____
   6. Seine Bemerkungen leuchteten ihr ein.
   _____
   7. Die schwere Arbeit ermüdete ihn.
   _____
   8. Viele Einbrüche beunruhigen die Nachbarschaft.
   _____
   9. Ein Glas Saft vor dem Essen regt den Appetit an.
   _____
   10. Seine Bemerkungen beleidigten mich.
   _____

3.16 Formation of Simple Tenses and Moods, Active Voice
3.161 Present Indicative

a. When teaching the present tense,

   1. what verb type(s) should be taught first?
   _____

   2. what persons and numbers should be initially introduced?
   _____

   3. At what time would the introduction of the present tense of modals be appropriate?
   _____

b. How can the interference of the English progressive be avoided?
_____

3.162 Simple Past Indicative

a. During the Early New High German period, in the southern German dialects, final /ə/ was lost through apocope. Luther, a native of East Middle German, modeled the language of his bible translation on that of the Imperial Chancery in Vienna. However, he maintained /ə/ in most instances and even introduced it frequently where it historically did not belong, e.g. er sahe, fande for the past indicative. One of these "unorganic /ə/" entered the standard language in the past tense form of a frequently used verb. What form is it?
_____

b. Rewrite the sentences, using the simple past tense.

   1. Der Gast betritt das Zimmer und grüßt die Hausfrau.
   _____

   2. Er studiert in München und arbeitet auch bei Meiers.
   _____

   3. Sie ziehen aufs Land, denn sie ertragen die Stadt nicht.
   _____

   4. Er verschließt die Haustür und steigt in den Wagen ein.
   _____

   5. Ich hänge das Bild an die Wand. Es hängt schief.
   _____

   6. Wir stehen auf und verlassen den Saal in Protest.
   _____

   7. Die Schüler lernen, singen, spielen, diskutieren.
   _____

   8. Er beteuert seine Unschuld und verspricht Besserung.
   _____

9. Wir bedenken und überlegen es lange.

_____

10. Rotkäppchen geht spazieren und trifft den Wolf.

_____

3.163 General Subjunctive

a. Explain why the simple past indicative of weak verbs is identical to the general subjunctive by examining the paradigm below:

	OLD HIGH GERMAN		NEW HIGH GERMAN
	PAST IND.	SUBJUNCTIVE	
(ich)	suohta	suohtī	suchte
(du)	suohtōs(t)	suohtīs(t)	suchtest
(er)	suohta	suohtī	suchte
(wir)	suohtum	suohtīm	suchten
(ihr)	suohtut	suohtīt	suchtet
(sie)	suohtun	suohtīn	suchten

_____

b. The er-form simple past indicative of werden (wurde) was explained as unhistorical. Is the general subjunctive würde a regular form?

_____

c. Discuss the merit of the following English expressions to explain the German general subjunctive:
'I wish I were rich. If only he spoke louder! If he came on time we could...If he took the train we would...'

_____

d. There is one weak verb that forms the general subjunctive with umlaut. Which verb is it?

_____

e. Indicate with a + those forms of the general subjunctive whose forms differ from the simple past indicative:

	wir/sie form	ihr form	er form	ich form	du form	EXAMPLE
1. weak verbs						
2. strong verbs with a, o, u in past ind						
3. strong verbs with i (e) in past ind						
4. mixed verbs						
5. stehen, werfen sterben						
6. können, mögen, müssen, dürfen						
7. sollen, wollen						
8. wissen						
9. haben						
10. sein						
11. werden						

3.164 Special Subjunctive

a. Discuss the value of the following English expressions to explain the forms of the German special subjunctive: 'God bless you! Long live the king! Thank goodness! They insisted we return promptly. Be it therefore resolved...'

_____

_____

b. It has been said that the forms of the special subjunctive are the most regular German verb forms. Substantiate this claim by comparing the indicative present with the special subjunctive forms:

_____

_____

c. Rewrite the following sentences with the verbs in special subjunctive, using the context 'He told me...' Er erzählte mir,...

1. heute geht er besonders ungern aus dem Haus.

2. das Wetter ist so schlecht, es regnet und stürmt.

3. es scheint, als ob der Winter beginnt.

4. leider ruft die Pflicht; er muß gehen, ob er will oder nicht.

5. er hat einen Brief von Inge, der gute Neuigkeiten bringt.

6. sie wird bald zurückkommen und plant, uns zu besuchen.

7. er veranstaltet dann ein Fest, zu dem er alle einlädt.

8. er weiß aber nicht, ob er Hans erreichen kann.

9. Hans hat kein Telefon und wohnt weit außerhalb.

10. es ist unwahrscheinlich, daß er Hans bald sieht.

d. Indicate with a + those forms of the special subjunctive which are distinct from the indicative:

	wir/sie form	ihr form	er form	ich form	du form	EXAMPLE
1. weak verbs, no dental ending of stem						
2. weak verbs, dental ending of stem						
3. strong verbs, umlaut du/er-forms, no dental ending						
5. strong verbs no umlaut, no dental ending of stem						
6. strong verbs, no umlaut, dental ending						
7. können, mögen, müssen, dürfen						
8. sollen, wollen						
9. wissen						
10. haben						
11. sein						
12. werden						

e. Identify the following forms as special or general subjunctive and supply the infinitive form:

	SUBJUNCTIVE	INFINITIVE
1. er böte	_____	_____
2. er löte	_____	_____
3. sie liebe	_____	_____
4. wir stünden	_____	_____
5. er schriebe	_____	_____
6. du gingest	_____	_____

7. es gelte _____ _____
8. man nehme _____ _____
9. ich dächte _____ _____
10. sie kennten _____ _____
11. du könntest _____ _____
12. er rufe _____ _____
13. sie schüfen _____ _____
14. er wisse _____ _____
15. ich litte _____ _____
16. du lögest _____ _____
17. sie hielten _____ _____
18. sie bitte _____ _____
19. wir sängen _____ _____
20. er dränge _____ _____

3.165 Imperative

a. Form the imperative for the following verbs:

	FAMILIAR SG	FAMILIAR PL	FORMAL
1. bedenken			
2. sich anziehen			
3. lesen			
4. still sein			
5. nehmen			
6. abschreiben			
7. bitten			
8. kochen			
9. sich freuen			
10. klingeln			

b. What form of the verb is bitte and danke? _____

c. Form the singular familiar imperative of the following sentences:

1. Du mußt die Arbeit sofort erledigen/machen.

2. Du sollst dich darum selbst kümmern/bemühen.

3. Du mußt dieser mehr Zeit opfern/widmen.

4. Du sollst deine Bitte anders formulieren/ausdrücken.

5. Du sollst pünktlich sein/ankommen.
   _____

6. Du sollst der Mutter helfen/beistehen.
   _____

7. Du mußt den Film ansehen und auch das Buch lesen.
   _____

8. Du sollst das Bild abmalen/kopieren.
   _____

9. Du mußt Gewicht abnehmen/verlieren.
   _____

10. Du sollst dich darüber nicht ärgern/aufregen.
    _____

3.17 Formation of Compound Tenses, Active Voice
3.171 Present Perfect Indicative

a. Form the present perfect of the following sentences:

1. Er läßt sich einen neuen Anzug machen.
   _____

2. Ich kann das nicht.
   _____

3. Wir stehen morgens immer sehr früh auf.
   _____

4. Der Chauffeur fährt den Wagen in die Garage.
   _____

5. Ich kann ihn nicht danach fragen.
   _____

6. Siehst du ihn kommen?
   _____

7. Wir fahren nicht vor 6 Uhr ab.
   _____

8. Der Schnee schmilzt.
   _____

9. Du brauchst es nicht zu glauben.
   _____

10. Woher wissen Sie das?
    _____

b. Form sentences in the perfect tense using the following material:
   1. begegnen/treffen   Student-Professor
   2. verfolgen/folgen   Polizei-Dieb
   3. herangehen/sich nähern   Kind-Hund
   4. ausweichen/überholen   Radfahrer-Fußgänger
   5. sich entfernen/weggehen   Besucher
   6. aufstehen/sich erheben   Publikum

c. Rewrite the following sentences in the perfect tense:
   1. Das Auto biegt um die Ecke. Der Wind biegt die Bäume.
   2. Er tritt ihr auf den Fuß. Er tritt aus dem Haus.
   3. Er reitet ein schwarzes Pferd. Er reitet auf dem Pferd.
   4. Wir ziehen nach Mainz um. Vor dem Essen ziehe ich mich um.
   5. Das Mädchen tanzt durchs Zimmer. Das Ballett tanzt heute.

d. Indicate whether haben or sein is used to form the present and past perfect tenses by placing an + into the appropriate box:

	HABEN	SEIN
1. haben		
2. modal verbs: können, etc.		
3. sein, bleiben, werden		
4. transitive verbs; sehen, halten, etc.		
5. verbs denoting beginning or end of an action: beginnen, enden, etc.		
6. verbs denoting a change of state: verbrennen, etc.		
7. reflexive verbs: sich beeilen, sich freuen, etc.		
8. impersonal verbs: es regnet, es stinkt, etc.		
9. verbs only used impersonally geschehen, gelingen, with change of state		

3.172 Past Perfect Indicative

a. Summarize when the past perfect tense is used in English.

_____

_____

b. Restate the following sentences in the past perfect:
   1. Das Haus brannte lange; es brannte schließlich ganz aus.

   _____

   _____

   2. Die Blumen blühen den ganzen Sommer. Im Herbst verblühen sie.

   _____

   _____

   3. Sie wachte am Bett des Kranken, der nicht aufwachte.

   _____

   _____

   4. Die Tür schägt zu. Er schlägt die Tür wütend zu.

   _____

   _____

5. Die Arbeit ermüdete mich. Ich ermüde sehr schnell.

6. Die Gläser zerbrechen. Sie zerbricht das Glas.

7. Sie verbrannten den Brief. Nasses Holz verbrennt schlecht.

8. Das heiße Öl spritzt in der Pfanne. Es spritzt heraus.

9. Er muß verreisen; er will keine Geschäftsreise machen.

10. Sie erkrankten an Grippe. Dann kränkelten sie lange.

c. Translate the following sentences into German:
   1. He had owned a car before.

   2. His mother had died in 1925.

   3. She had not been allowed to write him.

   4. He had not wanted to go since she had stayed here.

   5. She had startled him. He had run away fast.

   6. Why had he not been able to consult us?

   7. They had been sick for a long time.

   8. We had seen him singing and dancing on stage.

   9. Then you had become a teacher and married.

   10. After they had gotten on the train it departed.

3.173 Future Indicative

a. What kinds of exercises can be designed to combat the transfer of English 'will' to German wollen instead of werden?

b. Rewrite the following sentences in the future tense:
   1. Ich habe mich damit nicht einverstanden erklärt.
   2. Er ging mit uns zum Rathaus und verhandelte für uns.
   3. Sie sind nie pünktlich gewesen und immer zu spät gekommen.
   4. Morgen frage ich ihn danach, und er muß mir antworten.
   5. Wie erklärt man das, damit es alle verstehen?
   6. Sie sind nicht gern allein, denn sich fürchten sich.
   7. Er hat gesehen, daß wir recht behalten.
   8. Sie muß zum Arbeitsamt und sich dort melden.
   9. Wie kannst du das nur schaffen und bewältigen?
   10. Heute haben wir viel zu tun und zu besprechen.

3.174 Future Perfect Indicative

a. Give a logical reason why the future perfect tense is quite rarely used in English and in German.

b. Examine three or more elementary textbooks of German and evaluate their explanation of the future tense as to 1. its frequency, 2. the place of its introduction in the sequence of structures, and 3. the relevance of the exercises.

3.175 Compound Tenses in the Subjunctive Mood

a. Explain why there is no synthetic past tense in subjunctive.
   _____

b. Is there a past expression of the subjunctive without ambiguity in English?
   _____

c. Form the past expression of the special or general subjunctive, as indicated:

   1. Er war krank (spec.)
      _____

   2. Sie gingen nicht gern dorthin (gen.)
      _____

   3. Ich sah und begrüßte sie. (gen.)
      _____

   4. Sie freuen sich darüber. (gen.)
      _____

   5. Sie konnte es nicht verstehen. (spec.)
      _____

   6. Du sollst ihm einen Brief schreiben. (gen.)
      _____

   7. Sie kommen immer zu spät. (spec.)
      _____

   8. Ich erschrak vor dem Lärm. (spec.)
      _____

   9. Sie brauchen nicht zu arbeiten. (gen.)
      _____

   10. Sie wurde dann Ärztin. (spec.)
       _____

3.18 Formation of Passive Voice

a. Why is the passive voice not formed for reflexive verbs whose subject and reflexive pronoun denote the same person?
   _____

b. Some textbooks state that the passive voice is not used often in English and German. Discuss the validity of this statement.
   _____

3.181 Tenses of the Passive Voice

a. Outline the structures which have to be mastered before the passive voice can be introduced.
   _____

b. Rewrite the following sentences using the passive voice in the structurally corresponding tenses:

1. Der Vater sah die Kinder im Garten.

2. Er wird mir ein neues Buch kaufen.

3. Ein starker Wind verursachte das Feuer.

4. Sie haben der Freundin Blumen zum Geburtstag geschenkt.

5. Der Arbeiter bat mich um eine Zigarette.

6. Man achtete nicht darauf.

7. Die Freunde haben dem Gastgeber gedankt.

8. Während des Essens lachte man viel.

9. Ihr seht uns nicht so bald wieder.

10. Sie werden viel Schönes auf der Reise erlebt haben.

c. Translate the following sentences into German, using the passive voice in the structurally corresponding tenses:

1. The medicine helped me immediately.

2. The whole house was being decorated with flowers.

3. There was much waiting and freezing in the camp.

4. The furniture is being removed from the house.

5. The city had been destroyed during the war.

6. They will become prepared for it.

7. It has been called the best book of the year.

8. People work very hard in Germany.

9. They were asked to report to the director.

10. He was asked when his work could be inspected.

d. Complete the passive sentences using <u>von</u> + dative case, or <u>durch</u> + accusative case, as appropriate:
   1. Wir wurden _____ d___ Nachricht überrascht, daß er krank ist.
   2. Der Brief wurde _____ d___ Mitarbeiter geschrieben.
   3. Afrika wurde _____ ein___ Trockenheit heimgesucht.
   4. Alle Papiere müssen _____ d___ Direktor unterzeichnet werden.
   5. _____ ein___ Orkan wurde der Verkehr unterbrochen.
   6. Der Vorgang wurde _____ unser___ Werkmeister erklärt.
   7. Unser Grundstück wird _____ ein___ Zaun von den Nachbarn getrennt.
   8. Ihr Haus war _____ ein___ Bombe zerstört worden.
   9. Die Katastrophe wurde _____ d___ Eingreifen der Polizei verhindert.
   10. _____ d___ Explosion wurde großer Schaden verursacht.

3.182 Future Passive and Passive with Modals

a. Evaluate the practical merit of introducing the future passive tense together with passive with modals.

b. Give the English translations and the German active voice of the following sentences:
   1. Er muß von ihr gefragt worden sein.

   2. Diese Wörter sollen von den Schülern bald gelernt werden.

   3. Das Buch wird gekauft werden müssen.

   4. Sie wird von uns nicht noch einmal gebeten werden.

   5. Er wird ins Krankenhaus gebracht werden müssen.

6. Das kann von ihm nicht erwartet werden.
   _____

7. Hier sollte von den Angestellten viel gearbeitet werden.
   _____

8. Das Haus muß schon verkauft worden sein.
   _____

9. Das kann den Kindern nicht erlaubt worden sein.
   _____

10. Sie wollten nicht erkannt werden.
    _____

3.183 Alternate Expressions of Passive

a. Discuss at what stage of instruction the alternate expressions of passive can be introduced.

b. Form alternate expressions of the passive corresponding with the examples and their numbers in the COMPANION:

1. Das Buch kann man gut lesen.
   (1) _____
   (2) _____
   (5) _____

2. Man bietet den Gästen Wein an.
   (3) _____

3. Dieser Plan kann nicht ausgeführt werden.
   (6) _____
   (5) _____
   (4) _____
   (2) _____

4. Das Haus mußte nach seinen Plänen gebaut werden.
   (6) _____

5. Der Uhrmacher repariert meine Uhr.
   (2) _____
   (3) _____
   (5) _____

(6) _____

6. Seine Doktorarbeit wurde veröffentlicht.
   (2) _____
   (3) _____
   (4) _____

7. Diese Speise hält sich nicht lange.
   (5) _____

8. Ihre Befürchtungen wurden bewahrheitet.
   (1) _____
   (2) _____

9. Der Patient muß operiert werden.
   (2) _____
   (4) _____
   (5) _____

10. Seine Angst wurde verstärkt.
    (1) _____

3.19 Coordination of the Verb Phrase

a. Coordinate the verb phrases:

1. (und): Großvater konnte nicht lesen. Großvater konnte nicht schreiben.

   _____

2. (oder): Schneit es? Regnet es?

   _____

3. (sowohl...als auch): Sie wurde als Hexe verurteilt. Sie wurde auf dem Scheiterhaufen verbrannt.

   _____

4. (weder...noch): Sie wollte essen. Sie wollte trinken.

   _____

5. (nicht nur...sondern auch): Sie hat angerufen. Sie hat Blumen geschickt.

   _____

6. (aber nicht): Peter hat sie auf der Straße gesehen. Peter hat sie gegrüßt.

   _____

7. (nicht nur...sondern auch): Unser Haus muß renoviert werden. Unser Haus muß neu gestrichen werden.

   _____

8. (weder...noch): Man konnte ihm alles glauben. Man konnte ihm Geheimnisse anvertrauen.
_____

9. (oder): Er ist mit dem Auto gereiset. Er ist mit dem Zug gefahren.
_____

10. (weder...noch): Ich habe ihn erreichen können. Ich habe seine Adresse finden können.
_____

b. Which of the above conjunctions also function as negations?
_____   _____

3.2 Use and Function of Forms in the Verb Phrase
3.21 Use of Tenses

a. Examine several elementary German textbooks for their description of the use of German tenses and give a critique. _____
_____
_____

b. Translate the following sentences into German and match them with the numbers and examples of chart 3.21 in the COMPANION:

1. A week ago, he still owned his car. _____
_____

2. Will we be leaving for Grandma's house soon? _____
_____

3. She waves to me each morning when I go by. _____
_____

4. We were still preparing dinner when he arrived. ____/____
_____

5. Only after he had crossed the bridge did he notice that he had forgotten his wallet. ____/____
_____
____/____

6. Before I go to the office, I'll stop by the bank. ____/____
_____

7. Will you take a bite? No, I have already eaten. ____/____
_____ ____/____

8. So he did sell it after all? I wonder why. ____/____
_____ ____/____

9. She had been seeing him often before he left. ____/____
_____ ____/____

87

10. The children are so noisy. They do annoy me.   ____/____
    _____   ____/____

3.211 Use of Present Tense

a. In the exercises above, identify where you used the German present tense in your translation.

   _____

b. Translate the following sentences into idiomatic English and match your translation with the numbers (1)-(6) of chart 3.21:

   1. Er arbeitet nicht mehr hier.
      _____ _____

   2. Ich arbeite schon seit drei Jahren hier.
      _____ _____

   3. Wir bleiben noch ein paar Minuten länger hier.
      _____ _____

   4. Ich hoffe, er erwähnt den Unfall nicht.
      _____ _____

   5. Nein, er kommt überhaupt nicht mehr hierher.
      _____ _____

   6. Wir treffen ihn jeden Tag an der Haltestelle.
      _____ _____

   7. Er ißt jetzt gerade sein Mittagessen.
      _____ _____

   8. Er bittet uns schon seit Wochen darum.
      _____ _____

   9. Wie lange warten Sie schon?
      _____ _____

   10. Du arbeitest aber wirklich sehr viel!
       _____ _____

3.212 Use of Conversational Present Perfect

a. Write a short German dialogue of a telephone conversation you have with a friend. You call him to apologize that you did not visit him last night as you had promised. A chimney fire broke out in your house. You describe the action that occurred.

   _____
   _____
   _____
   _____

b. Summarize the instances in which you had to use a tense different from the corresponding English tense in your dialogue above.

3.213 Use of Narrative Past and Past Perfect

a. Evaluate exercises in elementary textbooks which assign sentences to be transposed into the different past tenses without context or indication of speech situation.

b. What types of stories can be used to show the use of the simple past and the past perfect?

3.214 Time Modifiers

a. What modifiers of time would you introduce in conjunction with the teaching of the narrative past and conversational present perfect?

b. Translate the following sentences into English and indicate in the margin whether the time modifier is a point-of-time (POT), an up-to-now (UPT) or an end-in-past-or-future (EPF) modifier. In the margin next to your English translation, give the number (from the chart in 3.21) of the tense you chose.

1. Wie lange arbeitest du schon daran?

2. Letzte Woche habe ich sie in der Oper gesehen.

3. Darauf kann er noch lange warten.

4. Ihr habt doch auch oft da eingekauft.

5. Heute vor einer Woche hatte er die Operation.

6. Wir müssen bald mit den Vorbereitungen beginnen.

7. Er hat das schon so häufig bemängelt.

8. Nein, ich bin noch nie in Paris gewesen.

9. Das ist doch schon so lange her.

10. Glaubst du, er fragt dich je danach?

11. Ja, sie hat wirklich dauernd mit ihm gestritten.

12. Nächstes Jahr macht er erst sein Examen.

13. Ich habe lange darüber nachgedacht.

14. Daran hat er noch nie gezweifelt.

15. Dürfen die Kinder jetzt spielen gehen?

3.215 Use of Future and Future Perfect

a. Is 'will' + infinitive present or infinitive perfect the only expression of future tenses in English?

b. Translate the following sentences into German:
 1. He will have arrived in Berlin at noon.

 2. I'm going to send it to you next week.

 3. He certainly won't come back under these circumstances.

 4. They will have cleared the road by tonight.

 5. Will you be able to handle this alone?

 6. He is going to look for it tomorrow.

 7. They shall never see me again.

 8. She will be taking her exams soon.

 9. He will have been informed about it by Tuesday.

10. I will definitely remind him of it.
_____

3.22 Use of Moods
3.221 Use of Indicative

a. Does the use of the indicative mood differ in English and German?
_____

b. Give examples of imaginary or assumed circumstances in English which are expressed by the indicative mood.
_____
_____

3.222 Mood Modifiers

a. Summarize English mood modifiers as they correspond to German mood modifiers.
_____
_____

b. What emphatic mood modifier is used identically in English and German?
_____

3.223 Use of Modal Verbs

a. Rewrite the following sentences in the structurally corresponding tenses by replacing the underlined expressions with the modal verbs <u>können</u>, <u>mögen</u>, <u>möchte</u>, <u>müssen</u>, <u>wollen</u>, <u>sollen</u> or <u>dürfen</u>:

1. <u>Es ist nötig, daß</u> wir morgen die Rechnungen <u>bezahlen</u>.
_____

2. <u>Wir waren nicht in der Lage</u>, dem Unsinn länger <u>zuzuhören</u>.
_____

3. <u>Er hatte geplant, im Sommer nach Frankreich zu reisen</u>.
_____

4. <u>Ich habe den Auftrag</u>, Ihnen diesen Brief <u>zu übergeben</u>.
_____

5. <u>Ich kann diese Frau nicht leiden</u>.
_____

6. <u>Sind Sie befugt, das Labor zu betreten</u>?
_____

7. <u>Man verlangte von uns</u>, sofort das Haus <u>zu verlassen</u>.
_____

8. <u>Sie hat jetzt nicht den Wunsch, etwas zu essen</u>.
_____

9. Hatten Sie die Absicht, mit ihm zu sprechen?

10. Es ist die Pficht der Polizei, dem Verletzten zu helfen.

b. Rewrite the following factual, objective sentences by forming subjective assumptions using the modal verbs and werden (some sentences allow several possibilities):

1. Diese Tatsachen sind umstritten.

2. Er behauptete, daß er sie noch nie gesehen hat.

3. Dort kommt sie; sie hat den Termin nicht vergessen.

4. Der Mann hat mich mit jemandem verwechselt.

5. Sie sind nicht dazu gezwungen worden.

6. Er hat den Brief noch nicht gelesen.

7. Wie ich höre, sind die Gäste nach Mitternacht angekommen.

8. Diese Bestimmungen sind erst gestern erlassen worden.

9. Er findet das Problem unlösbar.

10. Sie haben es in der Zeitung gelesen.

3.2231 Objective and Subjective Meaning

a. How can the distinction between objective and subjective meaning of modal verbs be explained in the classroom?

b. Since structural items are usually introduced gradually in foreign language classes, contextual indicators and relationships are frequently ignored. How can this be remedied?

3.2232 Infinitive Complements

a. Translate the following sentences into English and indicate in the margin whether they are objective or subjective:

1. Das Buch soll völlig vergriffen sein.

2. Wer Arzt werden will, muß Latein lernen.

3. Er kann nicht in Amerika gewesen sein.

4. Sie will seit Jahren hier gelebt haben.

5. Du sollst mich endlich in Ruhe lassen!

6. Er konnte nicht verhört werden.

7. Sie mögen es unverständlich gefunden haben.

8. Er will darüber informiert werden.

9. Sie haben nicht nach Afrika reisen können.

10. Wie alt mag er beim Tod seines Vaters gewesen sein?

b. Translate the following sentences into German and note in the margin whether the meaning is objective or subjective:

1. There is a light in his room; he may be home.

2. He claimed to have refused the offer.

3. They had not been able to welcome the guests.

4. She should have had more sense.

5. Reportedly, they are enormously rich.

6. They could have called us beforehand.

7. Will you be able to remember it? _____

8. She might have been pretty when she was young. _____

9. You must do that in any case. _____

10. Children are supposed to be seen but not heard. _____

3.2233 Other Complements of Modals

a. Delete the unnecessary infinitives in the following sentences:
   1. Heute möchte ich viel Post erhalten.
   2. Sie muß mindestens eine Woche im Krankenhaus bleiben.
   3. Wir wollen in den nächsten Ferien an die Ostsee fahren.
   4. Er muß unbedingt einen neuen Mantel haben.
   5. Die schmelzende Butter muß sofort in den Eisschrank gelegt werden.
   6. Du sollst sofort nach Haus kommen.
   7. In diesem kalten Wetter will er kein Bier trinken, er möchte lieber einen heißen Tee haben.
   8. Nach der Reise können die Koffer in den Keller gebracht werden.
   9. Ich habe keine Zeit, ich muß sofort aus dem Haus gehen.
   10. Er soll jetzt endlich seine Suppe aufessen.

b. The modal verb können is translated as 'know' when followed by an accusative object denoting a skill, most frequently a language. However, kennen-kannte-gekannt and wissen-wußte-gewußt are also translated as English 'know.' Complete the sentences with the proper German word:
   1. Ich _____ nicht, wo er wohnt.
   2. Nein, er _____ diesen Autor nicht.
   3. Damals _____ wir noch kein Französisch.
   4. _____ du, ob der Postbote schon hier war?
   5. Wir hatten uns viel zu erzählen, denn er _____ unsere Heimatstadt.
   6. Sie _____ die Wörter nicht, obwohl sie die Sprache _____.
   7. Er _____, daß er bald gerufen würde.
   8. Woher _____ Sie, daß er nur schlecht Spanisch _____.
   9. Er _____ Beethovens Werk gut, obwohl er keine Noten _____.

10. Wir haben sie gut _____ und auch _____, wo sie arbeitete.

3.2234 Modals in Imperatives

a. Rewrite the following imperatives with modals:

1. Kaufe ihm doch das Buch!

2. Gebt mir endlich den Brief!

3. Machen Sie sich bitte eine Notiz darüber!

4. Koche doch bitte meine Lieblingsspeise!

5. Nun schreibt ihm doch endlich einen Brief!

6. Streitet nicht immerfort!

7. Hör' auf, sie zu ärgern!

8. Sei immer freundlich und hilfsbereit!

9. Fangt jetzt bitte mit eurer Arbeit an!

10. Nimm ihm die schreckliche Trompete weg!

b. Rewrite the following as polite questions in the indicative and subjunctive:

1. Ich bitte Sie um einen Gefallen.

2. Sagen Sie mir, wo die Bank ist!

3. Womit diene ich Ihnen?

4. Er fragt Sie nach der Adresse.

5. Wir kommen um 7 Uhr.
_____
_____

6. Wir bitten dich um einen guten Rat.
_____
_____

7. Beschreiben Sie mir den Weg zur Post!
_____
_____

8. Informiert ihn bitte rechtzeitig davon!
_____
_____

9. Erzählen Sie mir, wie das geschehen ist?
_____
_____

10. Bitte hilf ihnen!
_____
_____

3.2235 Idiomatic Use of Individual Modals

a. Complete the following sentences with the proper form of wollen, mögen or möchte.

1. Wer _____ mit mir schwimmen gehen?
2. Ich _____ bitte zwei Pfund Orangen.
3. _____ Sie moderne Malerei?
4. _____ du Kaffee oder Tee?
5. Sie _____ jetzt keinen Wein, sie muß noch fahren.
6. Wir haben das Leben in Großstädten nie _____.
7. Bald _____ er wieder eine Reise machen.
8. Zuerst _____ ich ihn gar nicht.
9. Wo _____ Sie Ihr neues Haus bauen?
10. Um welche Zeit _____ du zu Abend essen?

b. Complete the following sentences with the appropriate negation of müssen:

1. Sie sind nun geheilt. Sie _____ nicht mehr ins Krankenhaus zu kommen.
2. Wer zwingt Sie? Sie _____ das Haus doch nicht zu kaufen.
3. Das _____ Sie auf keinen Fall tun.
4. Ich habe ihn um 5 Uhr in der Uni gesehen. Er _____ also zu der Zeit nicht zu Haus gewesen sein.

5. Sie ist als seine Witwe gut versorgt und _____ sich um ihr Alter keine Sorgen zu machen.

6. Man _____ bei rotem Licht der Ampel nicht weiterfahren.

7. Ich habe meine Aufgaben fertig. Jetzt _____ ich nichts mehr zu tun.

8. Heute _____ wir nicht arbeiten.

9. Sie muß das gewußt haben. So dumm _____ sie nicht gewesen sein.

10. Diese Rechnung _____ ich noch nicht bezahlen.

c. Translate the following sentences into German:
   1. You don't have to insult him; rather you should pity him.
   2. These factors should not be forgotten.
   3. You must not forget that they were not allowed to join.
   4. He does not have to send her a gift.
   5. We don't have to go right now, but we should not stay too long.
   6. He cannot have forgotten the appointment again. It must be on his calendar.
   7. They must not have understood him at all.
   8. You should not waste energy.
   9. He must not have reported it on time.
   10. He is old enough. He does not have to ask permission.

d. Replace müssen by haben zu or sein zu:
   1. Du mußt es wirklich glauben.
   2. Ich weiß, daß dieser Brief beantwortet werden muß.
   3. Darüber mußte er immer entscheiden.

4. Das müssen wir unbedingt genau überlegen.

5. Die Besprechung muß vertagt werden.

3.224 Use of General Subjunctive
3.2241 Unreal Conditions

a. Form unreal conditions from the real conditions below:
1. Er warnte mich. Das Auto hat mich nicht überfahren.

2. Ich gebe dir das Buch nicht. Ich finde es nicht.

3. Es gibt immer wieder Kriege. Die Menschen sind unglücklich.

4. Die Tür ist verschlossen. Sie sind nicht zu Haus.

5. Der Student war faul. Er hat die Prüfung nicht bestanden.

6. Ich habe keine Zeit. Ich kann nicht hierbleiben.

7. Das Wetter ist schlecht. Wir gehen nicht spazieren.

8. Er war vorsichtig. Er wurde nicht bestohlen.

9. Du bist krank. Dein Freund kümmert sich um dich.

10. Sie kommen zu spät. Es gibt nichts mehr zu essen.

b. Replace the underlined prepositional phrases with a conditional clause with and without wenn:
1. Bei schönem Wetter hätte man eine herrliche Aussicht.

2. Ohne Bart sähe er sehr jung aus.

3. Mit genauer Beachtung des Rezepts wäre ihr Kuchen gelungen.

4. Ohne seine Einwilligung hätten wir nichts tun können.

5. An Ihrer Stelle hätte ich mir das nicht gefallen lassen.

6. Unter erfreulicheren Umständen würden wir gern mitmachen.

7. Ohne den Rat des Arztes wäre sie verzweifelt.

8. Für deinen Beistand wäre ich dir sehr dankbar.

9. Mit besserer Vorbereitung könnte der Plan gelingen.

10. Mit seinem Versprechen hätte ich ihm vertraut.

3.2242 Unreal Wishes

a. Form unreal wishes with or without wenn:
   1. Wir haben keine Zeit.

   2. Er wartet nicht auf mich.

   3. Ich habe ein defektes Auto gekauft.

   4. Sie haben das nicht gewußt.

   5. Wir haben ihn nicht erreichen können.

   6. Er ist krank und liegt im Krankenhaus.

   7. Man kann sein Leben nicht noch einmal beginnen.

   8. Das haben Sie uns nicht gleich gesagt.

   9. Die Wartezeit vergeht langsam.

   10. Ich habe das vergessen.

b. Form unreal wishes introduced by Ich wollte...or Ich wünschte...:
   1. Ich kann dir auch nicht helfen.

2. Die Woche hat keine drei Sonntage.

3. Er hat zu viel Bier getrunken.

4. Die Operation liegt noch vor mir.

5. Sie sind zu schnell gefahren.

6. Du kannst heute nicht zu Haus bleiben.

7. Wir müssen zu viele Steuern zahlen.

8. Er hat es mir gleich erzählt.

9. Sie bestehen darauf, mich zu treffen.

10. Ich bekomme immer unerfreuliche Nachrichten.

3.2243 Unreal Comparisons

a. Form unreal comparisons with the general subjunctive from the infinitives in parentheses. A change to the opposite is not necessary here:

1. Tu doch nicht so, als ob (nicht wissen, worum es geht)!

2. Der Stoff fühlt sich an, als (Seide sein).

3. Mir ist, als (krank werden).

4. Er hat den Eindruck, als (man ihn betrügen wollen).

5. Du stellst dich, als (noch nie gehört haben).

6. Es scheint, als (das Haus unbewohnt sein).

7. Sie benahm sich, als (ihre Existenz in Gefahr sein).

8. Es sieht so aus, als (das Geschäft besser gehen).

9. Mir war zumute, als (eine Last von mir genommen werden).

10. Sie machen den Eindruck, als (sie es unangenehm finden).

b. Transform the real comparisons into unreal comparisons:
   1. Er lebt wie ein Millionär.

   2. Sie benahm sich wie seine Mutter.

   3. Der Ring sieht aus wie Gold.

   4. Er arbeitet wie eine Maschine.

   5. Sie singt wie eine Krähe.

c. Complete the sentences with so or solch- and form unreal comparisons from the infinitives in parentheses:
   1. Er aß mit Heißhunger (seit Tagen nichts mehr gegessen haben).

   2. Es ist unordentlich (Vandalen einbrechen).

   3. Der Ausländer spricht gut (Deutsch seine Muttersprache sein).

   4. Sie machten Krach (ihr Leben bedroht werden).

   5. Die Autos sausten (die Schallmauer durchbrechen können).

3.224 Other Uses of General Subjunctive

a. Replace the indicative in the relative clause with the general subjunctive:
   1. Es gibt niemanden, der das übernehmen kann.

   2. Wir trafen niemanden, den wir fragen konnten.

   3. Es gibt kaum einen Fehler, der nicht gemacht wurde.

   4. Niemand war da, der bereit war, es zu tun.

5. Er trug einen Anzug, der seinem Vater gehören kann.

b. Rewrite the following sentences as doubtful questions:
1. Er hat wirklich kein Geld.

2. Ich will das tun.

3. Sie können ihn nicht besuchen.

4. Man muß pünktlich ankommen.

5. Sie haben das zu bestimmen.

c. Translate the following sentences into German, using the past expression of the general subjunctive to indicate a disastrous action or event that nearly occurred.
1. He nearly drowned in the river while fishing.

2. During the operation she nearly died.

3. My soup nearly boiled over.

4. The woman was nearly struck by the car.

5. They nearly threw him out of school.

6. You nearly spilled your coffee over my books.

7. I nearly fainted of fright.

8. He nearly returned empty-handed.

9. You nearly missed your train this morning.

10. The thief was nearly caught by the police.

3.225 Use of Special Subjunctive
3.2251 Indirect Speech

a. At what stage of German instruction should the indirect discourse in the indicative be introduced?
   _____
   _____

b. Transform the following sentences into indirect speech:
   Er erzählte uns:
   1. "Der Vorschlag stammt von mir; ich halte ihn für vernünftig."
      _____
   2. "Ich war gestern bei meinen Eltern und traf euren Bruder."
      _____
   3. "Ich konnte mich nicht zu der Reise entschließen."
      _____
   4. "Meine Freunde fahren nach Italien und kommen im März zurück."
      _____
   5. "Sie bestehen darauf, daß ich mit ihnen mitkomme."
      _____
   6. "Letztes Jahr waren sie in Spanien und verlebten schöne Tage."
      _____
   7. "Ich hatte mir vorgenommen, hierzubleiben."
      _____
   8. "Jetzt weiß ich wirklich nicht, was ich machen soll."
      _____
   9. "Meine Frau will unseren Kindern Deutschland zeigen."
      _____
   10. "Die Kinder kennen ihre Heimat kaum und waren noch nie in Berlin."
       _____

c. Change the direct speech or infinitive construction into indirect speech:
   1. Er rief uns zu: "Ihr kommt gerade recht. Ich brauche Hilfe."
      _____
   2. Er bat uns, ihm den Spaten zu geben und den Zaun zu halten.
      _____
   3. Sie behauptete, ihn noch nie gesprochen zu haben.
      _____
   4. Er versprach uns, sich für unsere Interessen einzusetzen.
      _____

5. Sie fragten mich: "Wann können Sie das erledigen?"

6. Er schrie ihr zu: "Paß auf! Der Hund ist bissig!"

7. Ich fragte dich: "Kann ich mit deiner Unterstüzung rechnen?"

8. Sie versprach, sich zu bessern und fleißiger zu arbeiten.

9. Ich beschwor ihn: "Ruf mich an und gib mir Bescheid!"

10. Er fragte uns: "Was halten Sie von der Angelegenheit?"

11. Sie bekamen den Befehl, sofort zurückzukehren.

12. Er warf ihr vor, sich zu viel vorgenommen zu haben.

13. Er gab ihr sein Wort, sie nie zu verlassen.

14. Der Direktor fragte sie: "Bis wann können Sie bleiben?"

15. Der Arzt sagte dem Patienten: "Tief atmen! Luft anhalten!"

16. Ich rate dir, sofort zu ihm zu gehen und das Geld zurückzugeben.

17. Er fragte: "Muß ich das denn heute noch schaffen?"

18. Wir versprachen, es für uns zu behalten.

19. Er fragt seine Frau: "Wie war es dir denn möglich?"

20. Er hielt uns vor, ihm seinen Plan zerstört zu haben.

3.2252 Other Uses of the Special Subjunctive

a. Give examples of formulas in English with verb forms in the special subjunctive mood.

b. What is the formal relationship between special subjunctive and comparative in English?

3.226 Use of Imperative

Translate the following imperatives into English and identify the grammatical structure:

1. Achtung! Vorsicht bei der Abfahrt des Zuges!

2. Alles einsteigen! Türen schließen!

3. Bleiben Sie gesund! Grüßen Sie Ihren Mann vor mir!

4. Ihr sollt euch schämen! Ihr müßt um Verzeihung bitten!

5. Langsam fahren! Auf die Umleitung achten!

6. Aufgewacht! Aufgestanden! Angetreten! Angezogen!

7. Du bist so freundlich und gibst mir das Buch!

8. Jetzt wird gekocht und dann abgewaschen!

9. Langsamer und deutlicher!

10. Ihr werdet jetzt still sein und schlafen!

11. Gehen wir! Fragen wir ihn! Beeilen wir uns!

12. Sie sind so gut und helfen mir!

13. Laß uns daran denken und es nicht vergessen!

14. Ihr wollt jetzt Ordnung schaffen!

15. Das Licht ist jetzt auszumachen!

16. Du hast jetzt zu schweigen!

17. Es wird jetzt gearbeitet!

18. Antworten! Aufmachen!

19. Erschrick ihn nicht damit!

20. Schaffen wir uns neue Möbel an!

3.23 Use of Voices
3.231 Use of Active Voice

a. In what stylistic situations is the emphasis on the originator of actions?

b. Are the distinctions between actions, processes and states of being relevant in English?

c. In your German readings, observe under what circumstances the active voice is used.

3.232 Use of Passive Voice

a. Formulate general statements by using the English passive voice in the structurally corresponding tense:

1. Man telefoniert heute mehr als früher.

2. In dem neuen Kaufhaus kaufe ich gern.

3. Damals hat man viel Sport getrieben.

4. Viele Leute benutzen die öffentlichen Verkehrsmittel.

5. Man diskutierte lebhaft in den Hörsälen.

6. Dafür muß man viel Geld ausgeben.

7. Man sollte Sonderangebote mehr ausnützen.

8. Zum Fest versende ich viele Glückwunschkarten.

9. Trotz aller Warnungen rauchen sie noch immer.

10. Man glaubte ihm das nicht.

b. Rewrite the following instructions and rules with the passive voice:

1. Im Deutschen schreibt man Substantive groß.

2. Die Postleitzahl schreibt man links vor den Ort.

3. Man soll fünf Eier mit einem Pfund Zucker verrühren.

4. Man steckt den Schlüssel in den Anlasser und startet den Motor.

5. Vor dem Backen und Braten wärmt man den Ofen an.

6. Man muß die elektrische Leitung gut isolieren.

7. Zitate setzt man in Anführungszeichen.
   _____

8. 'Saal' schreibt man mit zwei A, nicht mit einem.
   _____

9. Diese Uhr muß man jeden Tag aufziehen.
   _____

10. Vor dem Sonnenbad soll man die Haut mit Öl schützen.
    _____

c. Replace the underlined parts of the following sentences with daß clauses in the passive voice:

1. Ich bestehe auf der schnellen Bereinigung des Problems.
   Ich bestehe darauf, daß _____

2. Er hat sich nicht mit der Ausweisung abgefunden.
   Er hat sich nicht damit abgefunden, daß _____

3. Ich bin mit seiner sofortigen Abfindung einverstanden.
   Ich bin damit einverstanden, daß _____

4. Sie setzte sich für die Abschaffung der Steuern ein.
   Sie setzte sich dafür ein, daß _____

5. Wir garantieren schnelle Ausführung aller Reparaturen.
   Wir garantieren, daß _____

6. Niemand glaubt an die baldige Friedensschließung.
   Niemand glaubt daran, daß _____

7. Der Abbruch der Verhandlungen wird allgemein bedauert.
   Man bedauert allgemein, daß _____

8. Wir begrüßen die Wiederaufnahme der Besprechungen.
   Wir begrüßen es, daß _____

9. Man forderte eine zehnprozentige Lohnerhöhung für die Bergarbeiter.
   Man forderte, daß _____

10. Die Ernennung von Dr. Müller zum Direktor gilt als sicher.
    Es gilt als sicher, daß _____

3.24 Use of Non-Finite Forms
3.241 Use of Infinitive

a. Rewrite in the perfect tense the following sentences:

1. Er will das berühmte Theaterstück sehen.
   _____

2. Sie hilft mir den Aufsatz schreiben.

3. Sie sah ihn nicht, aber sie hörte ihn singen.

4. Bald lasse ich mir meine Haare schneiden.

5. Er braucht uns nur danach zu fragen.

6. Wir gehen gern mit ihnen tanzen.

7. Du brauchst es nicht zu essen, wenn du nicht willst.

8. Die Schüler lernen Englisch sprechen und lesen.

9. Mein Bruder ließ mich lange warten.

10. Er kommt uns bald besuchen.

b. Translate into German.
  1. He had his car fixed by a mechanic.

  2. We have heard her crying.

  3. They had wanted to remain at home longer.

  4. You need not come this afternoon.

  5. He will help me clean the house.

  6. He had been supposed to pay it all.

  7. She has never learned to paint.

  8. The young man helped the lady carry her bag.

  9. They remained seated when the director entered.

  10. She will want to make a bet.

3.2411 Use of Infinitive with zu

Translate the following sentences into German, using the infinitive with zu:

1. He promised to take care of it soon.

2. The doctor ordered him to smoke less.

3. Have you received her permission to take her car?

4. It is impossible to live without money.

5. We expected last week to be able to move.

6. I'm sorry not to have informed you about it.

7. She claimed to have been nominated for the position.

8. It's not easy to live through a hard winter.

9. He believes not to have made any mistakes this time.

10. Why did you forbid them to leave the house?

3.242 Use of Past Participle

a. Identify the function of the past participles in the sentences below as (1) in compound tenses, (2) in passive voice, (3) adjective specifying a noun, (4) noun, (5) complement of linking verbs or (6) adverb:

1. Sie errötete verlegen.
2. Er hat das umstrittene Problem besprochen.   ___/___
3. Der Kranke ist von der Schwester versorgt worden.   ___/___/___
4. Seine Antwort klang verlogen.
5. Der verlorene Sohn kehrt betrübt heim.   ___/___
6. Morgen treffen wir uns noch unbekannte Verwandte.   ___/___
7. Sie konnte die aufgeschobene Arbeit ungehindert beenden.   ___/___
8. Durch sein unüberlegtes Handeln wurde ihr Verhältnis ungemein gestört.   ___/___
9. Peters Versetzung ist gefährdet.

10. Das unberührte Essen stand verlassen auf dem schön gedeckten Tisch. ___/___/___

b. Rewrite the following sentences with sein or wirken plus past participle to indicate a state of being:

1. Haben Sie meine Schuhe schon besohlt?
   _____

2. Der Gast sieht aus, als wenn er sich betrunken hat.
   _____

3. Der Schaden wurde gleich behoben.
   _____

4. Mit diesem Haus verbinden sich viele Erinnerungen.
   _____

5. Werden sie auch eingeladen?
   _____

6. Es wirkt so, als wenn niemand in diesem Haus wohnt.
   _____

7. Große Wälder umgeben die Stadt.
   _____

8. Man hat die Bibliothek renoviert.
   _____

9. Es scheint, daß er sich mit ihr versöhnt hat.
   _____

10. Sie haben ihre Koffer schon gepackt.
    _____

3.243 Use of Present Participle

a. Rewrite the following sentences using sein + present participle:

1. Dieser Schluß liegt nahe.
   _____

2. Das Buch unterhält und belehrt zugleich.
   _____

3. An heißen Tagen erfrischt ein kaltes Bad.
   _____

4. Ein gutes Buch regt den Geist an.
   _____

5. Diese Tabletten linderten den Schmerz.
   _____

6. Der Lärm unserer Nachbarn stört sehr.

7. Man behauptet, Musik steigere die Leistung.

8. Ihre Hilflosigkeit erregte Mitleid.

9. Auspuffgase verunreinigen die Luft.

10. Kräutertee reinigt das Blut.

b. Rewrite the following sentences with sein + present participle + für and accusative, or with wirken + present participle + auf and accusative:

1. Lange Spaziergänge ermüden alte Leute.

2. Seine Kritik lähmte den Arbeitseifer.

3. Die Todesstrafe soll Kriminelle abschrecken.

4. Die Schicksalsschläge entmutigen ihn.

5. Seine Ungepflegtheit stieß uns ab.

6. Diese Arbeit strengt mich zu sehr an.

7. Die Rede beruhigte die aufgeregten Zuhörer.

8. Die Menge des Materials verwirrte die Studenten.

9. Deine Bemerkung hat die Freunde beleidigt.

10. Seine schlechte Laune hemmte unsere Festtagsstimmung.

3.3 The Verb Phrase as a Syntactical Unit
3.31 Predicate

a. Circle the predicate in the sentences below:
   1. Wir müssen heute zeitig aufbrechen.
   2. Sie sieht blaß aus.
   3. Wir hätten darüber befragt werden müssen.
   4. Der Bericht war wirklich erschütternd.
   5. Früher war sie eine bekannte Schauspielerin.
   6. Das Thema ist gestern nicht besprochen worden.
   7. Man hat ihn ungehindert gehen lassen.
   8. Ich fahre erst morgen um neun Uhr ab.
   9. Sie rannte schreiend aus dem Haus.
   10. Man muß hier schwer arbeiten.

b. Write the adverbs from the sentences above in the spaces below:
   1. Adverb = adjective: _____ _____ _____ _____
   2. Adverb = present participle: _____
   3. Adverb = past participle: _____

3.311 Finite Verb

a. Why are sentences containing only a subject and a predicate relatively rare in English and in German?

   _____

b. Some uncomplemented verbs indicate a capacity, such as sehen 'to be able to see, not blind.' Give examples of such verbs. What do such verbs describe when they are complemented?

   _____

   _____

3.312 Finite Verb + Infinitive

a. Why does the infinitive in accusative + infinitive constructions not belong to the predicate?

   _____

b. Write infinitive + zu constructions replacing either the subject or the object of the sentences below:
   1. Die richtige Erziehung von Kindern ist schwer.

      _____

   2. Tägliche Wiederholung des Gelernten ist wichtig.

      _____

   3. Der Student beginnt mit der Arbeit für die Prüfung.

      _____

4. Er freut sich auf das Wiedersehen mit seinen Freunden.
   _____

5. Selbstbeherrschung ist nicht immer leicht.
   _____

6. Wir planen eine Reise nach Europa.
   _____

7. Er bemüht sich um eine Anstellung nach Schulabschluß.
   _____

8. Sie erstrebte ein besseres Verständnis der Dichtersprache.
   _____

9. Der Besuch dieses Museums war für uns ein hoher Genuß.
   _____

10. Die Leute wünschen ein baldiges Wiederhören des Konzerts.
    _____

3.313 Finite Verb + Past Participle

a. Formulate a rule on how to recognize a past participle belonging to the predicate.
   _____

b. Circle the predicate in the following sentences and indicate those past participles which function as adverbs:
   1. Sie fragte betrübt nach den Ereignissen der Flucht. _____
   2. Leider sind die Blusen schon ausverkauft. _____
   3. Gestern haben wir die große Wohnung vermietet. _____
   4. Seine Antwort klang verlogen. _____
   5. Erschrocken öffnete sie die Tür. _____
   6. Das Fleisch soll ganz durchgebraten werden. _____
   7. Der Onkel scheint bei den Kindern sehr beliebt. _____
   8. Er schlich sich ungesehen aus dem Haus. _____
   9. Die Mutter rief besorgt nach ihren Kindern. _____
   10. Unerschrocken stellte er sich dem Feind. _____

3.314 Finite Verb + Present Participle

Circle the predicate in the following sentences and indicate those present participles which function as adverbs:
   1. Diese Predigt war wirklich erhebend. _____
   2. Sie scheint nicht nur intelligent, sondern auch bezaubernd. _____
   3. Er sprach beruhigend auf die Kinder ein. _____
   4. Die Nachricht war für unseren Entschluß entscheidend. _____

5. Sein Benehmen wirkt beleidigend auf die Zuschauer. _____
6. Sie bemühte sich rührend um die kranke Mutter. _____
7. Dieses Buch wirkt erschütternd auf die Leser. _____
8. Drohend schrie er seine Warnung. _____
9. Sie berichteten weinend von dem Verlust ihrer Heimat. _____
10. Nur zögernd konnten wir uns dazu entschließen. _____

3.315-3.316 Finite Verb + Adjective/Nominative

a. Circle the predicate adjectives, predicate nominatives and adverbs in the following sentences:
 1. Wir sind mit dem Ergebnis nicht zufrieden.
 2. Diese Figur heißt ein Kreis; er ist rund.
 3. Sie sieht unerfreulich blaß aus, sie scheint krank.
 4. Sie sind nach der Arbeit immer sehr müde.
 5. Gestern ist er Vater einer kleinen Tochter geworden.
 6. Freundlich begrüßten wir die Gäste.
 7. Sie wurde gelb vor Neid und rot vor Wut.
 8. Kinder sind oft unartig und undankbar.
 9. Sie ist tatsächlich eine gute Kundin geblieben.
 10. Du mußt die Nachricht geheim halten und darüber still sein.

b. By placing a + in the appropriate box, indicate which complements the verbs below can have in the the predicate:

VERB	ALONE	+INF.	+INF.+zu	+PAST P.	+PRES. P.	+ADJ.	+NOMIN.
1. singen							
2. scheinen							
3. sein							
4. brauchen							
5. klingen							
6. haben							
7. wirken							
8. werden							

3.317 Constituents of the Predicate

Circle the predicate and indicate the types of complements it contains:

1. Werden wir denn nicht gefragt werden?

2. Man hätte das nicht von ihm erwarten sollen.

3. Werden Sie es ihm dann abkaufen?

4. Gestern ist der Film leider nicht gezeigt worden.

5. Warum hat die Arbeit um 5 Uhr abgeliefert werden müssen?

6. Caesar kam, sah und siegte.

7. Sie wirkte klug, besonnen und besonders vernünftig.

8. Das sollten sie auch erlebt haben.

9. Damals war er zum Vorsitzenden gewählt worden.

10. Das hätte nicht geschehen dürfen.

3.32 Congruence of Subject and Predicate

a. Is there a difference between the rules of congruence in English and German? _____

b. Complete the sentences below using the given verbs in the appropriate person and number:

1.	sein	Im letzten Winter _____ eine Anzahl Äpfel verfault.
2.	müssen	Der Direktor oder sein Assistent _____ den Vertrag unterschreiben.
3.	sich trennen	Ich höre, du und Anne _____ _____.
4.	glauben	Nicht nur die Kandidaten, sondern auch die Partei _____ an den Wahlsieg.
5.	sollen	Du und mein Bruder _____ öfter miteinander arbeiten.
6.	sein	Zum Bau der Pyramiden _____ eine Unmenge von Sklaven erforderlich.
7.	kennen	Meine Eltern und ihr _____ einander schon seit langem.

8. _haben_   Weder sein Sohn noch seine Tochter _____ im Leben Erfolg gehabt.

9. _nehmen_   Meine Frau und ich _____ Ihre Einladung gern an.

10. _planen_   Sowohl Familie Meier wie auch ich _____, dich im Sommer zu besuchen.

3.33 Valence of the Predicate

a. Indicate whether the deletion of the underlined parts of speech in the following English sentences renders the sentences grammatical, ungrammatical, or changes their meaning:

	GRAMMATICAL	UNGRAMMATICAL	CHANGE OF MEANING
1. He seems like a nice guy.			
2. I must leave.			
3. He has his car washed.			
4. She is working in a factory.			
5. We request her response.			
6. They lived in Paris then.			
7. We watched the game.			
8. It is getting warm.			
9. The soldiers were slain.			
10. They continued to work.			

b. In the sentences above, which verb has

1. an obligatory predicate nominative _____
2. an obligatory direct object _____
3. a non-obligatory direct object _____
4. an obligatory prepositional object _____
5. a non-obligatory prepositional phrase _____
6. an obligatory infinitive _____
7. a non-obligatory infinitive _____
8. an obligatory past participle _____
9. a non-obligatory past participle _____
10. an obligatory predicate adjective _____

3.331 Subject

Give the semantic specification of the subjects of the following verbs:

1. _sprechen_ _____

2. kochen _____
   3. unterrichten _____
   4. erleben _____
   5. suchen _____
   6. eilen _____
   7. geschehen _____
   8. verzichten _____
   9. schneien _____
  10. schreiben _____

3.332 Object

a. In the sentences below, circle the obligatory complements and cross out the facultative complements:

   1. Damals bewohnte er eine schäbige Dachkammer in München.
   2. Sie gab ihm ein Stück ihres Apfels ab.
   3. Wir haben ihn schon im Mai an sein Verprechen erinnert.
   4. Der Direktor bat die Angestellten des Betriebs um Geduld.
   5. Sie hat ihren Fehler bei der Abrechnung nicht zugegeben.
   6. Der Zug hält am Bahnsteig 8 um 9:45.
   7. Letzten Winter hat es drei Monate lang dauernd geschneit.
   8. Meine Eltern haben bei Verwandten in Hamburg gelebt.
   9. Der Arbeiter fragte mich nach dem Weg zum Flughafen.
  10. Gestern hat sich Hans mit Petra verlobt.

b. Give the number of obligatory complements of the verbs below and, in parentheses, the facultative complements, as well as an example:

   1. verstehen _____
   2. erinnern _____
   3. verzeihen _____
   4. hageln _____
   5. besuchen _____
   6. erkranken _____
   7. stehlen _____
   8. lieben _____
   9. fahren _____
  10. lehren _____

c. Give examples of verbs which match the valences below:
   1. S only   _____ _____ _____
   2. S+AO   _____ _____ _____
   3. S+AO+AO   _____ _____ _____
   4. S+DO   _____ _____ _____
   5. S+DO+AO   _____ _____ _____
   6. S+AO+PO   _____ _____ _____
   7. S+DO+PO   _____ _____ _____
   8. S+PO   _____ _____ _____

3.3321 Predicates with Accusative Object

a. What is the accusative object commonly called in English?
   _____

b. Rewrite the sentences below by transforming the prepositional phrase into an accusative object and supplying the verbs with the prefix be- or durch:

   1. Der Autofahrer achtete nicht auf den Fußgänger.
      _____

   2. Der Zug fuhr ohne zu halten durch die Stadt.
      _____

   3. Der Auto schreibt über sein Leben in der Autobiographie.
      _____

   4. Wir hängen heute die neuen Bilder an die Wand.
      _____

   5. Sie legte Apfelscheiben auf die Obsttorte.
      _____

   6. Gestern eilten Soldaten durch unsere Stadt.
      _____

   7. Der Vater dachte nicht an seine Kinder.
      _____

   8. Er singt von der Schönheit des Frühlings.
      _____

   9. Unverletzt lebte er durch das Erdbeben.
      _____

   10. Das neue Buch handelt von einer jungen Liebe.
       _____

c. Write sentences in the simple past tense using the words/phrases below:
   1. Arbeiter, Brücke, sprengen; in die Luft, springen.
   2. Arzt, krankes Kind, in Bett, legen; sehr still liegen.
   3. Bauer, Kühe, tränken; trinken.
   4. Mein Sohn, Geld, verschwenden; schnell verschwinden.
   5. Sturm, Schiff, versenken; im Ozean, versinken.
   6. Hund, Kind, erschrecken; erschrecken und weinen.
   7. Kind, Puppe, auf Stuhl setzen; immer noch da, sitzen.
   8. Du, Kleider, in Schrank hängen; ordentlich hängen.
   9. Er, Auto. in Schatten, stellen; später, in Sonne, stehen.
   10. Arbeiter, Baum, fällen; laut, fallen.

d. Circle the accusative object(s) in the following sentences:
   1. Einen Dummkopf nannte sie ihn.
   2. Wir übergaben unseren Brüdern die Verantwortung.
   3. Würden Sie mir bitte die Kosten Ihrer Dienste nennen?
   4. Sein Vater hat ihn die Buchführung gelehrt.
   5. Unseren Gastgeber kostete das Essen hundert Mark.
   6. Sie besprachen ihre Pläne mit dem Direktor.
   7. Sie haben die Freunde nicht für das Buch begeistern können.
   8. Er hat seinen Kindern ein Haus bauen lassen.
   9. Unsere Koffer haben wir den Nachbarn anvertraut.
   10. Ihre Unentschlossenheit wird sie später große Sorge kosten.

3.3322 Predicates with Dative Object

a. Write sentences using the following words:
   1. Kinder, Fisch, nicht schmecken.

2. Sohn, Vater, widersprechen.

3. Arzt, Patient, Reise nach dem Süden, empfehlen.

4. Tochter, Mutter, charakterlich, gleichen.

5. Reisender, Beamter, für Auskunft, danken.

6. Großmutter, Kinder, Geschichte, erzählen.

7. Dieb, Polizei, nicht entkommen.

8. Lehrer, Schüler, Mut, zureden.

9. Verbrecher, Gefängniswächter, entlaufen.

10. Junger Mann, hübsches Mädchen, schmeicheln.

b. Complete the following sentences using the cue words in the correct case:
   1. (ich) Die neue Adresse von Hans ist _____ bekannt, aber seine Telefonnummer wäre _____ dienlicher.

   2. (er) Es ist _____ angenehm, daß es _____ möglich ist, uns zu besuchen.

   3. (du) Deine Schwester ist _____ gar nicht ähnlich; sie ist _____ charakterlich ganz fremd.

   4. (die Mutter) Das gute Kind war _____ folgsam und _____ mit Freuden behilflich.

   5. (der Kranke) Diese Speisen sind _____ nicht bekömmlich, sie sind _____ sicherlich schädlich.

   6. (ein Mensch-ein anderer Mensch) Was _____ angenehm ist, ist _____ unangenehm; was _____ gleichgültig und unwichtig ist, erscheint _____ wichtig und schwerwiegend.

   7. (sie) Er war _____ an Intelligenz weit überlegen, aber dennoch war er _____ treu.

121

8. (wir) Es ist _____ gar nicht lieb, wenn ihr mitkommt.
9. (jedes Kind) Die Erfahrung lehrt _____ Kind, was _____ nützlich oder schädlich, angenehm oder unangenehm ist.
10. (ich) Es ist _____ angenehm, daß diese _____ so dienliche Übung hiermit zuende ist.

3.3321 Reflexive Predicates

a. Are there more or fewer predicates with obligatory reflexive predicates in English than in German? _____
b. Rewrite the following clauses as follows: Ihr Geschenk hat ihn erfreut > Er hat sich über ihr Geschenk gefreut.

1. Die Bemerkungen des Kleinen haben uns sehr amüsiert.

2. Seine Unbescheidenheit hat mich geärgert.

3. Die Unordnung in seinem Büro hat sie aufgeregt.

4. Das Benehmen der Polizei hat die Öffentlichkeit empört.

5. Dein liebenswürdiger Brief hat mich sehr erfreut.

6. Die Rücksichtslosigkeit der Kinder entrüstet die Eltern.

7. Das erfolgreiche Wahlergebnis wundert mich nicht.

8. Das gestohlene Brot sättigte ihn.

9. Der große Erfolg hat sie begeistert.

10. Eine kühle Limonade hat den staubigen Wanderer gelabt.

c. Complete the clauses below using both verbs; one is reflexive:

1. gedulden, warten: Können Sie (_____) einen Augenblick _____ (_____)?

2. sein, befinden: Das Büro des Direktors _____ _____ (_____) im ersten Stock.

3. wagen, trauen: Ich habe _____ nicht _____ (_____) danach zu fragen.

4. _gehen_, _handeln_: Es ========= ======== (_____) um eine private Angelegenheit.

5. _überlegen_, _besinnen_: Er hat =========nicht lange ========= (_____), sondern ist losgerannt.

6. _erhöhen_, _steigen_: Die Produktionskosten ========= ======= (_____) dauernd.

7. _beschließen_, _entschließen_: Ich habe ========= ========= (_____), mir ein Auto zu kaufen.

8. _erstrecken_, _reichen_: Der Wald ========= ======== (_____) bis zum Gebirge.

9. _garantieren_, _verbürgen_: _____ du (========= du =========) daß die Arbeit pünktlich fertig wird?

10. _aufstehen_, _erheben_: Er ========= =========(_____ _____), und verließ das Zimmer.

d. Complete the clauses using the appropriate reflexive pronoun in the correct case:

1. Du mußt _____ regelmäßig die Zähne putzen.
2. Ich kann _____ seine Adresse nicht merken.
3. Bilde _____ nicht ein, du könntest in der Lotterie gewinnen!
4. Das muß ich _____ noch einmal überlegen.
5. Sie sollten _____ die Haare schneiden lassen.
6. Augenblicklich kann ich _____ kein Auto leisten.
7. Du hattest _____ vorgenommen, uns zu helfen.
8. Wie kannst du _____ anmaßen, darüber zu urteilen?
9. Wir einigten _____ auf einen Kompromiß.
10. Ich konnte _____ die nötigen Kenntnisse schnell aneignen.

3.3323 Predicates with Dative and Accusative Objects

Write sentences using the following words/phrases:

1. Vater, Tochter, Europareise, erlauben.

2. Gast, Ober, Rechnung, bezahlen.

3. Sieger, Besiegter, Hand, reichen.

4. Arzt, dein Bruder, Rauchen, verbieten.

5. Verkäufer, Kunde, neues Modell, bringen.

6. Forscher, Wissenschaft, Gesundheit, opfern.

7. Stolzer Vater, kleines Baby, Gäste, zeigen.

8. Räuber, Bote, Geldtasche, rauben.

9. Königin, Nationalheld, Orden, überreichen.

10. Reiche Tante, armer Neffe, Scheck, schicken.

3.3324 Predicates with Genitive Objects

Rewrite the sentences below and replace the genitive with a different construction:

1. Der Ausländer erinnert sich oft seiner Heimat.

2. Der Minister enthob den Beamten seiner Stellung.

3. Mutter scheint der Ruhe und Erholung sehr bedürftig.

4. Wir waren des Weges unkundig.

5. Der Schüler schämt sich seiner Faulheit.

6. Ein böser Mensch ist jedes Verbrechens fähig.

7. Die Dame würdigt den Bettler keines Blickes.

8. Er ist der Unterschlagung verdächtig und sich der Schuld bewußt.

9. Die Kinder sollten der Liebe und Mühe ihrer Eltern eingedenk sein.

10. Die Schauspieler waren des großen Erfolges sicher.

3.3325 Predicates with Prepositional Object

a. Rewrite the following sentences by replacing the combination of a relatively colorless verb plus a noun with a related, more descriptive verb:
   1. Er hat diesen Schritt noch nicht in Erwägung gezogen.
   _____
   2. Man kam zu dem Entschluß, ihn wieder zu wählen.
   _____
   3. Er kann seine Wünsche schlecht zum Ausdruck bringen.
   _____
   4. Wir müssen endlich dieses Problem zur Klärung bringen.
   _____
   5. Du solltest jetzt diesen Brief zum Abschluß bringen.
   _____
   6. Sie hat uns mit ihrer Haltung in Erstaunen versetzt.
   _____
   7. Zum Manöver werden alle Truppen zum Einsatz gebracht.
   _____
   8. Dieses neue Gesetz bringt die Freiheit in Gefahr.
   _____
   9. Leider müssen wir nun seine Hilfe in Anspruch nehmen.
   _____
   10. In der Sitzung wird dieser Punkt zur Sprache kommen.
   _____

b. Supply the appropriate preposition in the sentences below:
   1. In der Kneipe roch es _____ Tabak.
   2. Sie litt _____ Blutarmut und ist auch dar_____ gestorben.
   3. Er hat nicht _____ meinen Brief geantwortet.
   4. Bitte sagen Sie mir, _____ wie vielen Teilen ein Radio besteht.
   5. _____ solchem Erfolg hatte ich nicht gerechnet.
   6. Sie hoffte vergeblich _____ Anerkennung ihrer Leistung.
   7. Wir freuen uns _____ Ihren Besuch am nächsten Sonntag.
   8. Nach den Aufregungen sehnen wir uns nun _____ Ruhe.
   9. Er besteht _____ der baldigen Lösung des Problems.
   10. Ich verstehe nicht, warum er sich dar_____ so aufregt.
   11. Man kann es _____ seinen Bemerkungen schließen.
   12. Sie hat nichts _____ unserer Diskussion beigetragen.

13. Wir müssen uns _____ diese Vorwürfe wehren.
14. Er hat uns _____ Kauf dieses alten Autos überredet.
15. Man kann nie da _____ rechnen, daß sie pünktlich sind.
16. Herzlichen Dank für das Paket, _____ das ich mich sehr freue.
17. Nur mit Mühe konnte er sich _____ die Idee begeistern.
18. Man hat ihn _____ der Leitung des Geschäfts beauftragt.
19. Wir haben uns _____ das kleinere Haus entschieden.
20. Ich habe dich sofort _____ deiner Stimme erkannt.

c. Translate the following sentences into German:

1. Everybody gripes about high taxes.

2. I trust in your integrity and believe in your success.

3. Would you please watch my bags for a moment?

4. This book deals with finances.

5. All his stories are based on true events.

6. You do not have to worry about your future.

7. She had hardly recovered from her illness when he fell sick.

8. He never limits himself to the essentials.

9. We talked with them about the value of good music.

10. Nobody asked her for advice in this matter.

3.333 Clause Constituent Plans

Give the valence of the following verbs and write a sample sentence:

1. sprechen _____

2. aussprechen _____

3. besprechen _____

4. versprechen _____

5. erinnern _____
   _____

6. sich erinnern _____
   _____

7. verschwinden _____
   _____

8. warten _____
   _____

9. zuhören _____
   _____

10. gehören _____
    _____

3.4 Modification of the Verb Phrase
3.41 Forms of Modifiers
3.411 Adverbs Modifying Verb Phrases

a. Circle the adverbs in the following sentences and indicate whether they are (1) true adverbs, (2) derived adverbs, (3) compound adverbs or (4) adjectives functioning as adverbs:

1. Gestern hat es nördlich von uns stark geregnet. ___/___

2. Gehen Sie erst rechts um die Ecke, dann geradeaus, so kommen Sie am besten zum Rathaus. ___/___/___/___

3. Freundlicherweise hat er mir sofort geholfen. ___/___

4. Diese Nachricht berührte ihn besonders unangenehm. ___/___

5. Überall hat man die Straßen dermaßen aufgerissen, daß der Vekehr jetzt kaum noch fließt. ___/___/___/___

6. Sie wurden mehrmals dringend gebeten, sich baldmöglichst beim Finanzamt zu melden. ___/___/___

7. Kürzlich wurde ein Junge schwer verletzt, als er blindings quer über die Straße rannte. ___/___/___/___

8. Dieser Redner sprach unerhört lange; die anderen kamen bestenfalls nur kurz zu Worte. ___/___/___/___

9. Sie saßen laut diskutierend um den Tisch; man konnte sie draußen hören. ___/___/___

10. Der Weg führte steil abwärts geradewegs in eine Schlucht. ___/___/___

b. Form the comparative and superlative of the adjectives which function as adverbs, e.g. schnell laufen: Peter, Hans, Fritz: Peter läuft schnell, Hans läuft schneller, und Fritz läuft am schnellsten:

1. hoch: Wohnhaus, Universität, Kirchturm

_____

2. hübsch: seine Schwester, deine Freundin, meine Kusine:

_____

3. wenig rauchen: Vater, Bruder, Schwester:

_____

4. gut singen: junges Mädchen, Studentin, Opernsängerin:

_____

5. interessant schreiben: Journalist, Professor, Autor:

_____

3.412 Noun Phrases Modifying Verb Phrases

Rewrite the following sentences, positing the modifier noun phrase at the beginning:

1. Sie hat ihn jeden Abend abgeholt.

2. Rotkäppchen besuchte eines Tages ihre Großmutter.

3. Wir feiern das Weihnachtsfest alle Jahre wieder.

4. Sie erwachten eines Morgens in einer verschneiten Welt.

5. Dieser Film war das Eintrittsgeld nicht wert.

6. Wir sehen uns alle zwei Monate bei einer Konferenz.

7. Man sollte des Abends weniger fernsehen und mehr lesen.

8. Die Kiste mit den Büchern des Professors wiegt drei Zentner.

9. Wir standen fünf Stnden Schlange, bevor wir die Karten bekamen.

10. Ihr Brief war wirklich sieben Seiten lang.

3.413 Prepositional Phrases Modifying Verb Phrases

Circle the prepositional phrases which function as modifiers in the sentences below:

1. Um 7 Uhr fährt Hans mit seinem Wagen ins Büro.
2. Man soll nicht mit vollem Mund während des Essens sprechen.
3. Trotz des Regens bin ich ohne Regenschirm aus dem Haus gegangen.
4. Im nächsten Jahr wird er sich mit Eva verloben.
5. Mit seinen Freunden reiste er zum Skifahren in die Schweiz.
6. In unserer Firma wurde der Tresor von Dieben aufgebrochen.
7. Ihr neuer Roman wird im Jahre 1984 auch in Australien veröffentlicht.
8. Weder mit viel Geld noch all seinen Bemühungen konnte er sie zum Verkauf ihrer Villa am Genfer See überreden.
9. Nach dem Diner wurde der Mokka von dem mürrischen Butler den Gästen in der Bibliothek serviert.
10. Er entschloß sich zur Abreise ohne Rücksicht auf die Folgen.

3.42 Use and Function of Modifiers
3.421 Modifiers of Place

a. Complete the following sentences with prepositions and supply the appropriate ending of the determiner. Indicate at the margin whether the prepositional modifier of place indicates (1) stationary, (2) directional to or (3) directional from. Use the following prepositions:

an, auf, hinter, in, neben, über, unter, vor, zwischen, aus, bei, von, nach, zu, von...bis, von...zu

1. Sie saß beim Essen _____ ihr_____ Gastgeber _____
2. Wir haben ein Dach _____ unser_____ Tür anbringen lassen. _____
3. Der Artikel stand _____ d_____ Zeitung. _____
4. Hast du das Buch _____ d_____ Regal genommen? _____
5. Wie komme ich _____ hier _____ d_____ Bahnhof? _____/_____
6. Lehne dich nicht _____ d_____ frischgestrichene Wand! _____
7. Der Hund kroch erschrocken _____ d_____ Sofa. _____
8. Im Sturm fielen alle Äpfel _____ unser_____ Baum. _____
9. Er versteckte sich _____ d_____ Vorhang. _____
10. Ich ging _____ mein_____ Arbeit, er kam _____ seiner. _____/_____
11. Sie stellte sich schützend _____ d_____ Kind. _____
12. Er trank den Cognac _____ d_____ Flasche. _____
13. _____ d_____ Gästen war auch Herr Schmitt. _____
14. Ein Blumentopf fiel ihm _____ d_____ Kopf. _____
15. Meine Geschäftsreisen führen mich oft _____ Paris. _____
16. Sie arbeitet _____ unser_____ Einwohnermeldeamt. _____
17. Wir haben die Regel _____ d_____ Grammatik gefunden. _____
18. Warum hast du dich _____ d_____ beiden Streitenden gesetzt? _____
19. Sie fährt nur _____ München _____ zum Chiemsee mit. _____/_____
20. Bitte hänge die Lampe _____ d_____ Schreibtisch! _____
21. Er fertigte mich _____ d_____ Haustür ab. _____
22. Sie malen eine Karikatur des Lehrers _____ d_____ Tafel. _____
23. Wir haben jahrelang _____ einander gewohnt. _____
24. Bitte stellen Sie Ihren Wagen _____ d_____ Haus! _____
25. _____ sein_____ Büro geht er sofort _____ d_____ Freunden. _____/_____

b. The words hin 'from' and her 'to,' seen from the view point of the speaker, can be combined with prepositions or stand alone. (her+in = herein). Complete the following clauses:

1. Wo kommst du _____ und wo gehst du _____?
2. Wenn es klopft, sagt man "_____".
3. Wir gehen auf die andere Seite der Straße _____.
4. Die Brücke ist kaputt, niemand kann _____ oder _____.
5. Er geht aus dem Haus _____ und steigt in sein Auto _____.
6. Bitte gib mir das Buch vom oberen Regal _____!
7. Er sprang aus dem Fenster _____ und auf die Straße _____.
8. Der Hund sprang über den Zaun _____ und in den Garten _____.
9. Julia warf Romeo eine Rose von Balkon _____.
10. Romeo möchte, daß Julia auch _____ kommt.

3.422 Modifiers of Time

a. Write the preposition zu, um, in or nach in the appropriate spaces:

1. Erst _____ jüngster Zeit hat man das erfunden.
2. Großmutter sagt: "_____ meiner Zeit mußten junge Mädchen _____ 8 Uhr zu Hause sein."
3. _____ seinem Examen will er sich erst erholen.
4. Heute geht es nicht, bitte kommen Sie _____ einer Woche.
5. Schon _____ wenigen Minuten wußten wir, daß die Mannschaft verlieren würde.
6. Bis _____ Beginn der Nachrichten, _____ drei Minuten, gibt es Tanzmusik.
7. Bitte rufen Sie ihn nicht _____ 10 Uhr an, denn er geht immer _____ neun zu Bett.
8. Dienst ist Dienst und Schnaps ist Schnaps, alles _____ seiner Zeit.
9. Er kann _____ zwei Tagen des Krankenhaus verlassen; das ist genau eine Woche _____ der Operation.
10. _____ letzter Zeit hat sich der Arbeitseifer verbessert, alle arbeiten sogar _____ dem Abendessen.

b. Fill in the appropriate preposition auf, aus, für, um or von/vom:

1. Ich habe noch Schulden _____ letzten Jahr.
2. Er hat die Rechnung _____ den 12. Juli datiert.
3. _____ die nächste Woche haben wir einen Ausflug geplant.
4. Wir müssen den Ausflug leider _____ eine Woche verschieben.
5. Das Gesetz stammt noch _____ der Kaiserzeit.
6. Ich danke Ihnen für den Brief _____ 6. Mai dieses Jahres.
7. Er hat sich ihren Besuch _____ nächsten Montag vorgemerkt.

8. Weihnachten fällt dieses Jahr _____ einen Sonntag.

9. Hast du noch die Zeitung _____ gestern?

10. Das Museum hat herrliche Sammlungen _____ der Römerzeit.

c. Fill in an/am, zu/zum, in/im, um or bei:

1. _____ Morgen, schon _____ Sonnenaufgang ist er unterwegs.

2. Wann beginnt die Vorstellung, _____ 8 oder _____ 9 Uhr?

3. _____ einem Donnerstag, _____ Monat Mai, _____ Frühjahr, _____ Jahre 1892 wurde sie geboren.

4. _____ Neujahrstag sind wir müde, denn _____ Silvesterabend feiern wir bis _____ frühen Morgen.

5. _____ Beginn des nächsten Monats fahren wir nach Holland.

6. Sie datierte den Brief: "München, _____ Freitag, dem 11. Mai."

7. _____ unserem Jahrzehnt gab es viele Naturkatastrophen.

8. Wir treffen uns _____ die Mittagsstunde am Marktplatz.

9. Bezahlt ihr eure Rechnung _____ Beginn des Monats oder _____ Monatsende?

10. Hans hat _____ August Geburtstag; _____ dem Tag gibt er immer eine Gartenparty.

3.423 Modifiers of Mood

a. Use the following modifiers in the sentences below; use each only once:

glücklicherweise, mindestens, vergebens, gern, auswendig, absichtlich, teilweise, anders, brieflich, lieblos.

1. Ich habe deinen Brief zerrissen, es war aus Versehen und nicht _____.

2. Wer nützliche Sätze _____ lernt, wird sich schnell in Deutschland verständigen können.

3. Ein Kind fiel ins Wasser; es wurde _____ gerettet.

4. Es kommt in Leben immer _____, als man denkt.

5. Bitte laß mich nicht _____ auf dich warten!

6. Das Kind muß _____ zwei Wochen im Krankenhaus bleiben.

7. Ich habe das wirklich nicht _____ getan.

8. Warum hast du nur den Tisch so _____ gedeckt?

9. Er hat leider den Vortrag nur _____ verstanden.

10. Geschäftliche Verhandlungen sollte man _____ durchführen.

b. From the following modifiers, choose the appropriate one for each of the following sentences:

sehr, recht, kaum, genug, allzu, ungewöhnlich, fast, ziemlich, beinahe, nur.

1. Die Vorlesung war _____ langweilig.
2. Wir hatten dieses Jahr einen _____ kalten Winter.
3. Mit seiner Raserei hätte er _____ eine Katze überfahren.
4. Wenn man _____ viel arbeitet, wird man nervös.
5. Er findet seine Aufgaben _____ schwierig.
6. Wenn du mehr gearbeitet hättest, hättest du nicht _____ Vieren bekommen.
7. Ich wünsche Ihnen einen _____ angenehmen Abend.
8. Sie war so heiser, sie konnte _____ sprechen.
9. Der Lehrer ist wegen der Dummheit der Schüler _____ verzweifelt.
10. Hast du jetzt endlich _____ gegessen?

3.424 Modifiers of Cause

a. To indicate the cause of an action, the motive is expressed with aus, the effect or unwilling action with vor. Fill in the proper prepositions below:

1. _____ Protest gegen die Rigierung demonstrierten die Studenten.
2. Er sieht den Wald _____ lauter Bäumen nicht.
3. Seine Augen funkelten _____ Zorn.
4. _____ Unkenntnis hat er sich schuldig gemacht.
5. Das Publikum tobte _____ Begeisterung.
6. Ich könnte _____ Freude an die Decke springen.
7. Er half nicht _____ Nächstenliebe, sondern _____ reinem Egoismus.
8. _____ lauter Bedenken kam er zu keinem Entschluß.
9. _____ Eitelkeit trägt sie ihre Brille nur selten.
10. Wir waren starr _____ Überraschung.

b. The preposition mit can indicate an instrument or means: Er hat sich mit einer Krawatte erhängt 'He hanged himself with a tie.' It can also express an appearance; the noun in the prepositional phrase has no determiner: Er hat sich mit Krawatte erhängt 'He hanged himself, and he had a tie on.' Complete the following sentences:

1. Er kam _____ ausgestreckt_____ Hand auf mich zu.
2. Er kann _____ recht_____ Hand besser schreiben.
3. _____ neu_____ Brille kann ich besser sehen.
4. _____ Brille sieht er intelligent aus.
5. Sie hatte ihr Gesicht _____ Maske verdeckt.
6. Beginn des Kostümfestes um 8 Uhr. Einlaß nur _____ Maske.

7. Der Dieb machte sich ____ falsch____ Bart unkenntlich.
8. Ich finde, Vater sieht ____ Bart würdiger aus.
9. Er hörte sich ____ schuldbewußt gesenkt____ Kopf die Strafpredigt an.
10. Warum mußt du immer ____ Kopf durch die Wand gehen?

3.425-3.427 Modifiers of Purpose, Contrast, Condition

a. Fill in the prepositions zu, trotz, bei or ohne and the appropriate determiners:
   1. ____ ihrer Verteidigung behauptete sie, es ____ Absicht getan zu haben.
   2. ____ gut____ Einkommens haben Schmitts nie Geld.
   3. Es wäre mir schrecklich, ____ Freunde zu leben.
   4. ____ Konferenz wurden keine neuen Entschlüsse gefaßt.
   5. Sie brauchen ____ Heilung unbedingte Ruhe.
   6. ____ groß____ Mühe kann man keine großen Erfolge erringen.
   7. Er hat uns nur ____ eigen____ Vorteil beraten.
   8. ____ des Straßenlärms schlafen die Kinder fest ____ offen____ Fenster.
   9. ____ Essen kann man nicht leben; ____ zu viel____ Essen wird man dick.
   10. Ich muß ____ Arbeit völlig ungestört sein.

b. Translate the following sentences into German and indicate in the margin whether the modifier is of (1) purpose, (2) contrast or (3) condition:
   1. He is never helpful, nonetheless, I'll ask you for his help.
   2. They stole his car just for the fun of it.
   3. I cannot carry this box without somebody's help.
   4. In spite of his good intentions, he continued drinking.
   5. One needs imagination (in order) to cook well.
   6. It was her turn to call me, but I called her regardless.

7. In this heat, it is hard to run fast. _____

8. In spite of your good exam, I cannot give you a better grade than a C. _____

9. With better business practices, this store could be very successful. _____

10. You need more light to read. _____

3.428 Modifiers of Comparison

a. Fill in <u>wie</u> or <u>als</u>, as appropriate:
   1. <u>Wir arbeiten heute viel rentabler</u> _____ <u>früher</u>.
   2. <u>Er war eher leichtsinnig</u> _____ <u>mutig</u>.
   3. <u>Jetzt sind wir genauso weit</u> _____ <u>vorher</u>.
   4. <u>Dieses Jahr ist unser Verdienst nur halb so hoch</u> _____ <u>im Vorjahr</u>.
   5. <u>Heute geht es ihm ein bißchen besser</u> _____ <u>gestern</u>.
   6. <u>Ihr Kleid war doppelt so teuer</u> _____ <u>meines, aber sie wirkt so ungepflegt</u> _____ <u>eine Putzfrau</u>.
   7. <u>Diese Versuche sind ebenso kostspielig</u> _____ <u>nutzlos</u>.
   8. <u>Ich habe den Himmel noch nie so blau</u> _____ <u>heute gesehen</u>.
   9. <u>Sie schrie</u> _____ <u>eine Wahnsinnige</u>.
   10. <u>Dieses Erdbeben war zehnmal stärker</u> _____ <u>das in San Francisco</u>.

b. Translate the following sentences into German:
   1. The road became steeper and steeper.

   2. The more I listen to this symphony, the more I like it.

   3. His job is less demanding than hers.

   4. She is looking forward to Christmas as much as they are.

   5. He was more discouraged than angry.

   6. The food prices climb higher and higher.

   7. This method is substantially more complex than the old one.

8. The preparations are no less important than the actual work.

9. He arrived at exactly the same time as I.

10. She may be ten years older than my mother.

3.429 Modifiers of Emphasis

a. Fill the following modifiers in the sentences below:
   ja, wirklich, gewiß, allerdings, zweifellos, tatsächlich, auf jeden Fall, unbedingt, natürlich, bestimmt.
   1. Es wird immer dunkler, es gibt _____ heut noch Regen.
   2. Unsere neuen Mieter sind reizend, du mußt sie _____ kennenlernen.
   3. Mein Großvater muß ein interessanter Mann gewesen sein, ich habe _____ keine eigenen Erinnerungen an ihn.
   4. Es kann nach 9 Uhr sein, aber ich komme _____.
   5. Hat er das _____ behauptet?
   6. Der Tote hatte keine Wertsachen an sich; _____ ist er ermordet und beraubt worden.
   7. Ach, das tut mir _____ so leid!
   8. Er wußte _____, warum ich böse auf ihn war.
   9. Kommst du mit zur Post? Ja, _____, ich brauche Briefmarken.
   10. Seine Forderungen sind jetzt _____ unverschämt!

b. Translate the following sentences into German, and use the modifiers denn, nur, bloß, eigentlich, überhaupt or ja:
   1. Your pants have another tear! Why can't you be more careful?

   2. Tell me, Mother, how did you and Dad meet?

   3. Why didn't you tell her the truth?

   4. I have been waiting for an hour. Where can he be?

   5. What a shame!

   6. We can't do anything about that.

   7. Do not think that they will understand you!

8. I can't see your car. Where did you park it?
   _____

9. Incidentally, how did they find that out?
   _____

10. What's for dinner tonight?
    _____

c. Fill in the adverbs noch 'still', schon 'already', nur 'only' or erst 'only' ('less or later than expected'):
   1. Das Kind ist so groß. Ist es wirklich _____ 4 Jahre alt?
   2. Schiller wurde _____ 45 Jahre alt.
   3. Wir wünschen dem Geburtstagskind _____ viele frohe Jahre.
   4. Wir wohnen _____ seit sechs Jahren hier.
   5. Diesen Brief habe ich _____ gestern erhalten, deshalb habe ich ihn _____ nicht beantwortet.
   6. Sie hat _____ 2 Wochen Urlaub, zu wenig für eine weite Reise.
   7. Hast du dein Taschengeld _____ wieder ausgegeben?
   8. Er war _____ 25 Jahre alt, als er Professor wurde.
   9. Hast du eine Mark? Ich habe _____ 25 Pfenige.
   10. Wir haben _____ viel Zeit. Das Konzert beginnt _____ um 8 Uhr.
   11. Wohnen Sie _____ lange hier? Nein, ich bin _____ letzte Woche eingezogen.
   12. Er konnte Englisch, Französisch und Spanisch. Aber das genügte ihm _____ nicht, jetzt will er _____ Russisch lernen.
   13. Diese Woche habe ich _____ viel zu tun; _____ nächste Woche kann ich mich erholen.
   14. Wenn er es mir _____ rechtzeitig geschrieben hätte!
   15. Der Zug ist _____ nicht angekommen; er hätte _____ vor zehn Minuten hier sein müssen. Wenn wir _____ unseren Anschluß nicht verpassen! Sonst kommen wir _____ morgen zu Haus an.

3.43 Negation of the Predicate

a. Fill in the following negations in the sentences below:

nein, nie, niemals, gar nicht, wirklich nicht, keineswegs, auf keinen Fall, im Gegenteil, nie mehr, überhaupt nicht:
   1. Hast du heute die Blumen gegossen? _____, ich habe sie noch _____ gegossen.
   2. Du hast ihn zu sehr beleidigt; er wird _____ wieder zu uns kommen.
   3. Sie ist _____ so dumm, wie sie vorgibt.
   4. Dieses Mal kannst du _____ zu spät kommen!
   5. Bitte glaube mir, ich habe _____ gelogen!

6. Findest du Herrn Meier sympathisch? _____, ich kann ihn _____ leiden.
7. Früher waren wir gute Freunde, aber seit seiner Heirat habe ich _____ von ihm gehört.
8. Schneit es? _____, die Sonne scheint.
9. Ich habe sie _____ danach fragen können, und jetzt ist es zu spät.
10. Er ruft täglich an, aber heute hat er sich _____ gemeldet.

b. Negate the following sentences:
1. Er kann es sich leisten, öfter ins Theater zu gehen.

2. Es ist klar, daß wir bei ihnen arbeiten sollen.

3. Du mußt heute das Paket von der Post holen.

4. Man darf bei rotem Licht über die Straße gehen.

5. Er spricht und bewegt seine Hände. Er ist gesund.

6. Sie sollen mit uns während der Ferien nach Europa fahren.

7. Würdest du ihm das bitte erzählen?

8. Er muß sich wirklich sehr anstrengen.

9. Ich hatte ihn gebeten, mich anzurufen.

10. Das war wirklich für uns überraschend.

CHAPTER FOUR

4. NOUN PHRASE

4.11 Forms in the Noun Phrase

a. The definition of a noun as "name of a person, place or thing" still haunts school grammars and some textbooks. Prove to yourself and to your students that a noun is defined by its form, its function, its marker and its position by identifying all noun phrases in Lewis Carroll's <u>Jabberwocky</u>:

> 'Twas brillig, and the slithy toves
> Did gyre and gimble in the wabe:
> All mimsy were the borogroves,
> And the mome raths outgabe.

Noun Phrases _____

_____

_____

_____

b. Identify the noun phrases in the following sentences by circling them:

1. Zum Weihnachtsfest hat er all seine Verwandten eingeladen.
2. Er hat ihr einen eleganten Lederkoffer geschenkt.
3. Vor zwei Tagen haben wir besonders lange auf den Postboten warten müssen.
4. Das ist der von allen Kritikern einstimmig gelobte Film.
5. Bei unserem gestrigen Waldspaziergang haben wir frische Erdbeeren gepflückt.
6. Ich habe absolut keine Lust, mit seinen sehr seltsamen Freunden in Frankreich Kontakt aufzunehmen.
7. Durch einen Skandal wurde der erst im letzten Jahr zum Direktor ernannte Fritz Müller seines hochbezahlten Amtes enthoben.
8. Jeder hatte ihm Blumen mitgebracht.
9. Wo hast du diese besonders aparte Bluse gekauft?
10. Das war eine sehr üble Geschichte.

4.12 Nouns

a. Of the thirteen parts of speech that can be nouns in German, English has no exact equivalent for all of them. Translate the following sentences into German and indicate whether English differs:

1. To be or not to be, that is here the question. _____

_____

2. His drinking is destroying his health. _____

_____

3. Rich and poor rejoiced. _____

4. The injured persons were brought to the hospital. _____

5. Give me the broken one! _____

6. Not this one, but that one is his house. _____

7. Look at the kids! That blond one laughing is my niece. _____

8. He explained the hows and whys to us. _____

9. To go is better than to stay. _____

10. He has learned that through his readings. _____

b. Circle the subject of the following sentences and indicate what part of speech the noun is:

1. Das Auf und Ab des Lebens ist oft ermüdend. _____
2. Dem Postboten hat Peter das Geld gegeben. _____
3. Sein dauerndes Singen fällt uns auf die Nerven. _____
4. Das Heitere ist das Thema seiner Bücher. _____
5. Was ist das? _____
6. Das A und O des Erfolges ist gute Planung. _____
7. Sein Bekannter kommt erst morgen. _____
8. Die Drei ist eine magische Zahl. _____
9. Kriegsversehrte bekommen eine Pension vom Staat. _____
10. Jung und Alt waren dabei _____

4.121 Nominal Inflection

a. Older textbooks of elementary English in Germany show English nouns in the following manner:

Nominative	'the man'
Genitive	'the man's' or 'of the man'
Dative	'to the man'
Accusative	'the man'
Instrumental	'with the man'
Ablative	'by the man'
Locative	'at the man's'
Vocative	'o, man!'

Criticize this approach:
_____
_____

b. In what manner does English compensate for the lack of nominal inflection?
_____

c. Summarize the remnants of gender in English.
_____
_____

4.122 - 4.123 Gender - Number

a. Give the gender and the plural of the following nouns:

1.	Magen	21.	Melodie	
2.	Marmelade	22.	Sekretär	
3.	Frühling	23.	Riesin	
4.	Grammatik	24.	Oper	
5.	Kissen	25.	Blei	
6.	Gemüse	26.	Kater	
7.	Symphonie	27.	Universität	
8.	Herzogtum	28.	Krematorium	
9.	Narretei	29.	Grenadier	
10.	Assessor	30.	Schwefel	
11.	Pergament	31.	Palast	
12.	Blamage	32.	Aktion	
13.	Seife	33.	Kuh	
14.	Ziel	34.	Norden	
15.	Feigling	35.	Brötchen	
16.	Agent	36.	Weib	
17.	Mehrheit	37.	Aspirin	
18.	Null	38.	Bandit	
19.	Tyrann	39.	Rubin	
20.	Linde	40.	Lokomotive	

b. The chart in 4.123 of the COMPANION is reorganized below according to gender. Complete the chart:

GENDER	PLURAL MORPHEME	NUMBER	CLUE	EXAMPLES
der	/-n/			
	/-(¨)-ə/			
	/-¨ər/			
	/-(¨)-/			
	/-s/			
das	/-n/			
	/-(¨)-ə/			
	/-¨ər/			
	/-(¨)-/			
	/-s/			
die	/-n/			
	/-(¨)-ə/			
	/-(¨)-/			
	/-s/			

c. Each noun in the following pairs has a different gender, indicate it:

1.	Insel	/	Pinsel	21.	Kuß/		Nuß
2.	Meute	/	heute	22.	Rille/		Wille
3.	Weser	/	Verweser	23.	Kandidat/		Konsulat
4.	Bart	/	Fahrt	24.	Reichtum/		Altertum
5.	Stahl	/	Wahl	25.	Wabe /		Rabe
6.	Leder	/	Feder	26.	Los/		Schoß
7.	Nagel	/	Nadel	27.	Orden/		Ordnen
8.	Ei	/	Brei	28.	Regen/		Regel
9.	Herd	/	Pferd	29.	Oper/		Ober
10.	Nummer	/	Hummer	30.	Biß/		Gebiß
11.	Rahmen	/	Examen	31.	Staat/		Stadt
12.	Loch	/	Koch	32.	Tür/		Tier
13.	Rhein	/	Schwein	33.	Rat/		Saat
14.	Funke	/	Spelunke	34.	Hut/		Gut
15.	Siegel	/	Riegel	35.	Messer/		Esser
16.	Schliff	/	Schiff	36.	Bahn/		Kahn
17.	Kuh	/	Schuh	37.	Roß/		Boß
18.	Bildnis	/	Wildnis	38.	Arznei/		Allerlei
19.	Berater	/	Theater	39.	Bruder/		Ruder
20.	Schlüssel	/	Schüssel	40.	Stand/		Band

4.1231 Phonological Conditioning of Plural Morphemes

a. Provide the plural of the following nouns and write out the whole
   word, observing the phonological conditioning, it applicable:

1.	r Rasen		16.	r Ofen	
2.	r Graben		17.	e Einkunft	
3.	s Bündnis		18.	s Paar	
4.	r Mord		19.	e Kraft	
5.	r Hof		20.	s Jahr	
6.	r Schuß		21.	r Junge	
7.	r Apfel		22.	r Sohn	
8.	e Gans		23.	r Fuß	
9.	r Kopf		24.	r Fluß	
10.	s Mahl		25.	e Braut	
11.	r Saal		26.	r Muskel	
12.	e Wand		27.	r Bogen	
13.	e Türkin		28.	e Haut	
14.	e Nacht		29.	r Laut	
15.	r Docht		30.	r Vogel	

b. Provide the singular and give the gender of the following nouns:

1. Mängel	_____ _____	16. Hunde	_____ _____
2. Namen	_____ _____	17. Sünden	_____ _____
3. Dramen	_____ _____	18. Pfunde	_____ _____
4. Backen	_____ _____	19. Künste	_____ _____
5. Rosse	_____ _____	20. Löwen	_____ _____
6. Türen	_____ _____	21. Dörfer	_____ _____
7. Türme	_____ _____	22. Äxte	_____ _____
8. Stühle	_____ _____	23. Arme	_____ _____
9. Schnuren	_____ _____	24. Töchter	_____ _____
10. Lüfte	_____ _____	25. Föhren	_____ _____
11. Schlucke	_____ _____	26. Führer	_____ _____
12. Maße	_____ _____	27. Fähren	_____ _____
13. Massen	_____ _____	28. Genüsse	_____ _____
14. Hindinnen	_____ _____	29. Genossen	_____ _____
15. Hämmer	_____ _____	30. Völker	_____ _____

4.124 Case

a. In English, the nominative is often called 'subject case,' the accusative 'direct object case,' the dative 'indirect object case' and the genitive 'possessive.' Are these terms useful and applicable to German?

_____

b. Complete the determiners and nouns using the appropriate cases:
 1. D___ Verkäufer bedient d___ Kund___, ein___ fremd___ Herr___.
 2. Für inner___ Friede___ braucht man d___ Glaube___ an Gott und d___ Wille___ zum Leben.
 3. Die Autos mein___ Vetter___ und mein___ Neffe___ sind kaputt.
 4. Ich habe sein___ Name___ und sein___ Adresse___ nicht verstanden.
 5. Mit zwei Franzose___ und drei Griechin___ macht er eine Reise.
 6. Durch ein___ Funke___ begann das Haus unser___ Nachbar___ zu brennen.
 7. Er hat zwei Kinder, ein___ Junge___ und ein___ Mädchen___.
 8. Im Zoo kann man Löwe___, Schlange___, Affe___, Bär___, Giraffe___, Hund___, Pferd___ sehen.
 9. Im Grunde sein___ Herz___ fürchtet er dies___ Gedanke___.
 10. Wir unterhalten uns gern mit all___ Leute___, klein___ Kinder___, Ausländer___, Dame___ und Herr___.

4.13 Determiners
4.131 der-Determiners

a. Each form of the der-determiner occurs at least twice. Place a

'+' in the box in which that form of the determiner occurs:

| | SINGULAR |||||||||||| PLURAL ||||
| | der-NOUNS |||| das-NOUNS |||| die-NOUNS |||| ||||
	N	A	D	G	N	A	D	G	N	A	D	G	N	A	D	G
der																
den																
dem																
des																
das																
die																

b. Complete the following sentences with the correct form of the determiners:

1. Er hat solch____ Gespräche und dies____ Diskussionen nicht gern.
2. Mit welch____ Zug sollen wir in d____ schöne Schweiz fahren?
3. Jed____ Student und jed____ Studentin trägt Jeans.
4. Bei jen____ Herrn und dies____ Dame haben wir uns entschuldigt.
5. Die Freunde d____ Vaters sind jen____ Ausländer.
6. Welch____ von dies____ Büchern hast du gelesen?
7. Jed____ Jungen und jed____ Mädchen hat d____ Onkel Geld gegeben.
8. Manch____ Regel und solch____ Gesetze kann ich nicht verstehen.
9. Die Kleidung dies____ Amerikanerin und jen____ Spaniers ist elegant.
10. Welch____ Beamten hast du nach jen____ Formularen und d____ Bestimmungen gefragt?

4.132 ein-Determiners

a. Replace the der-determiner with ein-:

1. Der Fremde fragt den Polizisten nach dem Weg.

2. Das Auto des Geschäftsmannes steht vor der Fabrik.

3. Dieses Kleid gefällt dem jungen Mädchen.

4. Jeder Brief von dem Vetter bringt die gute Nachricht.

5. Mancher Student findet diese Vorlesung interessant.
   _____

b. Fill in the appropriate possessive determiner:
   1. Bevor du den Wagen nimmst, mußt du _____ Vater um Erlaubnis bitten.
   2. Herr Peters, wo ist _____ Buch? Ich habe _____ Buch vergessen; darf ich _____ Buch borgen?
   3. Hans hat _____ Eltern lange nicht geschrieben.
   4. Das kleine Mädchen spielt mit _____ Puppen.
   5. Wir müssen _____ Haus anstreichen lassen.
   6. Die neuen Studenten haben uns von _____ Heimat erzählt.
   7. Hans und Inge, wann bekommt ihr _____ neues Auto?
   8. Ich habe _____ Bruder eben angerufen.
   9. Bitte zieh _____ warmen Mantel an!
   10. Bringt _____ Bücher und Hefte mit!

4.14 Adjectives

a. Elicit the underlined adjectives by the questions welch- + noun or was für ein- + noun (plural was für + pl noun) in the appropriate case:
   1. Er liest gern spannende Bücher. _____
   2. Der berühmte Architekt ist kürzlich gestorben.
      _____
   3. Das Radio bringt die neuesten Nachrichten.
      _____
   4. Sie wohnen in einem alten Gebäude.
      _____
   5. Seine Briefmarkensammlung hat einen hohen Wert.
      _____
   6. Der Verlag veröffentlicht die Bücher des bekannten Autors.
      _____
   7. Sie trägt diesen grünen Hut nicht gern.
      _____
   8. Heute treffe ich mich mit meinem alten Freund.
      _____
   9. Sie besitzen sehr kostbare, antike Möbel.
      _____
   10. Leider hat er keinen warmen Mantel finden können.
       _____

b. Identify the adjectives by circling them and by indicating at the margin if they are (1) true adjectives, (2) past participles, (3) present participles, (4) foreign and uninflected adjectives, (5) comparative or (6) superlative:

1. Wir verkaufen nur prima Ware. _____
2. Sie ist wirklich ein entzückendes Kind. _____
3. Seine ununterbrochene Meckerei stört uns alle. _____
4. Er mußte dafür größere Schulden machen. ___/___
5. Ich habe keine rote Nähseide mehr. _____
6. Das war der beste Wagen, den ich je hatte. ___/___
7. Sie war die berühmteste Opernsängerin ihrer Zeit. ___/___
8. Nein, dieses mauve Kleid gefällt mir nicht. _____
9. Er saß an seinem eleganten Schreibtisch. _____
10. Sie hätten wirklich stärkere Maßnahmen ergreifen sollen. ___/___

4.141 Determining Adjective Inflection

a. Complete the adjectives with the appropriate determining endings:
1. Heute gibt es gebraten____ Rehkeule mit frisch____ Salat.
2. Zum Nachtisch gibt es italienisch____ Eis, frisch____ Waffelgebäck und gemischt____ Früchte.
3. Heiß____ Milch mit aufgelöst____ Honig ist gut gegen Husten und Heiserkeit.
4. Trotz größt____ Vorsicht gibt es immer wieder schlimm____ Unfälle.
5. Für langjährig____, treu____ Mitarbeit bekam er ein kostbar____ Geschenk.
6. Sie schreibt mit rot____ Tinte auf gelb____ Papier in grün____ Bücher.
7. Statt deutsch____ Weines hat er französisch____ Cognac gekauft.
8. Trotz gering____ Nachfrage bleiben die Preise für einheimisch____ Kohle und importiert____ Stahl stabil.
9. Er möchte mit Peters neu____ Fahrrad fahren.
10. Nur besonders lieb____ Gäste werden mit solch groß____ Aufwand erwartet.
11. Wegen wachsend____ Unruhe der Bevölkerung gab die Regierung beschwichtigend____ Erklärungen.
12. Der Unfall wurde von menschlich____ oder technisch____ Versagen verursacht.
13. Er gilt als vielversprechend____ Anfänger mit groß____ Talent.
14. Sie ist mit Professor Meiers ältest____ Sohn verheiratet.
15. Er kaufte zwei Pfund frisch____ Butter, drei fett____ Gänse, drei groß____ Köpfe frisch____ Rotkohls und dunkl____ Brot.

16. Bei solch___ schlecht___ Wetter wird es drei kalt___, nass___ Tage mit stark___ Wind geben.
17. Aus rot___ Wolle, gelb___ Seide und grün___ Stoff näht manch___ geschickt___ Schneiderin elegant___ Faschingskostüme.
18. Kein gesund___ Mensch kann ohne frisch___ Luft, regelmäßig___ Bewegung, gelegentlich___ beruflich___ Erfolg mit echt___ Zufriedenheit leben.
19. Euer groß___ Garten inmitten schön___ Straßen erfreut vorübergehend___ Spaziergänger.
20. Lieb___ Onkel! Mit größt___ Vergnügen nehmen wir Deine Einladung an.

b. Transform the predicate adjectives into specifying adjectives in the noun phrase and add the appropriate ending:

1. Der Verdacht war naheliegend. Das war ein _____ Verdacht.
2. Der Erfolg war überwältigend. Die Zeitung beschrieb die Premiere als _____ Erfolg.
3. Das Resultat war zufriedenstellend. Mit derart _____ Resultat hatten wir nicht gerechnet.
4. Die Hotels sind preiswert, die Geschäfte interessant. Am Marktplatz gibt es _____ Hotels und _____ Geschäfte.
5. Niederschläge sind häufig; der Schneefall ist stark. Der Wetterbericht meldete _____ Niederschläge und _____ Schneefall.

c. Rewrite the following sentences according to the example below:

Das ist das neue Auto von Peter. > Das ist Peters neues Auto.

1. Das dauernde Schimpfen von Vater ist nicht auszuhalten.

2. Sie trägt immer die abgelegten Kleider von Eva.

3. Der Brief ist von der besten Freundin von Mutter.

4. Eben sind die reizenden Gäste von Müllers abgereist.

5. Darf ich auch mal mit dem neuen Auto von Tante Ilse fahren?

6. Das neueste Buch von Professor Hansen war eine Sensation.

7. Wo ist der alte Regenmantel von Onkel Otto?

8. Der jüngste Sohn von Herrn Schulz studiert Soziologie.

9. Gehst du mit dem netten Bruder von Petra ins Theater?

10. Wann dürfen wir das geheimnisvolle Geschenkpaket von Großvater öffen?

4.142 Reduced Adjective Inflection

a. The inflectional morphemes of the determining and reduced adjective inflections /r, n, m, s, ə/ recur in various genders, cases and numbers. By placing a '+' in the appropriate box, indicate when the morpheme occurs in the determining inflection (D) and in the reduced (R) inflection:

	SINGULAR													PLURAL							
	der-NOUNS								das-NOUNS								die-NOUNS																
	NOM		ACC		DAT		GEN		NOM		ACC		DAT		GEN		NOM		ACC		DAT		GEN		NOM		ACC		DAT		GEN	
	D	R	D	R	D	R	D	R	D	R	D	R	D	R	D	R	D	R	D	R	D	R	D	R	D	R	D	R	D	R	D	R
/r/																																
/n/																																
/m/																																
/s/																																
/ə/																																

b. Complete the adjectives with either the determining or the reduced inflection:

1. Ruhig____ Zimmer in zentral____ Lage von amerikanisch____ Studentin gesucht.

2. Auf der letzt____ Bank saßen ausländisch____ Studenten aus verschieden____ Ländern mit ihren deutsch____ Freunden.

3. Bei einem schwer____ Verkehrsunfall in der Köln____ Innenstadt sind drei jung____ Arbeiter verletzt worden.

4. Wegen zu hoh____ Geschwindigkeit ist ein schwerbeladen____ Lastwagen mit einem klein____ Personenwagen zusammengestoßen.

5. In der gestrig____ Zeitung stand folgend____ Anzeige: "Jung____ Beamter sucht groß____, möbliert____ Zimmer mit eigen____ Eingang, separat____ Bad."

6. Interessant____, ausländisch____ Filme werden immer in dem klein____ Kino an der nächst____ Ecke gespielt.

7. Warum habt ihr euer neu____ Auto nicht bei einem bekannt____ Händler gekauft?

8. Herr Schmitt hat ein schön____, neu____ Haus, das viel groß____ Fenster und eine breit____ Eingangstür aus dunkl____ Holz hat.

9. Während der nächst____ Woche will meine gut____ Tante Minna ihre lieb____ Verwandten in der schön____ Schweiz besuchen.
10. In unserem neu____ Warenhaus gibt es eine groß____ Fülle schön____ und nützlich____ Dinge.

4.143 Inflectional Fluctuations

Supply the endings for the words in the following sentences:

1. Mit ein____ solch unfreundlich____ Mann will ich nicht sprechen.
2. Manch____ alt____ Leute haben viel____ groß____ Sorgen.
3. Mehrer____ rot____ Kerzen brannten an unser____ hübsch____ Weihnachtsbaum, der mit d____ viel____ bunt____ Kugeln geschmückt war.
4. Du solltest dein____ wenig____ gut____ Bücher mit ein bißchen größer____ Vorsicht behandeln.
5. Er hat all____ sein____ gut____ Freunde und einig____ ausländisch____ Gäste eingeladen.
6. Sie ging mit ihr____ beid____ klein____ Geschwistern und mit zwei ander____ nett____ Kindern in den Zoo, wo sie viel____ interessant____ Tiere und manch ein____ spannend____ Vorführung sahen.
7. Bitte gib mir etwas Kalt____ zu trinken, ich habe ein____ solch____ groß____ Durst, daß ich einig____ groß____ Fässer mit frisch____ Limonade austrinken könnte!
8. D____ viel____ bunt____ Blumen in unser____ schön____ Garten brauchen mehr liebevoll____ Pflege, als ich ihnen bei mein____ viel____ Arbeit geben kann.
9. Ein____ jed____ neu____ Studenten hat der Direktor viel____ so gut____ Worte d____ herzlich____ Willkommens gesagt, daß jed____ einzeln____ sich auf manch____ interessant____ Stunde mit ihm freut.
10. Ich wünsche Ihnen all____ Gut____ zu Ihr____ bevorstehend____ Geburtstag und die Erfüllung all____ Ihr____ geheimst____ Wünsche.

4.144 Comparison of Adjectives

a. Form the comparative of the following adjectives and complete the sentences:

1. gesund/viel: Leben Sie _____, essen Sie _____ Obst!
2. warm/krank: Wenn du dich nicht _____, anziehst, wirst du noch _____.
3. kurz/gerade: Fahren Sie nach links, dann finden Sie den _____ und _____ Weg.
4. arm/hart/reich: _____ werden von der Inflation _____ betroffen als _____.
5. dumm/kindisch: Sie benimmt sich _____ und _____ als ihre Tochter.
6. schlank/jung: Seitdem ich _____ geworden bin, fühle ich mich _____.
7. dunkel/blond: Sie hat _____ Haar als ich, aber seines ist

noch _____ als meines.
   8. übel/teuer: Das hätte noch weit _____ ausgehen und uns noch _____ zu stehen kommen können.
   9. hart/straff: Er muß _____ zugreifen und die Arbeit _____ organisieren.
   10. geschickt/energisch: Wir suchen einen _____ und _____ Geschäftsführer als zuvor.

b. Translate the following sentences into German:
   1. Today I feel a bit better than yesterday.
   _____
   2. Preparations are less important than the actual work.
   _____
   3. These attempts are as expensive as they are useless.
   _____
   4. The new process if far more efficient than the old one.
   _____
   5. He was more amused than shocked.
   _____
   6. Their profit this year was half as much as last year.
   _____
   7. Our business is considerably more well-known than theirs.
   _____
   8. Is he willing to take the greater risk?
   _____
   9. The grass is always greener on the other side of the fence.
   _____
   10. I couldn't imagine a more beautiful surprise.
   _____

c. Form the absolute superlative of the adjectives below:
   1. überzeugend: Seine Argumente waren die _____.
   2. falsch: Das war die _____ Entscheidung.
   3. gewissenlos: Er ist der _____ Lügner, den ich kenne.
   4. gefürchtet: Krebs ist die _____ Krankheit.
   5. schwarz; Das war für mich der _____ Tag meines Lebens.
   6. genau: Das Dokument wurde der _____ Prüfung unterzogen.
   7. früh/schlimm: Für den Kranken sind die _____ Morgenstunden die _____.

8. interessant: Dieses ist sein _____ Vorhaben.

9. gewissenhaft: Nur die _____ Überprüfung kann Fehler vermeiden.

10. berühmt/gepriesen: Er war der _____ und _____ Dichter seiner Zeit.

4.1441 Phonological Conditioning of Adjective Morphemes

Form the comparative or superlative of the given adjectives and fill them into the appropriate spaces:

1. dumpf/flach: Diese Trommel klingt _____ und _____ als jene.

2. komisch/amüsant: Das ist die _____ und _____ Geschichte, die ich je gehört habe.

3. kurz/klar: Du mußt deine Gedanken _____ und _____ formulieren.

4. schlau/zäh: Er hält das für die _____ Lösung, an der er aufs _____ festhält.

5. lebhaft/interessiert: Peter ist _____ und _____ als seine Geschwister.

6. bedeutend/wichtig: Das war die _____ und politisch _____ Konferenz des Jahres.

7. rasch/schnell: Sie hatte immer _____ Antworten als die anderen; aber diesmal antwortete Fritz am _____.

8. kalt/glatt/gefährlich: Heut ist der _____ Tag des Jahres, die Straßen werden immer _____ und _____.

9. hoch/groß/stolz: Die Wartburg ist die _____, _____ und _____ Burg Thüringens.

10. passend/zutreffend: Gib mir meine _____ Erklärung, die etwas _____ klingt!

4.145 Nominalized Adjectives

a. Complete the nominalized adjectives with the appropriate endings:

1. Der Klüger____ gibt nach, der Bescheiden____ schweigt.

2. Im Gegensatz zu den Angestellt____ dürften Beamt____ nicht streiken.

3. Er übersetzte die Novelle aus dem Portugiesisch____ ins Französisch____.

4. Die ersten Pennsylvania Deutsch____ waren Deutsch____ aus dem Rheinland.

5. Die Versicherung hilft Alt____, Krank____ und Arbeitslos____.

6. Bei dem Brandstifter handelt es sich um einen Geistesgestört____, der sich wie ein Wahnsinnig____ benimmt.

7. Was gibt es Neu____? Ich möchte mal was Erfreulich____ hören.

8. Seine liebsten Angehörig____ leben in Hamburg, aber mit seinen Verwandt____ in Köln verträgt er sich nicht.
9. Er rechnet immer mit dem Schlimmst____ und Häßlichst____.
10. Man soll Gleich____ nicht mit Gleich____ vergelten.
11. Er hat ihr das Blau____ vom Himmel versprochen.
12. Er soll sich auf das Wesentlich____ beschränken und sich nur mit dem Wichtigst____ befassen.
13. Ich muß dir etwas Lustig____ erzählen, denn gestern ist mir etwas ganz Komisch____ passiert.
14. Der Angeklagt____ benahm sich wie ein Unschuldig____.
15. Wenn man vom Traurig____ absieht, hat die Sache sicher auch ihr Gut____.
16. Die Vorsitzend____ glauben nicht, daß Fremd____ der Firma etwas Vernünftig____ vorschlagen können.
17. Unser Jüngst____ eignet sich mehr fürs Praktisch____ als fürs Theoretisch____.
18. Er fühlt sich zu was Besser____ berufen, da er glaubt, seine Kenntnis des Griechisch____ mache ihn zum Heilig____.
19. Die Jungen kümmern sich nicht um das Vergangen____, sie leben im Gegenwärtig____ und arbeiten fürs Zukünftig____.
20. Die ewig Unzufrieden____ sehen nicht das Schön____ im Leben.

b. Translate the sentences below:

1. I have nothing better to do than worry about the light and the dark of life.

2. "The Naked and the Dead" is a famous novel.

3. I am sure you have experienced something similar.

4. The drunken man ran into a group of travelers.

5. I have nothing positive to say about him.

6. Do you have something useful and sensible to do?

7. I'll introduce you to these acquaintances.

8. One should support the gifted and the talented.

153

9. He said a lot of interesting things, but also some nonsense.

10. These Germans have mastered English and French well.

4.146 Extension of Adjectives

a. Translate the following sentences into idiomatic English and note those structures which differ from German.

1. Sie hat ein altes, schon ein wenig verrostetes Auto.

2. Wir liefen durch den mit festlichen Gästen bevölkerten Saal.

3. Er ist der Sohn eines um 1890 immigrierten norwegischen Geschäftsmannes.

4. Kennen Sie den mir von Herrn Meier zur Verfügung gestellten Apparat?

5. Das junge, etwas verlegen lächelnde Mädchen war seine Tochter.

6. Der auf den breiten Straßen der Großstadt tobende Verkehr ängstigte sie.

7. Heute hat man die während des Krieges zerstörten Städte wieder aufgebaut.

8. Ihr Vater ist ein auch in Amerika bekannter Ingenieur.

9. Der soeben aus Frankfurt angekommene Zug fährt sofort weiter.

10. Ich kann die lärmenden und sich dauernd streitenden Kinder nicht mehr ertragen.

b. Transform the second clause into an extended adjective construction in the first clause:

1. Der Dieb soll gestern in München gesehen worden sein. Die Polizei sucht ihn schon seit Wochen.

2. Der Preis war viel zu hoch. Man hat den Preis für das berühmte Gemälde bezahlt.

3. Sie trauert um ihren Vater. Er ist letztes Jahr nach langem Leiden verstorben.

4. Der Weihnachtsbaum ist schön, wenn er von singenden Kindern mit leuchtenden Augen umstanden wird.

5. Er hat seine Schwester lange nicht mehr gesehen; sie arbeitet als Ärztin an einem großen Berliner Krankenhaus.

6. Er ärgert sich über das Experiment, das heute trotz seiner größten Mühe und Sorfalt mißlang.

7. Bitte störe die Kinder nicht, die im Nebenzimmer friedlich schlafen!

8. Er hatte einen langen, schneeweißen Bart, der seine Krawatte ganz bedeckte.

9. Er zeigte mir seine Korrespondenz, die er wegen seiner vermißten Verwandten an das Deutsche Rote Kreuz richtete.

10. Ich hoffe, Sie haben viel durch diese Übung gelernt, die nun endlich beendet ist.

4.147 Numbers
4.1471 Cardinal Numbers

Translate the following sentences into German; write out the numbers:
1. Goethe was born in 1749.

2. My phone number is 54 96 22.

3. The federal deficit is DM 95.220.375.601,--

4. How much is that? That is DM 194,27.

5. My lucky number is 11.

6. Show me your report card! Why did you only get a D in English? You could have studied harder to get at least a B!

7. She may be over forty, but he must be beyond his sixties.

8. In the twenties he studied in London, and in the forties he lived in New York.

9. He had not even a dime in his pockets, but he behaved as if he had thousands.

10. Could you give me a hundred marks in ones, fives, tens, and one twenty?

4.1472 Ordinal Numbers

Translate into German; write out the numbers:

1. Today is Tuesday, November 14, 1982.

2. When were you born? On April 9, 1954.

3. Charles I is also known as Charlemagne.

4. His mother is her father's second daughter from his third marriage.

5. Bus number five comes every twenty minutes during the day. Last night I just caught the last one.

6. He always wants to be the first and is never content with second best.

7. I cannot go along. Firstly, I still have not done my homework, secondly, I am supposed to call Hans, and thirdly, I really do not care for that movie.

8. She lives in the sixth house on twenty-ninth street.

9. He told us the story last night for the hundredth time.

10. Inge is in the fifth grade, Helmut in the eighth, and Wolfgang is in his third year at the university.

4.1473 Other Numerical Expressions

Translate the following into German:

1. He is approaching his nineteenth birthday, but his little brother is only two and a half.

2. Take two eggs, 3/4 liters milk, 1 1/2 pounds sugar, 3 1/4 pounds flour and 1/8 pound butter.

3. It's halftime; hopefully, the second half will be better.

4. The train arrives at 9:23 p.m. and leaves again at 10:17.

5. How much is 17 x 29? Figure it out yourself! It's _____.

6. It is time to go to sleep; it's 10 past midnight; that leaves us only 6 hours if we want to get up at a quarter past 6.

7. The show begins at 8:15, intermission is from 9:45 to 10:05 and the performance ends at 11:20.
   _____
   _____

8. I asked you four times to send it. Please get it here once and for all.
   _____
   _____

9. He gave me one third of his sandwich and half of his apple.
   _____

10. His novel is 3/5 finished, but he will revise it fifteen times.
    _____

4.15 Prepositions

a. Which of the following words functions as a postposition in English: 'about, across, ago, among'? _____

b. In the following sentences, identify the function of the prepositions by circling them and by indicating if they are (1) a separable prefix, (2) introducing an obligatory prepositional object, (3) introducing a prepositional phrase as modifier, (4) a postposition, (5) a prepositional pronoun:

   1. Am Abend sitzen wir gern beim Feuer.   ___/___
   2. Sie stellt sich das so einfach vor.   ___
   3. Wir sprachen mit ihm über die Reisepläne.   ___/___
   4. Warum bist du denn dagegen?   ___
   5. Alles geschah seinen Erwartungen gemäß.   ___
   6. Sie fahren den Sommer über aufs Land.   ___/___
   7. Während der letzten Jahre wohnten sie in Paris.   ___/___
   8. Auf einmal platzten wir vor Lachen über den Witz.   ___/___/___
   9. Deswegen übersetzte er das Buch ins Deutsche.   ___/___
   10. Anscheinend schneidet er das Thema nicht gern mit uns und vor ihnen an. ___/___/___

c. Evaluate the usefulness of the following mnemonic rhymes that summarize the prepositions:

   1. Aus, bei mit, nach, von, zu, seit,
      außer und auch gegenüber
      haben Dativ allezeit.

   2. Durch, für, ohne, um und gegen
      den Akkusativ belegen.

   3. Achte bei der Kasuswahl
      bei den Wörtchen, neun an Zahl:
      An, auf, hinter, neben, in,
      über, unter, vor und zwischen.
      Willst du Antwort auf Wohin?

> ist Akkusativ nur richtig;
> wenn du Antwort willst auf Wo?
> ist der Dativ einzig richtig.
> Wenn du Antwort willst auf Wann?
> Brauchst du auch den Dativ dann.

> 4. Während, wegen, trotz, anstatt
> je den Genitiv nur hat.

4.151 Prepositions with Accusative

a. Fill in the appropriate accusative-preposition and supply the endings:

1. _____ d___ Tod ist kein Kraut gewachsen.
2. Dieser Umstand spricht _____ sich selbst.
3. Sie haben sich _____ drei Mark verrechnet.
4. Er kämpfte _____ _____ bitter___ Ende.
5. Sie halten _____ dick und dünn zusammen.
6. Bitte eintschuldigen Sie mich _____ einen Augenblick!
7. _____ sein Alter und _____ sein___ Bruder ist Hans groß.
8. Er setzte sich _____ ein Wort der Begrüßung und war _____ uns sehr unfreundlich.
9. Ich wette mit Ihnen _____ 10 Mark, daß Sie _____ dies___ Preis kein Auto bekommen.
10. _____ ihr___ Fleiß machte sich sich _____ d___ Firma verdient; sie wurde reichlich _____ ihr___ Mühe belohnt.

b. Translate the following sentences into German:

1. All around his property, he built a high fence.

2. When you hold the stamp against the light you'll see the watermark.

3. They built hotels all along that lovely beach.

4. The car spun and ran into the guard rail.

5. They all came on time except for the guest of honor.

6. She worked until fall, then she took a trip through the South.
   _____

7. Without a phone, we could not take care of Mother.
   _____

8. She ran through the town to the train station.
   _____

9. I am willing to offer up to a thousand marks for these antiques.
   _____

10. Could you come at 8 and work through the lunch hour until 3? I really can't do without your help.
    _____
    _____

4.152 Prepositions with Dative

Fill in the appropriate dative-preposition and supply the endings:

1. Er fuhr _____ d___ Straßenbahn _____ Bahnhof und dann _____ d___ Eilzug _____ Paris.
2. Sie wohnt _____ ihr___ Kindern _____ ihr___ Schwester.
3. _____ sein___ Haus hat er _____ d___ Prozeß alle Besitzungen verloren.
4. _____ drei Jahren kam er _____ Amerika zurück und lebt nun _____ ein paar Monaten _____ sein___ Verwandten.
5. Kann ich _____ Ihnen _____ Stadtmitte fahren? Ich muß meine Schuhe _____ Schuster abholen und meinen Mantel _____ Reinigung bringen.
6. Er erzählte uns _____ sein___ Leben und brachte uns _____ Lachen.
7. _____ ein___ Stück Brot habe ich _____ zehn Stunden nichts gegessen. Jetzt gehe ich _____ mein___ Tante und hoffe, _____ ihr _____ ein___ gut___ Mahlzeit bewirtet zu werden.
8. _____ ihr___ groß___ Freude bekam sie _____ Weihnachten _____ ih___ Bruder eine Bluse _____ rot___ Seide _____ apart___ Stickerei, die er _____ Indien und _____ sein___ weit___ Reisen mitgebracht hatte.
9. _____ unser___ Nachfrage _____ d___ bestellt___ Büchern wurden wir _____ Verlag benachrichtigt, daß sie _____ Luftpost gesandt wurden und _____ drei Tagen unterwegs seien.
10. Man ißt Fleisch _____ ein___ Teller _____ Messer und Gabel, denn _____ Schneiden braucht man das Messer. _____ ein___ Mahlzeit trinkt man Kaffee _____ Zucker _____ ein___ Tasse.

4.153 Prepositions with Accusative and Dative

a. The two-fold function of the prepositions with accusative and dative has a parallel of sorts in English 'in' and 'into.' Outline how you can use the English prepositions to explain the case requirements of the German prepositions.

_____

_____

b. Complete the sentences below with the appropriate accusative-or-dative prepositions and supply the endings of the determiners:

1. Hans schreibt einen Satz _____ sein___ Buch. Peter teilte mir _____ sein___ Brief mit, daß er krank ist.

2. Die Leute eilen _____ d___ Marktplatz. Sie strömen _____ d___ Marktplatz zusammen.

3. Als er _____ d___ Straße sah, erblickte er seinen Freund _____ d___ Straße.

4. Junge Mädchen sehen gern _____ d___ Spiegel, denn sie sehen sich gern _____ Spiegel.

5. _____ fünf Minuten kommt der Zug _____ Bahnsteig drei an.

6. Als er _____ d___ Publikum stand, fragte er sich, woher er den Mut hatte, _____ d___ Leute hinzutreten.

7. _____ d___ Nacht alle Katzen grau. _____ Abend werden die Faulen fleißig. Ein Ertrinkender klammert sich _____ ein___ Strohhalm.

8. _____ kein___ Fall und _____ kein___ Bedingung lasse ich mich von ihm _____ Licht führen und mich _____ Druck setzen.

9. _____ sein___ Wunsch taufte sie den Kleinen, den sie _____ Kindes Statt und _____ groß___ Schwierigkeiten angenommen hatte, _____ d___ Namen Friedrich.

10. _____ Zeitdruck und _____ groß___ Sorge eilte er _____ d___ Wiese _____ d___ Wald, stolperte dabei _____ d___ Wurzeln, rief die Kinder und fand sie schließ-lich _____ ein___ Baum _____ d___ Spitze des Berges.

4.154 Prepositions with the Genitive

a. Rewrite the following sentences, which employ the relatively rare prepositions of legal and bureaucratic language, by using more common prepositions or other constructions:

1. Die Miete beträgt einschließlich Heizung 300 DM.

_____

2. Zwecks Verlängerung meines Passes muß ich zum Konsulat.

_____

3. Seitens der Behörde wird eine Reform angestrebt.

_____

4. Betreffs Ihrer Anfrage senden wir Ihnen eine Broschüre.

5. Kraft ihres Vermögens konnte sie den Armen helfen.

6. Mittels einer genauen Überprüfung wurde der Fehler entdeckt.

7. Vermöge seiner Stellung verschaffte er ihr eine Position.

8. Anläßlich des Kongresses findet eine Ausstellung statt.

9. Angesichts seiner schweren Krankheit braucht er Schonung.

10. Hinsichtlich des Energiemangels haben wir Versorgungsprobleme.

b. The prepositions durch, nach, zu, über and wegen can be postpositions also. As such, they are sometimes difficult to distinguish from prefixes of separable verbs. Circle (1) the preposition, (2) the postposition or (3) prefix and indicate which it is:

1. Er regte sich des Essens wegen auf.   ___/___
2. Den ganzen Tag über arbeitete er die Rede durch.   ___/___
3. Lächelnd kam sie auf die Gäste zu.   ___
4. Plötzlich brach die Sonne durch die Wolken durch.   ___/___
5. Der Sommer geht seinem Ende zu.   ___
6. Er rannte uns des Geldes wegen nach.   ___/___
7. Ich lese mich durch dieses dicke Buch durch.   ___/___
8. Zu Beginn sprach er uns Mut zu.   ___/___
9. Meiner Ansicht nach trat er damals zum Buddismus über. ___/___/___
10. Den granzen Monat über hat sie jede Nacht durch nicht schlafen können.   ___/___

4.16 Pronouns
4.161 Personal Pronouns

a. Complete the sentences below with the appropriate possessive or personal pronoun:

1. Das Kind liebt _____ Mutter, _____ gehorcht _____, vertaut _____, ist immer bei _____, kann nicht leben ohne _____.

2. Herr Müller, wo haben _____ _____ schönen Wagen gekauft, mit dem _____ _____ Geschäftsreisen machen? Dürfte ich

einmal mit _____ mitfahren?

3. Warst du gestern in der Oper, Peter? Wie hat _____ _____ gefallen?

4. Liebe Eltern! Ich habe _____ lange nicht gschrieben, aber ich denke oft an _____. Wie geht es _____ und was machen _____ Pläne für _____ neues Haus? Könntet _____ bitte _____ Bücher schicken. Liebe Grüße an _____ und an _____ Gäste, _____ Peter.

5. Ilse liest einen berühmten Roman, aber _____ gefällt _____ nicht, sondern langweilt _____. Lieber möchte _____ das Buch _____ Bruders lesen.

b. Replace the objects in the following sentences with personal pronouns. The accusative pronoun precedes the dative pronoun:

1. Wir zeigen dem Freund das Bild.

   _____

2. Den Kollegen habe ich die Nachricht gegeben.

   _____

3. Der Straßenlärm raubt dem Gelehrten die Ruhe.

   _____

4. Ein Freund hat der jungen Ausländerin die Stadt gezeigt.

   _____

5. Der Briefträger bringt den Leuten Briefe und Zeitungen.

   _____

c. Complete the following sentences with personal pronouns:

1. Magst du diese Bilder? Ich schenke _____ _____ gern.
2. Er darf nicht rauchen, der Arzt hat _____ _____ verboten.
3. Was gibt's Neues? Bitte erzählen _____ _____ _____!
4. Wo ist die heutige Zeitung? Bitte gib _____ _____!
5. Hast du keinen Schirm? Nimm meinen, ich bringe _____ _____.
6. Mein Geld ist weg. Hoffentlich hat _____ _____ niemand gestohlen.
7. Er hat viel für euch getan. Wie konnt _____ _____ _____ lohnen?
8. Ich weiß, daß er sich _____ erinnert.
9. Möchten Sie dieses Buch lesen? Ich borge _____ _____.
10. Wie bunutzt man diese Maschine? Bitte zeigen _____ _____ _____!

d. Rewrite the sentences below. Use es as the grammatical subject and transform the verb phrase into the passive or an impersonal reflexive construction:

1. Man beschloß, nicht länger auf ihn zu warten.

   _____

2. Man kann besser arbeiten, nachdem man gut gegessen hat.
   _____

3. Ich friere, wenn das Zimmer nicht geheizt ist.
   _____

4. Man besprach seine Ideen.
   _____

5. Ohne Geldsorgen kann man besser leben.
   _____

6. Der Student konnte nicht verstehen, warum er durchgefallen war.
   _____

7. Ich war ärgerlich, daß er immer zu spät kam.
   _____

8. Er hat Hunger, und er kauft sich Brot.
   _____

9. Hier kann man gut einkaufen.
   _____

10. Man versuchte, den Verunglückten zu retten.
    _____

4.1611 Reflexive Pronouns

a. Complete the following sentences with the reflexive pronoun corresponding to the subject:
   1. Er sucht _____ einen Platz.
   2. Ich freue _____ auf die Reise und habe _____ über die Vorbereitungen schon Gedanken gemacht.
   3. Leider haben wir _____ verspätet.
   4. Bitte bedient _____ selbst!
   5. Wenn hast du _____ diesen hübschen Hut gekauft?
   6. Herr Peters, bitte ärgern Sie _____ nicht darüber!
   7. Wann läßt du _____ die Haare schneiden?
   8. Das habe ich _____ leichter vorgestellt.
   9. Sie hat _____ damit einverstanden erklärt.
   10. Ich kann _____ diese Dummheit nicht verzeihen.

b. Rewrite the following sentences in the present perfect tense with a reflexive verb:
   1. Er ist in Inge verliebt. Er hat _____ in Inge verliebt.
   2. Bist du schon rasiert? _____
   3. Ich bin sehr erkältet. _____

4. Ist sie jetzt beruhigt? _____
5. Er ist gut vorbereitet. _____
6. Wir sind daran gewöhnt. _____
7. Ich bin gut ausgeruht. _____
8. Seid ihr schon angezogen? _____
9. Er ist immer betrunken. _____
10. Ich bin dazu entschlossen. _____

c. Translate the following sentences into German; use a reflexive predicate:

1. Have you had enough sleep?

2. He broke an arm and cannot dress himself.

3. I've caught an awful cold.

4. They got a divorce.

5. I can't imagine why he fell in love with Eva.

6. He decided to get drunk.

7. Did you see how they kissed?

8. You can answer your question yourself.

9. We like one another and help each other.

10. She could not get used to how he behaved.

4.162 Prepositional Pronouns

a. Compare the da-compounds with English compounds such as 'thereby' and 'thereupon' and comment on whether they are helpful in explaining the German da-compounds.

b. Replace the prepositional phrases with the appropriate prepositional pronouns:

1. Seit seiner Rückkehr aus Amerika hat er noch nicht mit den Großeltern gesprochen.

   _____
   _____

2. Warum hast du mich nicht an die Rechnung erinnert?

   _____

3. Hast du dich schon bei Tante Emma für das Geschenk bedankt?

   _____

4. Wegen des Regens besuchen wir statt des Picknicks unsere Freunde.

   _____
   _____

5. Wir erwarten von der Sekretärin eine Antwort auf unsere Aufrage.

   _____

6. Er kämpfte gegen den Tyrann für die Freiheit.

   _____

7. Hast du mit den Mitgliedern über die Pläne gesprochen?

   _____

8. Während seiner Krankheit kann ich mich nicht auf die Prüfung vorbereiten.

   _____
   _____

9. Denkst du gern an die schönen Ferien?

   _____

10. Sie ist eifersüchtig auf ihren Mann und seinen Erfolg.

    _____

c. Complete the following sentences with the preposition required by the valence of the predicate or by the modifier, and give the correct prepositional pronoun:

   1. Warum hast du meine Bluse gewaschen? Ich hatte dich nicht _____ gebeten.
   2. Wie geht es deinem Bruder? Ich habe schon lange nichts mehr _____ gehört.
   3. Hast du das Buch zuende gelesen? Nein, ich habe erst gestern _____ begonnen.
   4. Neulich habe ich Hans getroffen, ich soll dich _____ grüßen.
   5. Im Sommer haben wir unser Haus renoviert, und die Kinder haben alle _____ geholfen.
   6. Er hat gerade seinen Doktor gemacht. Hast du ihm schon _____ gratuliert?

7. Wir kennen Fräulein Schmitt gut, sie hat früher _____ gearbeitet.
8. Dort steht ein Polizist. Wenden Sie sich _____ !
9. Habt ihr noch meinen Mantel? Ich wollte euch schon lange _____ fragen.
10. Nächstes Jahr fahren wir nach Norwegen. Wir freuen uns schon sehr _____ .

4.163 Determiners as Pronouns

a. Replace the noun phrase with the der-determiner as pronoun:
   1. Wir können unserem Direktor nicht vertrauen. Wir glauben _____ nicht und sind uns _____ nicht sicher.
   2. Hans und Peter haben mich ins Kino eingeladen, aber mit _____ mag ich nicht gehen.
   3. Lieber gehe ich mit Inge, _____ ist nett.
   4. Er hat uns Wein gebracht. _____ war nett von ihm.
   5. Fritz ist hilfsbereit. Durch _____ habe ich meine Bücher wiedergefunden. Ich muß _____ noch danken.

b. Complete the following sentences with derselbe or der gleiche in the appropriate form:
   1. Er geht mit Inge in _____ Schulklasse. Vor 20 Jahren hat seine Mutter in _____ gessessen.
   2. Ilse und ich haben _____ Geschmack. Sie hat sich neulich _____ Kleid gekauft wie ich.
   3. Zwillinge sind Geschwister, die an _____ Tag geboren sind.
   4. Er möchte das Wiener Schnitzel. Bitte geben Sie mir _____ !
   5. Studienkollegen sind Studenten, die an _____ Universität studieren und _____ Ziele haben.

c. In questions, welch- means 'which?'; in exclamations, it is uninflected and followed by an ein-determiner and means 'what a!'; as a pronoun, it means 'some' or 'any.' Complete the sentences below with the correct form:
   1. _____ herrlicher Tag heute ist!
   2. Mit _____ Wagen fahren Sie in die Stadt?
   3. Sie hat drei Stück Kuchen. Ich möchte auch _____ haben.
   4. Brauchst du Zigaretten? Ich kann dir _____ aus der mitbringen. _____ rauchst du am liebsten?
   5. _____ verrückten Hut Frau Müller heute trägt! Frau Schneider hat auch Hüte, aber sie trägt nie _____ .

4.164 Indefinite Pronouns

Translate the following sentences into German, using indefinite pronouns:

1. "Everyman" is a famous drama by Hugo von Hofmannsthal.

2. Nobody famous was in the picture which was praised by everybody.

3. Someone is knocking. Can't anybody open the door? Somebody open the door! I don't want to talk to anybody.

4. Could you please give me some money? I have nothing good to eat and I'd like to buy something.

5. What would you like to drink? Anything, but some red wine would be nice.

6. This is not everybody's idea of something positive.

7. When he is sick, he insults people and does not want to see anybody or anything.

8. We did not find out anything at all. We could not ask anybody nor request anybody's help.

9. One should really be more grateful to him, since he always helps people and makes everybody's troubles his own.

10. Don't complain that you aren't somebody rich and famous!

4.165 Interrogative Pronouns

a. Write questions which elicit the underlined constituents of the following sentences:

1. Peter hat sich bei Tante Minna für das Buch bedankt.

2. Die ersten Frühlingsblumen sind die Schneeglöckchen.

3. Wir gehen mit unserm besten Freund im Zoo spazieren.

4. Gestern trug Frau Moser einen hellgrünen Mantel.

5. Er kann nicht mit Inge ins Kino gehen. Er muß arbeiten.

6. Die Opern Verdis sind weltbekannt und erfolgreich.

7. Wegen seiner Freundlichkeit helfen wir dem Lehrer gern.

8. Ich habe Hänschen einen Groschen für Eis gegeben.

9. Um 9 Uhr kommt sie ohne Hausaufgaben zu uns.

10. Trotz des guten Wetters bleiben wir wegen seiner Krankheit zu Haus.

b. Translate the following sentences into German:
   1. What did you do that for?

   2. Because of which order must he leave?

3. How come he failed the exam?

4. Whose book is that?

5. What could she mean by that?

6. With whom did you discuss the matter?

7. What pot should I cook this in?

8. When and where can I meet you?

9. What are you waiting for?

10. What letters do you expect?

4.17 Coordination of Noun Phrases

Translate the following sentences into German:

1. Neither he nor I knew the answer.

2. He was rich as well as good looking.

3. He wants to buy either a piece of land or a small farm.

4. She is not only my friend but also my esteemed colleague.

5. Could you or they bring the book along?

6. Husband, wife and children sat down to eat.

7. Their requests were neither modest nor reasonable.

8. No, I want neither this nor that.

9. He is neither a good nor a successful worker.

10. They breed horses as well as donkeys and very famous cows.
___

4.2 Use and Function of Forms in the Noun Phrase
4.21 Use of Nouns

a. Match the right column with the left:

1. functional category	1. adverb
___ ___ ___	2. der-determiner
	3. preposition
2. functional marker	4. case
	5. past participle
___ ___ ___	6. number
3. specifier	7. genitive
	8. pronoun
___ ___	9. ordinal number
	10. present participle
___ ___	11. apposition
4. modifier	12. prepositional phrase
	13. ein-determiner
___ ___	14. case
	15. adjective
___ ___	
5. Replacement	
___	

b. Which of the above are uninflected?

___ ___

c. In what instances do the English equivalents of the above show inflection?

___ ___

4.211 Nominalization

a. Replace the verb phrase with verb+accusative object:

1. Der Professor referierte über die Atomforschung.
___

2. Er beschloß, nach Amerika auszuwandern.
___

3. Sie stimmten unserem Plan zu.
___

4. Wir interessieren uns sehr für Mythologie.
___

5. Er warf ihr vor, daß sie zu viel Geld ausgibt.
___

6. Die Polizei kann die Schuld des Angeklagten nicht beweisen.
___

7. Die Opposition kritisierte die Regierungspartei aufs schärfste.
___

8. Sie konnte nicht entscheiden, wer das tun sollte.

9. Ich bevorzuge dieses Restaurant.

10. Er bezweifelte den Erfolg des Experiments.

b. Replace the verb+noun construction with a verb:
   1. Bitte geben Sie mir sofort Nachricht, wenn sie es wissen.

   2. Wir haben ihm den Auftrag gegeben, unser Haus zu bauen.

   3. Die Leistungen der Sportler machten großen Eindruck auf das Publikum.

   4. Darf ich Ihnen zur Promotion meinen Glückwunsch aussprechen?

   5. Man sollte dieser Tatsache nicht zu geringen Wert beimessen.

   6. Seine Tüchtigkeit hat großen Einfluß auf die Firma ausgeübt.

   7. Könnten Sie einen Eid darauf leisten?

   8. Er erteilte ihn die Vollmacht, den Vertrag abzuschließen.

   9. Was gibt dir das Recht zu so scharfer Kritik?

   10. Wir haben einen Antrag auf neue Reisepässe gestellt.

c. Choose the appropriate verb for the verb+prepositional phrase construction from the following list:
   bringen, gehen, geraten, ziehen, stellen, kommen, setzen, geben
   1. Unser Wunsch ist schnell in Erfüllung _____.
   2. Auf der nassen Straße _____ der Wagen ins Schleudern.
   3. Er will nicht damit in Verbindung _____ werden.
   4. Ich möchte Ihre Zeit nicht langer in Anspruch _____.
   5. Die Produktion _____ überraschend schnell in Gang.

6. Er _____ seine Arbeiter rücksichtslos unter Druck.
7. Diese Ereignisse sind bereits in Vergessenheit _____.
8. Niemand _____ in Zweifel, daß das richtig war.
9. Man muß diese Schwierigkeiten in Kauf _____.
10. Auch diese Möglichkeit sollte in Betracht _____ werden.
11. Bitte _____ diesen Punkt bald zur Diskussion!
12. Sollten wir die Herstellung des Produkts in Auftrag _____?
13. Beim Umzug ist ihr gutes Geschirr zu Bruch _____.
14. Er wollte mich mit dieser Frage auf die Probe _____.
15. Wenn du dich nicht zur Wehr _____, glaubt man, du bist doch schuldig.
16. Er hat mir sein Sommerhaus zur Verfügung _____.
17. Man _____ in Versuchung, zu viel zu kaufen.
18. Nur langsam _____ sich der Zug in Bewegung.
19. Es _____ außer Frage, daß alles teurer wird.
20. Mit sechzig _____ er sich zur Ruhe.

4.22 Use of Adjectives

a. Would it be practical and desirable to use different terminology for 'adjective in the noun phrase' versus 'adjective in the verb phrase,' as well as 'participle in noun phrase' and 'participle in verb phrase'?

_____

b. To illustrate the change of grammatical class (e.g., from adjective to noun) of many words, sort out the following words and place them in the proper category of their origin:

Anliegen, Hammel, Leutnant, aber, willkommen, Datum, während, Stahl, Eltern, Interesse, Ufer, Souper, verrückt, Wesen, Gram, Geier, Major, untertan, intelligent, Vermögen, Jünger, verlegen, Heiland, Greis, Vergnügen, Herr, erhaben, abwesend, Feind, Aperitif.

1. ORIGINAL ADJECTIVE	2. ORIGINAL PAST PARTICIPLE	3. ORIGINAL PRESENT PARTICIPLE
_____	_____	_____
_____	_____	_____
_____	_____	_____
_____	_____	_____
_____	_____	_____
_____	_____	_____

4. ORIGINAL INFINITIVE

_____
_____
_____
_____
_____
_____
_____

5. ORIGINAL COMPARATIVE

_____
_____
_____
_____
_____
_____
_____

4.23 Use of Functional Markers
4.231 Use of Determiners

Provide the appropriate determiner where necessary and indicate where no determiner is used:

1. _____ Reise in _____ Alpen, in _____ Schweiz, oder nach _____ Österreich ist schön.
2. Er hat _____ Talent. Sicher wird er _____ Künstler, vielleicht _____ großer Musiker.
3. Ich mag _____ schwarzen Kaffee nicht; ich trinke _____ Kaffee immer mit _____ Zucker und _____ Sahne.
4. Mittelalterliche Städte sind _____ herrliche Rothenburg und _____ hübsche Dinkelsbühl in _____ Bayern.
5. In _____ Vereinigten Staaten gibt es _____ größten Wolkenkratzer in _____ Welt.
6. _____ Rhein fleißt durch _____ Deutschland und _____ Niederlande und mündet in _____ Nordsee.
7. _____ höchste Berg in _____ ganz Deutschland ist _____ Zugspitze in _____ Bayrischen Alpen.
8. _____ Ring ist aus _____ Platin, _____ _____ kostbarsten Metalle _____ Welt.
9. _____ Titanic ist mit _____ Mann und _____ Maus in _____ Atlantischen Ozean versunken.
10. Nach _____ Mittagessen ißt sie immer _____ Orange.

4.232 Use of Prepositions

a. Complete the following clauses using the correct preposition and determiner or adjective ending:

1. Dieses Buch führt _____ d___ Grundbegriffe der Physik ein.
2. Am Jahresende scheidet er _____ unser___ Betrieb aus.
3. Man ist _____ dies___ Plan abgekommen.
4. Der _____ d___ Zirkus ausgebrochen___ Bär wurde wieder eingefangen.

5. Sie hat den Kuchen _____ sechs gleiche Teile eingeteilt.
6. _____ d___ Blumentopf hat sie die Erde fest eingedrückt.
7. Sie will _____ ihr___ Entschluß nicht abweichen.
8. Der Preis ist _____ d___ Paket aufgedruckt.
9. Das Schiff ist im Nebel _____ d___ Eisberg aufgelaufen.
10. Bitte ziehen Sie _____ dies___ Rechnung 10 % ab!

b. Complete the story with prepositions:
1. Herr Meier arbeitet _____ Montag _____ Freitag _____ einem Büro.
2. _____ acht Uhr beginnt er _____ seiner Arbeit, und _____ ein und zwei Uhr hat er Mittagspause.
3. _____ dieser Pause geht er _____ seinem Kollegen _____ Mittagessen _____ ein Gasthaus _____ der Nähe.
4. _____ des Essens unterhält er sich _____ ihm _____ seine Urlaubspläne.
5. _____ diesem Sommer will er _____ Beispiel _____ die Nordsee reisen.
6. _____ zwei Jahren war er schon einmal dort.
7. Sein Kollege erzählt _____ seiner Familie.
8. _____ dem Essen rauchen sie eine Zigarette; dann gehen sie _____ Büro zurück.
9. Herr Meier wartet heute ungeduldig _____ das Ende der Arbeitszeit.
10. _____ des Windes _____ Meer will er sich einen Mantel kaufen.
11. _____ der Straßenbahn fährt er _____ dem Büro _____ einem guten Herrengeschäft.
12. Er tritt _____ das Geschäft ein und fragt _____ einem Mantel.
13. _____ langem Suchen findet er einen Mantel _____ Hellgrau _____ einem günstigen Preis.
14. Er verabschiedet sich _____ dem höflichen Verkäufer und zahlt _____ der Kasse.
15. _____ seinen neuen Mantel freut er sich sehr.
16. _____ Sonntag zieht er ihn _____ des warmen Wetters an.
17. Er geht _____ Nachmittag _____ ein kleines Café und hängt den Mantel _____ einen Haken _____ der Tür.
18. Er ißt und trinkt _____ großem Appetit.
19. Plötzlich erschrickt er: Der Mantel hänge nicht mehr _____ dem Haken.
20. Ein Herr sagt _____ ihm: "Dort _____ der Ecke saß ein junger Mann; er ist _____ fünf Minuten weggegangen.

21. Er hat einen Mantel _____ diesem Haken mitgenommen. Aber da hängt ja noch ein Mantel."
22. Sicher hat der junge Mann _____ seines Mantel den Mantel _____ Herrn Meier angezogen.
23. Er ruft den Wirt und sagt _____ zorniger Stimme: "Ein Mann ist _____ meinem Mantel _____ Ihrem Café fortgegangen.
24. Ich habe den Mantel _____ einigen Tagen _____ 150 Mark gekauft.
25. Ich muß Sie _____ 150 Mark bitten."
26. _____ diesem Augenblick kommt ein junger Mann _____ die Tür.
27. Er hat einen hellgrauen Mantel _____ der Hand.
28. Er entschuldigt sich Herrn Meier _____ sein Versehen.
29. Herr Meier freut sich und bestellt _____ dem Wirt eine Flasche Wein _____ sich und den jungen Mann.
30. _____ diesem Erlebnis hängt Herr Meier seinen Mantel _____ einem Gasthaus nicht mehr _____ den Haken, sondern legt ihn _____ sich _____ einen Stuhl.

4.24 Use of Functional Categories
4.241 Use of Number

a. Collective terms can be morphologically singular or plural. To indicate one entity of the collective, a singular can be formed by -stück, -art or -sorte, or by using a noun which denotes one part of the collective.

Rewrite the following in the singular:

1. Diese Möbel sind besonders wertvoll.

2. In den Ferien sollte man sich erholen.

3. Die Polizei ist unser Freund und Helfer.

4. Ich liebe diesen Schmuck sehr.

5. Dieses ausländische Obst wird immer teurer.

6. Das Publikum klatschte begeistert.

7. Hier sind Niederschläge besonders häufig.

8. Seine Eltern sind ins Gebirge gefahren.

9. Ein Förster muß den Wald gut kennen.

10. Im Herbst verlieren einige Gehölze ihr Laub.

b. Translate the following sentences into German:
   1. That'll be twelve marks and twenty four pennies.

   2. He is two meters tall and weighs 210 pounds.

   3. Give me two liters of milk and three bars of soap!

   4. He bought two dozen shirts, ten pairs of socks and one pair of pants.

   5. She drank three cups of coffee and ate four pieces of cake.

   6. In his cellar he has two barrels of beer and hundreds of bottles of wine.

   7. It's twenty degrees below zero and we have three meters of snow.

   8. He destroyed hundreds of books and broke two precious glasses.

   9. After saving for two years, he still had only a few pennies.

   10. No, we won't accept dollars; please pay with marks!

4.242 Use of Case
4.2421 - 4.2424 Use of Nominative - Genitive

Identify the case of the underlined noun phrases and indicate how you could identify the case by (1) overt case markers, (2) the valence of the predicates, (3) congruence, (4) prepositions, or (5) other clause constituents:

1. Hans hat zwei Mäntel aus Leder.

2. Drei Studenten hat Inge um Hilfe gebeten.

3. Diese Reise kostete Frau Meier zweitausend Mark.

4. Hohe Steuern berauben erfolgreiche Firmen aller Profite.
   _____ _____ _____

5. Langweiligen Sendungen hört Tante Minna nicht gern zu.
   _____ _____

6. Von Frankreich fuhr Fräulein Müller nach England.
   _____ _____ _____

7. In Italien ließ Fritz sich zwei Anzüge machen.
   _____ _____ ____ _____

8. Mein Lehrer war damals auch Schuldirektor.
   _____ _____

9. Hat Frau Peters Firma Meier Drohbriefe geschreiben?
           _____ _____

10. Rehe grasten in Wald und Feld.
    ____   ____ ___ ____

4.25 Use of Pronouns

Replace the underlined noun phrases with the pronouns as indicated:

1. (pers. pron.): Mein Vater und seine Schwester sind in Italien.
   _____

2. (prep. pron): Wegen seiner Armut bat er um Almosen.
   _____

3. (poss. pron): Bitte gib mir das Buch deines Bruders!
   _____

4. (inter. pron): Ich helfe Ihnen gern bei der Arbeit.
   _____

5. (det. as pron.): Mit Else will ich nicht sprechen.
   _____

6. (refl. pron.): Er fragt sie, warum das geschah.
   _____

7. (prep. pron): Ich warte auf Nachricht von meinen Eltern.
   _____

8. (inter. pron.): Sie wohnen schon lange in England.
   _____

9. (manch-): Viele Leute fürchten eine Inflation.
   _____

10. (pers. pron.): Ich habe den Film und das Drama gesehen.
    _____

4.3 The Noun Phrase as Syntactical Unit
4.31 - 4.324 Subject - Prepositional Object

a. In a clause, can one predicate have
   1. two or more subjects? _____
   2. two or more accusative objects? _____
   3. two or more predicate nominatives? _____
   4. two or more dative objects? _____
   5. two or more prepositional objects? _____
   6. two or more noun phrases as modifiers? _____

b. Give the appropriate interrogative pronoun that elicits the syntactical units:

SYNTACTICAL UNIT	INTERROGATIVE	
	PERSON	THING
1. SUBJECT	_____	_____
2. ACCUSATIVE OBJECT	_____	_____
3. DATIVE OBJECT	_____	
4. GENITIVE OBJECT	_____	
5. PREPOSITIONAL OBJECT	_____	_____

4.33 - 4.331 Noun Phrases as Modifiers - Prepositional Phrases as Modifiers

a. Use the noun phrases in parentheses as modifiers in the accusative or genitive:
   1. (ein Kilometer): Wir sind _____ zu Fuß gegangen.
   2. (ein Tag): Er wird noch _____ zurückkehren.
   3. (ein Monat): Sie ist schon _____ in Deutschland.
   4. (jeder zweite Tag): Sie kommen nur _____ zur Schule.
   5. (eine Nacht (!)): _____ wachten wir wegen des Sturms auf.
   6. (ein Zentimeter): Er streicht die Butter _____ dick auf sein Brot.
   7. (ein Pfennig): Diese alten Sachen sind nicht _____ wert.
   8. (der Morgen): Das Aufstehen fällt ihm _____ schwer.
   9. (ein Meter siebzig): Ich bin _____ groß.

10. (kein Augenblick): Wir können _____ mehr warten.

b. Translate the following clauses into German and indicate what type of modifier each prepositional phrases is:

1. He forgot his books in his desk at school.
   _____ _____

2. I need different clothes for this work.
   _____ _____

3. Without Peter's help, you would not have managed it.
   _____ _____

4. She called us at three o'clock in the morning.
   _____ _____

5. Because of the cold, we should have built a fire.
   _____ _____

6. She screamed with anger and fear.
   _____ _____

7. He sleeps till noon in spite of his upcoming exam.
   _____ _____

8. Meet me after dinner by the train station!
   _____ _____

9. Why don't you cut the string with the sissors?
   _____ _____

10. He has not been at work for four weeks.
    _____ _____

4.34 Valence of the Noun Phrase

Complete the sentences with the appropriate preposition and supply the correct endings of determiners:

1. Ich habe großen Appetit _____ ein Wiener Schnitzel.
2. Die Erinnerung _____ unser___ Flucht _____ d___ feindlichen Armeen ist schmerzlich.
3. Unser Gespräch _____ sein___ Erfolg war verfrüht.
4. Sie hat große Freude _____ ihr___ neuen Wagen, aber große Angst _____ d___ Verkehr _____ d___ Stattmitte.
5. _____ Andenken _____ d___ Reise kaufte sie Löffel.
6. Seine Antwort _____ unser___ Frage _____ d___ Verbleib der Waren war unbefriedigend.
7. Die Kosten _____ d___ Umbau sind zu hoch.
8. Er verweigert die Aussage _____ sein___ Wohnort.
9. _____ seine Krankheit verzögerte sich die Arbeit _____ sein___ Dissertation und die Vorbereitung _____ d___ Prüfung.

10. Ich gebe Ihrer Bitte _____ ein ____ Einführung _____
    d___ Grammatik gern nach.

4.4 Modification of the Noun Phrase
4.41 Adverbs Modifying Noun Phrases

a. Translate the following clauses into German and use emphatic adverbs to modify the noun phrase:

1. That has just happened to the nicest people.

2. His wife bought really the most expensive dress.

3. Just the newest car the thieves had to steal.

4. Do they have any children at all?

5. That man is indeed not worthy of the trust.

b. Translate the following sentences and use restrictive adverbs:

1. Only the best students get scholarships.

2. She has been here for only an hour.

3. He is too young. He doesn't yet have a driver's license.

4. They wanted only advice.

5. He died when he was only five years old.

c. Complete the clauses below with the following modifier adverbs: rechts, da, von heute, geradeaus, heutzutage, morgens, herunter, ganz vorn, hinein, oben, dort:

1. Wo ist denn die Zeitung _____?
2. Dieser Herr _____ ist mir unbekannt.
3. Die Jugend _____ lebt anders als ihre Eltern.
4. Sie sitzen immer im Theater _____.
5. Eilig rannte sie die Treppen _____.
6. Auf unser Dach _____ wünsche ich mir einen Wetterhahn.
7. Gehen Sie die Straße _____, dann _____ um die Ecke!

8. Bitte zeigen Sie mir die blaue Bluse _____!
9. Die erste Klasse _____ sollte nicht langweilig sein.
10. Wie konnten die Diebe ins Haus _____ kommen?

4.42 Noun Phrases modifying Noun Phrases
4.421 Apposition

a. Complete the sentences using determiners and supply appropriate adjective endings:

1. Die Konferenz fand in Wien, _____ Hauptstadt Österreichs, statt.
2. Sie wollen ein Kind, _____ klein____ Jungen, adoptieren.
3. Sein Reiseziel ist Hamburg, _____ alt____, schön____ Hansestadt.
4. Auf Peter, mein____ best____ Freund, ein____ Regierungsdirektor, wurde ein Mordanschlag geplant.
5. Wegen seiner Erkrankung, vermutlich ein____ Nervenentzündung, konnte er nicht an der Sitzung, d____ wichtigst____ des Jahres, teilnehmen.
6. Er fährt gern nach Holland, _____ Land der Tulpen.
7. Für seine Dissertation, ein____ wesentlich____ Beitrag zur Geschichte, bekam er einen Preis.
8. Von dem Verbrecher, d____ Boss einer Bande, fehlt jede Spur.
9. Gestern sah ich sie in Begleitung unserer Nachbarn, ein____ reizend____, alt____ Ehepaar____.
10. Anstatt seines Bruders, ein____ erfolgreich____ Juristen, hat Fritz, d____ erfolglos____ Faulpelz, seine Eltern beerbt.

b. Complete the appositions:

1. Wenden Sie sich an Herrn Schmitt als unser____ Spezialisten.
2. Man rühmte ihn als ein____ mutig____ Kämpfer für die Freiheit.
3. Wir sprachen mit dem Direktor als d____ Verantwortlich____.
4. Ich habe ihm als d____ Ältest____ den Vortritt gelassen.
5. Nur Dr. Hansen als d____ behandelnd____ Arzt kann das entscheiden.

c. Fill in the appositions:

1. (der Fromme, der Große, der Kaiser, der Deutsche, der Kahle): Ludwig _____, der Sohn Karls _____, teilte das Reich unter seine drei Söhne: Lothar _____, Ludwig _____ und Karl _____.

2. (der Fünfte, der Herr über Europa und Amerika): Im Reich Karls _____, _____, ging die Sonne nicht unter.

3. (der Achte, der König von England, der zuvor einzige Glaube):
   Wir sprachen von Heinrich _____, der als _____
   _____ mit der katholischen Kirche, _____ brach.
4. (der Erste, der Zweite): Die Münchner Ludwigstraße ist nach
   König Ludwig _____ bennant, und die Maximilianstraße
   erinnert an König Maximilian _____.
5. (der Große, ein bodenschatzreiches Land): Wegen der Kriege
   Friedrichs _____ wurde Schlesien _____,
   deutsch.

d. Complete the appositions with the determiner:
   1. Die Konferenz wurde für Donnerstag, _____ 2. Mai, geplant.
   2. Wir mußten unsere Feier auf Dienstag, _____ 12. April,
      verschieben.
   3. Geben Sie die Anträge bis Freitag, _____ 20. August, ab!
   4. Am 19. Oktober, ein _____ Sonntag, trafen wir uns im Haus der
      Eltern.
   5. Könnten Sie uns am kommenden Montag, _____ 15. Juni,
      Bescheid geben, ob Sie für Donnerstag, _____ 19. Juni,
      die Kollegen zusammenrufen können?

4.422 Genitive Modifier

a. Form the genitive modifier:
   1. Das Buch gehört meiner kleinen Schwester
      Das ist das _____
   2. Dieser ausländische Student kam mit dem Fahrrad.
      Dort steht _____
   3. Ihr neues Haus hat zwei Schornsteine.
      Siehst du _____?
   4. Der Radioapparat gehört unserem netten Mieter.
      Bitte spiele nicht mit _____!
   5. Meine Kinder haben eine besonders gute Leherin.
      Heute treffe ich mich mit _____
   6. Die Schüler in dieser Klasse haben gute Arbeiten geschrieben.
      Dort liegen _____
   7. Das Auto dort drüben gehört Onkel Otto.
      Wo ist _____?
   8. Meine Mutter hat eine Schwester. Ihre Tochter ist meine Kusine.
      Meine Kusine ist _____
   9. Die großen Geschäfte haben hellerleuchtete Schaufenster.
      Wir sehen gern in _____

10. Großvater findet seine Zigarren nicht.

   Wo sind _____

b. Form the plural and note that von + dative must be used when no determiner or adjective precedes the noun:

1. Die Größe eines Kontinents war früher schwer zu ermessen.

   _____

2. Die Arbeit eines Schülers ist nicht so gut wie die eines Professors.

   _____

3. Die Bewohner einer großen Stadt sind oft einsamer als die Bewohner eines kleinen Dorfes.

   _____

4. Die Arbeit eines Tages ist oft unbefriedigend.

   _____

5. Das Möblieren eines neuen Hauses kann sehr teuer sein.

   _____

6. Das Versprechen eines Erwachsenen ist verläßlicher als das eines kleinen Kindes.

   _____

7. Das Erlernen einer fremden Sprache ist nicht leicht.

   _____

8. Die Vorhersage eines Wetterberichts ist oft falsch.

   _____

9. Das Schreiben eines Buches erfordert die Geduld eines Engels.

   _____

10. Das Blühen einer schönen Rose erfreut uns im Sommer.

    _____

4.423 Prepositional Modifiers

a. Translate the clauses below into German and indicate what type of prepositional modifier is used:

1. The train from Berlin has just arrived.

   _____

2. Can you give me some medicine for a sore throat?

   _____

3. Students are tired in classes in the afternoon.

   _____

4. She spoke with a man in a black suit.

5. He wants a job with much responsibility.

6. Her arrival in spite of the late hour pleases us.

7. For once I'd like a dinner without interruption.

8. He always smokes cigarettes with filters.

9. His work for the town satisfied him greatly.

10. The plane flew over the border between Germany and Austria.

b. Transform the second clause into a constituent of the noun phrase in the first clause, e.g.: Sie zieht ein neues Kleid an. Das Kleid ist frisch gereinigt.: Sie zieht ein frisch gereinigtes Kleid an.

1. In den Straßen herrscht viel Verkehr. Die Straßen sind in der Stadtmitte besonders eng.

2. Hat man die Verbrecher wieder gefaßt? Sie sind aus dem Gefängnis geflohen. Das Gefängnis ist in der Kreisstadt.

3. Er holte sein Fahrrad aus der Garage. Die Garage ist hinter dem Haus. Das Fahrrad war sein liebstes Verkehrsmittel.

4. Sie legte die Eier in Wasser. Die Eier waren fürs Frühstück. Das Wasser kochte gerade.

5. Die Demonstranten durchbrachen die Absperrung. Die Polizei führte die Absperrung durch. Man demonstrierte gegen Krieg.

4.43 Negation of the Noun Phrase

Negate the underlined constituents of the noun phrases in the following sentences:

1. Sie entdeckte einen zu seinen Lebzeiten <u>bekannten</u> Dichter.

   _____

2. <u>Durch Geld und gute Worte</u> konnte man uns überzeugen.

   _____

3. Ich besitze <u>ein Auto</u>.

   _____

4. Er hat <u>einen Roman</u> und eine Novelle geschrieben.

   _____

5. Wir hörten von seinem uns <u>sehr</u> erstaunenden Erfolg.

   _____

6. <u>Einer</u> von seinen Söhnen wird die Firma übernehmen.

   _____

7. Sie wurde <u>durch das Telefon und durch Besucher</u> gestört.

   _____

8. Weihnachten essen wir <u>einen Puter</u> oder eine Gans.

   _____

9. <u>Alle</u> freuen sich über den Schnee im Winter.

   _____

10. Ich habe <u>von ihm und von ihr</u> Post erhalten.

    _____

CHAPTER FIVE

5. SENTENCES AND CLAUSES
5.1 Sentences

Define the following terms:

1. Sentence _____
2. Clause   _____
3. Phrase   _____
4. Construction _____

5.11 Constituents of Sentences

Separate the syntactical constituents of the following clauses or sentences by slashes and write under each constituent what it is, e.g. 'subject,' 'predicate,' 'modifier,' etc.

1. Unserem lieben Großvater haben wir zum Geburtstag gratuliert.

2. Wer hat dem Briefträger die Tür geöffnet?

3. Sehr müde bin ich heute, denn ich habe schlecht geschlafen.

4. Bitte kommt nicht vor 8 Uhr!

5. Sie fahren morgen zur Büchermesse nach Frankfurt.

5.2 Main Clauses
5.21 Types of Main Clauses

a. Identify the types of main clauses below as type 1 or 2:
   1. Heute kann er sicher nicht kommen. _____
   2. Mit welcher Absicht hat er das getan? _____
   3. Wäre doch bloß das Wetter besser! _____
   4. Würdest du ihn bitte von uns grüßen? _____
   5. (Riefe er an), wäre ich froh. _____
   6. Ganz ohne Bedingungen kann das nicht sein. _____
   7. Müssen Sie das wirklich machen? _____
   8. (Als sie Kinder waren), lebten sie in Paris. _____
   9. Beantworten Sie bitte den Brief sofort! _____
   10. Wirklich schwer krank war er. _____

b. Mark Twain made numerous observations about the German language. Here is one of them:

   "The Germans have an inhuman way of cutting up their verbs... They take part of the verb and put it down here, like a stake, and they take the other part of it and put it yonder like another stake, and between these limits they just shovel German."

   1. What type of clause does Mark Twain describe?
   _____

   2. What form of the verb constitutes his first "stake"?
   _____

   3. What part of the predicate is the second "stake"?
   _____

   4. What constituents of clauses are "shoveled between the stakes"?
   _____
   _____

5.211 Communicative Function

a. Identify the communicative modes of the following clauses by indicating whether they are (1) statements, (2a) alternative questions, (2b) word questions, (3) imperatives or (4) exclamation:
   1. Wo hast du denn dieses hübsche Kleid gekauft... _____
   2. Ach, das ist aber nett von Ihnen... _____
   3. Kannst du mir denn das nicht erzählen... _____
   4. Beauftragt Firma Müller damit... _____
   5. Das war uns gänzlich unbekannt... _____
   6. Fahren wir mit dem Auto oder dem Bus... _____

7. So ein gutes Essen hat sie gekocht... _____
8. Zu welchem Zeitpunkt können Sie liefern... _____
9. Könnten Sie doch mitgehen... _____
10. Sie fragte ihn mehrmals danach... _____

b. Answer the following questions positively or negatively, as indicated:
1. Haben Sie denn die heutige Zeitung nicht gelesen?
   (pos.) _____
2. Hast du auch Milch vom Laden mitgebracht?
   (neg.) _____
3. Werden Sie nächstes Jahr nach Europa reisen?
   (pos.) _____
4. Werdet ihr ihn denn nicht an der Uni sehen?
   (pos.) _____
5. Wäre denn das nicht auch möglich?
   (pos.) _____
6. Hat er wirklich damals keinen Erfolg gehabt?
   (pos.) _____
7. War sie vorige Woche noch in Frankreich?
   (neg.) _____
8. Ist diese Geschichte nicht ungewöhnlich?
   (pos.) _____
9. Hast du schon den Tisch gedeckt?
   (neg.) _____
10. Wollten Sie mit dem Direktor sprechen?
    (pos.) _____

5.22 Position of Constituents in Main Clauses
5.221 Position of Predicate

Construct main clauses of type 2 in the tenses and voices given; underline the predicate:

1. Present active: Lehrer, aufstehen, jed- Morgen, früh, sehr.
   _____

2. Present perfect active: Du, dein- Mutter, Erlaubnis, müssen, bitten.
   _____

3. Future passive: Ich, er, nicht, können, Schule, begleiten.
   _____

4. Past perfect passive: Häuser, Krieg, aufbauen, wieder.

5. Future passive: Wollen, Inge, Abendessen, einladen.

6. Past perfect active: Wir, sie brauchen, fragen, nicht.

7. Simple past active: Direktor, Untersuchung, durchführen.

8. Future perfect passive: Fritz, Ilse, antreffen.

9. Simple past passive: Brief, Briefträger, bringen.

10. Present perfect passive: Sie, Geschenk, danken, sollen.

5.222 Position of the Subject

Rewrite the following main clauses as type 2 by positing the subject, the objects, the modifiers, or predicate constituents (the latter when possible) in the first slot:

1. Singen viele Männer beim Baden?

2. Im Herst sind die Farben der Bäume am schönsten.

3. Die Nächte werden schon im September immer kälter.

4. Hat ihn denn der Bote gestern nicht angetroffen?

5. Wegen ihrer Schmerzen muß sie gleich den Arzt anrufen.

5.223 Position of Objects

Construct main clauses from the vocabulary given, placing the objects in the inner slots. Rewrite the clauses and replace one, then both objects by pronouns, e.g.

Wir, Freund, Zeitung, bringen.:
Wir bringen dem Freund die Zeitung.
Wir bringen sie dem Freund.
Wir bringen ihm die Zeitung.
Wir bringen sie ihm.

1. Direktor, Ausländer, gestatten, Eintitt.

2. In, Straßenbahn, Herr, überlassen, Platz, Dame.

3. Erste Hilfe, bringen, Verunglückter, Feuerwehr.

4. Lehrer, Kollege, gute Neuigkeit, erzählen.

5. Mutter, Kinder, für, Unordnung, bestrafen.

5.224 Position of Modifiers

a. Construct main clauses in which the modifiers are in the inner slots in the following sequence: (1) modifier of time, (2) of cause/condition/purpose/contrast (3) of mood and (4) of place:

1. Kinder, in, Schule, mit, Freunde, gern, bei Sonnenschein, gehen

2. Wahrscheinlich, sie, heute, vergeblich, zu, ich, kommen.

3. Wegen, schlechte Augen, Kind, bekommt, gestern, Brille, von, Arzt.

4. Trotz, Gefahr, er, Versuch, ohne, Angst, in, Labor, jetzt, machen.

5. Bei, starker Verkehr, wir, fahren, täglich, zweimal, in, Stadt.

b. The accumulation of as many modifiers in the inner slots as in the clauses above is not particularly good style. How can it be be improved?

5.2241 Emphatic Positions

a. Move the underlined constituent into the first slot of the main clause for emphasis:

1. Er wird nicht mitgehen wollen, sondern zu Haus bleiben.

2. Unter diesen Umständen sollte man damit zufrieden sein.

3. Er hat mir meinen alten Tisch repariert.

4. Man sollte wirklich seinen Eltern dankbarer sein.

5. Sie hat das ganz ohne Hilfe erledigen können.

6. Man hat ihnen mit dem Gerichtsvollzieher gedroht.

7. Ich kann ihm das nicht verzeihen.

8. Nicht alle seine Erzählungen haben wir ihm geglaubt.

9. Sie war von dieser Nachricht erschüttert.

10. Wir wollen aber trotzdem einkaufen gehen.

b. Move the underlined constituents into the emphatic pre-terminal slot:

1. <u>Dagegen</u> hat er sich ausdrücklich gewehrt.

2. <u>Das Leben</u> erschien ihm an jenem Morgen besonders schön.

3. <u>Das Publikum</u> war von der Vorstellung begeistert.

4. <u>Damals</u> wollte er das mit Gewalt erzwingen.

5. Sie hat <u>ihrer Tante</u> einen neuen Schal versprochen.

5.2242 Position of Negation

Negate the whole clause instead of just one constituent:

1. <u>Nicht absichtlich</u> hat er ihr <u>wehgetan</u>.

2. <u>Nein, das</u> ist nicht seine <u>Stimme</u>.

3. <u>Warum hast es nicht</u> Frau Peters <u>gegeben</u>?

4. <u>Man kann ihn</u> um keinen <u>Gefallen bitten</u>.

5. <u>Nicht ohne schwere Arbeit</u> kann man ein <u>Ziel erreichen</u>.

6. <u>Man sollte nicht</u> in diesem <u>Laden einkaufen</u>.

7. <u>Bitte ruf uns nicht</u> nach neun <u>Uhr an</u>!

8. <u>Hast du nicht ihm</u> das <u>Geld gesandt</u>?

9. <u>Man soll sich nicht</u> zu sehr <u>darüber aufregen</u>.

10. <u>Undurchführbar erscheint</u> mir dieser <u>Plan</u>.

5.23 Coordination of Main Clauses
5.231 Coordinating Conjunctions

a. Connect the main clauses using the coordinating conjunctions indicated:

1. (und): Sie beklagte den Tod ihres Vaters. Sie weinte.
   _____

2. (nicht...sondern): Hans kommt jetzt. Hans kommt erst später.
   _____

3. (oder): Sollen wir anrufen? Sollen wir Inge schicken?
   _____

4. (denn): Ich bin böse. Der Brief ist verloren gegangen.
   _____

5. (aber): Es scheint unmöglich. Wir werden es versuchen.
   _____

6. (und): Wo ist dein Mantel? Wohin hast du die Schuhe gestellt?
   _____

7. (oder): Müssen Sie jetzt gehen? Können Sie noch bleiben?
   _____

8. (und): Er kam. Er sah. Er siegte.
   _____

9. (nicht...sondern): Das war meine Schuld, Es war seine Schuld.
   _____

10. (denn): Er muß sich beeilen. Er will den Zug erreichen.
    _____

b. In your sentences above, indicate those constituents which can be deleted by crossing them out. Note whether a comma precedes the abbreviated clauses.

5.232 Pronouns and Adverbs as Connectors

a. Determine the prepositional pronouns from the prepositional objects which are required by the valence of the predicate and write them in the spaces provided:

1. Wo ist meine Tasche: ich suche schon lange _____?
2. Er gab ihr Geld; _____ hatte sie ihn nicht gebeten.
3. Sie hatte es versprochen, man kann sich _____ verlassen.
4. Peter arbeitet schwer; _____ solltest du ihm helfen.
5. Ilse hat mir einen Brief geschrieben, _____ muß ich danken.

6. Ihr Bericht hat ihn erschüttert; er muß _____ dauernd denken.
7. Sie hatte Tuberkulose, _____ ist sie auch gestorben.
8. Er fragte mich _____, wo die Post ist.
9. Das Glas ist schmutzig, ich kann _____ nicht trinken.
10. Er hatte einen Unfall, _____ hat er uns nichts erzählt.

b. Form prepositional pronouns from the given prepositional phrases and connect the two main clauses:

1. (Wegen des Regens): Es ist zu naß. Ich bleibe zu Haus.
   _____

2. (Trotz seiner Angst): Er fürchtete sich. Er verteidigte sich.
   _____

3. (Statt des Geldes): Sie hatte kein Geld. Sie gab ihm Brot.
   _____

4. (Während des Unterrichts): Der Lehrer redet viel in der Klasse. Die Schüler schlafen. _____

5. (Seit der Hochzeit): Sie hat geheiratet. Sie ist unglücklich.
   _____

c. Connect the main clauses by the given adverbs, by placing them into the first slot of the second main clause:

1. (doch): Er will nicht arbeiten. Er muß arbeiten.
   _____

2. (folglich): Der Vater hat es empfohlen. Du solltest es tun.
   _____

3. (allerdings): Er kommt später. Wir wußten das.
   _____

4. (also): Die Sache ist erledigt. Du brauchst dich darum nicht zu kümmern. _____

5. (andererseits): Einerseits möchte sie viel Geld verdienen. Sie möchte Kinder haben. _____

d. Rewrite the sentences from above in the spaces provided and place the adverb in the inner slot:

1. _____
2. _____
3. _____
4. _____

5. _____

5.3 Subordinate Clauses
5.31 Function of Subordinate Clauses

a. Identify the function of the following subordinate clauses: Does a clause (1) replace a noun phrase in the main clause or (2) abbreviate two main clauses by avoiding repetition? Write the main clause with the appropriate noun phrase or the two main clauses underlying the subordinate clause:

1. Er sprang aus dem Fenster, wodurch er sich retten konnte.

2. Da sie krank ist, geht sie nicht mit uns Theater.

3. Der Ausländer, nach dem die Polizei fragte, ist in seine Heimat zurückgekehrt.

4. Ich weiß wirklich nicht, wo dein Buch ist.

5. Ich telefoniere oft nach Berlin, wo meine Verwandten wohnen.

6. Sie haben nicht geschrieben, wann sie ankommen.

7. Wenn der Postbote kommt, bringt er sicher das Paket.

8. Sie hat eine starke Erkältung, durch die sie sehr leidet.

9. Wer das Verbrechen begangen hat, kann nicht festgestellt werden.

10. Schulzes, mit deren tätigem Beistand der Kranke gesundgepflegt wurde, sind wirklich gute Freunde.

b. Do English clauses function in the same manner?

5.32 Position of Constituents in Subordinate Clauses

a. Is Mark Twain's metaphor (see 5.21 b) of the two stakes between which German is "shoveled" applicable to subordinate clauses?

___

b. Mark Twain gave the following speech at the Vienna Press Club in 1897.

"(1) I am indeed the truest friend of the German language – and not only now, but from long since, before twenty years already. (2) And never have I the desire had the noble language to hurt; to the contrary, only wished she to improve – I would her only reform. (3) It is the dream of my life been...(4) I would only the language method – the luxurious, elaborate construction compress, the eternal parenthesis suppress, do away with, annihilate; the introduction of more than thirteen subjects in one sentence forbid; the verb so far to the front pull that one it without a telescope discover can. (5) With one word, my gentlemen, I would your beloved language simplify so that, my gentlemen, when you her for prayer need, One her yonder-up understands."

By what grammatical means does Twain achieve the funny effect?

1. What is "unEnglish" in sentence (1): ___

2. What German constructions are used in sentence (2)? ___

3. Are the pronouns transferred correctly from German to English in sentence (2)? ___

4. Translate sentence (3) into German. ___

5. What is the German finite verb in sentence (4)? ___

6. How many clauses would make up sentence (5) in German and what type of clauses would be used? ___

c. Write sentences which contain one main clause and one subordinate clause by inserting the conjunction and rearranging the word order:

1. (weil) Es stürmt und schneit. Wir bleiben gern zu Haus.

___

2. (damit) Zieh den Wintermantel an! Erkälte dich nicht!

___

3. (wenn) Freuen Sie sich? Der Frühling kommt endlich.

___

4. (obwohl) Er war sehr fleißig. Er bestand die Prüfung nicht.

___

5. (bevor) Es ist sehr windig. Ein Gewitter zieht jetzt auf.

6. (als) Sie studierte in Köln. Sie sah ihn zum letzten Mal.

7. (während) Die Mutter kocht das Essen, Vater liest den Brief.

8. (sobald) Er kam in Kiel an. Er ging sofort ins Hotel.

9. (daß) Wir wunderten uns darüber. Sie verspätete sich.

10. (da) Viele Kranke leben in Süden. Das Klima ist gesund.

5.33 Types of Subordinate Clauses
5.331 Relative Clauses

a. Write relative clauses:
1. Diesem Schüler habe ich das Buch empfohlen. Das ist der Schüler, _____
2. (Die Leute erzählen es). Man darf nicht alles glauben, _____
3. (Wir haben uns mit ihnen unterhalten). Erinnerst du dich an die Französinnen, _____ ?
4. (Er freute sich darüber). Wir zeigten dem Gast die Stadt.
5. (Er hat Frau Müllers ältester Tochter Geld geliehen.) Frau Müller, _____ , wird es ihm bestimmt zurückgeben.
6. (Meine Eltern wohnen in Berlin.) Ich fahre in den Ferien nach Berlin, _____
7. (Die Dame hat ihn zum Kaffee eingeladen. Er hat ihren schweren Koffer getragen.) Die Dame, _____ , hat ihn zum Kaffee eingeladen.
8. (Peter ist mit ihr befreundet). Die junge Studentin, _____ , hatte gestern Geburtstag.
9. (Ihre schlechten Arbeiten liegen hier.) Ich muß die Regel den Schülern erklären, _____
10. (Ich habe den Brief noch nicht gelesen.) Wo ist der Brief, _____ ?

b. Write relative clauses:

1. Großmutter ist gestern achtzig geworden. Wir feierten ihren Geburtstag. _____

2. Der Polizist hat mir geholfen. Ich bin ihm dankbar. _____

3. Die Leute arbeiten in der Nähe. Ohne ihre sofortige Hilfe wäre der Unfall noch schlimmer ausgegangen. _____

4. Der spanische Student ist in seine Heimat zurückgekehrt. Das bedauern wir sehr. _____

5. Eva hat geheiratet. Hans war lange mit ihr verlobt. _____

6. Diese Kirche ist aus dem dreizehnten Jahrhundert. Ihr Baustil ist gotisch. _____

7. Wir nennen die Strahlen Röntgenstrahlen; Röntgen hat sie entdeckt. _____

8. Jemand arbeitet zu viel. Jemand muß auf seine Gesundheit achten. _____

9. Wo ist Hans hingegangen? Sein altes Auto steht noch hier. _____

10. Ihre kleine Tochter war lange krank. Sie haben sich um sie große Sorgen gemacht. _____

5.332 daß-Clauses

a. Write daß-clauses and indicate in the margin whether they function as (1) the subject, (2) an accusative object or (3) a prepositional phrase:

1. Es war dumm von ihm. Er hat den Vertrag unterschreiben. _____

2. Wir wußten nichts davon. Sie waren schwer verunglückt. _____

3. Das ist richtig. Er muß für seine böse Tat büßen. _____

4. Er habe sie nicht kommen hören. Er behauptete es. _____

5. Sie arbeitete sorgfältig. Die Schülerin zeichnete sich dadurch aus. _____

6. Besonders angenehm ist es mir. Ihr kommt zeitig. _____

7. Mutter hat es empfohlen. Wir sollen feste Schuhe anziehen. _____

8. Er prahlte damit. Er hat sich sechs Anzüge machen lassen. _____

9. Sie wurde als Schauspielerin berühmt. Wie ist es möglich? _____

10. Er soll von der Polizei wegen Diebstahls gesucht werden. Das flüsterte man. _____

b. Translate the following sentences into German and mark in the margin whether 'that' equals (1) the subordinating conjunction daß, (2) the relative pronoun-conjunction das, (3) the determiner of a noun or (4) the determiner as pronoun:

1. That was unnecessary that you questioned that. ___ ___ ___

2. It is most embarrassing that that book got lost. ___ ___

3. I knew that he had asked the girl to do that. ___ ___ ___

4. That I go along and do that was his order. ___ ___

5. The fairy tale that she read to the children was that one which she had loved as a child too. ___ ___ ___

6. Did you know that that house that you now live in once had belonged to us? ___ ___ ___

7. That you accomplished that, (that) pleases me. ___ ___ ___
   _____

8. Without that book that he borrowed I cannot find that quote. ___ ___ ___
   _____

9. That is really shame that that water froze on that cold night and later flooded the ground floor. ___ ___ ___ ___
   _____
   _____

10. That is the custom here that that girl who cleans the house for us is invited for Christmas. ___ ___ ___ ___ ___
    _____
    _____

5.3321 Infinitive Constructions

a. Rewrite the subordinate clauses as infinitive constructions:
   1. Er hat sich eingebildet, daß er uns damit einen Gefallen getan hätte.
      _____
      _____

   2. Du hast versprochen, daß du dich um die Angelegenheit kümmerst.
      _____

   3. Er forderte mich auf, daß ich meine Ergebnisse veröffentliche.
      _____

   4. Man gab den Soldaten den Befehl, daß sie vormarschieren.
      _____

   5. Er deutete an, daß er belastendes Material besitze.
      _____

   6. Er hat uns abgeraten, daß wir die Konferenz besuchen.
      _____

   7. Die Mutter erlaubt den Kindern nicht, daß sie in die Stadt gehen.
      _____

   8. Das Unglück zwang ihn, daß er seinen Besitz verkaufte.
      _____

   9. Das ärgert mich sehr, daß ich ihn nicht gefragt habe.
      _____

   10. Wann rechnen Sie damit, daß sie die Arbeit beenden?
       _____

b. Replace the noun phrases with infinitive constructions:

1. Seine Rettung war unmöglich.

2. Sie vergaß das Schreiben des Briefes an die Schwester.

3. Er muß sich an regelmäßige Arbeit gewöhnen.

4. Der Pilot fürchtete die Landung auf dem Eis.

5. Er forderte den Mieter zur pünktlichen Zahlung der Miete auf.

6. Die Wiederaufnahme der Verhandlungen war unmöglich.

7. Der Vater warnt den Sohn vor der Verschwendung seines Geldes.

8. Den Kauf eines guten Wörterbuchs empfahl der Lehrer dem Fremden.

9. Wir beabsichtigen eine Neubedachung unseres Hauses im Sommer.

10. Ich bitte dich um einen baldigen Anruf.

5.333 Interrogative Clauses

Construct interrogative clauses, e.g.:

Wird er heute anrufen? Es ist unbekannt.
Es ist unbekannt, ob er heute anrufen wird.

1. Ich weiß es nicht. Hat er den Brief geschrieben?

2. Wie heißt sie? Wo wohnt sie? Sie hat es nicht gesagt.

3. Sie streiten sich darum. Wer geht heute einkaufen?

4. Die Verkäuferin fragte den Kunden. Womit kann ich Ihnen dienen?

5. Das riemand vorhersagen. Wird es einen harten Winter geben?

6. Wie hat er den Bären erjagt? Er beschrieb es.

7. Warum ist es dir nicht bekannt? Wie ist das Kunstwerk entstanden?

8. Bei welcher Gelegenheit hat er sie getroffen. Er sagt es nicht.

9. Wie bildet man Nebensätze? Wir sprechen jetzt darüber.

10. Hast du es nicht gehört? Wie lange hat er gestern gearbeitet?

5.334 Modifier Clauses
5.3341 Clauses of Place

Construct clauses of place:

1. Neulich habe ich Frau Meier getroffen. Als Studentin wohnte ich bei ihr.

2. Irgendwo singt man. Da laß dich ruhig nieder, denn böse Menschen haben keine Lieder.

3. Gehst du ins Theater? "Faust" wird dort aufgeführt.

4. Die Straße ist frisch geteert. Man soll nicht darauf fahren.

5. Du gehst irgendwohin. Dahin will ich auch gehen.

6. Ich freue mich auf die Reise nach Afrika. Vor zehn Jahren war ich schon einmal dort.

7. Das Zimmer war sehr überheizt. Er trat ein.

8. Er ist bei der Post. Ich habe ihn zur Post begleitet.

9. Das ist eine berühmte Kirche. Daneben hat mein Onkel gewohnt.

10. Wir rannten in den Hörsaal. Der Professor war gerade hineingegangen.

5.3342 Clauses of Time

a. Complete the clauses by filling in the appropriate temporal conjunction: <u>als</u>, <u>bevor</u>, <u>bis</u>, <u>ehe</u>, <u>nachdem</u>, <u>seitdem</u>, <u>sobald</u>, <u>solange</u>, <u>während</u> or <u>wenn</u>:

1. Wir haben nichts mehr von ihm gehört, _____ er ausgewandert ist.
2. _____ du das Essen bereitest, gehe ich schnell eine Flasche Wein holen.
3. _____ ich an die Reihe kam, waren die Karten ausverkauft.
4. Man sagt mir, er sei in einer Besprechung, _____ ich bei ihm anrufe.
5. Ich hatte schon viel von ihm gehört, _____ ich ihn kennenlernte.
6. _____ ich an meine Steuern denke, wird mir schlecht.
7. Er begab sich sofort zum Krankenhaus, _____ er in Hamburg angekommen war.
8. _____ man zu alt ist, sollte man sein Testament machen.
9. Ich werde warten, _____ du nach Hause kommst.
10. _____ sie anrufen, werden wir sofort aufbrechen.
11. Er ist verreist. _____ er nicht hier ist, können wir keine Entscheidungen treffen.
12. _____ sie aus dem Krankenhaus entlassen worden war, reiste sie Kur nach Wiesbaden.
13. _____ meine Kinder klein waren, gingen wir oft in den Zoo.
14. Sie winkte, _____ sie ihn nicht mehr sehen konnte.
15. _____ die Verhandlungen begannen, lernten sich die Parteien kennen.

b. Replace the prepositional modifiers with clauses of time:

1. Bei Ausbruch des Krieges waren wir gerade in Afrika.

2. Seit seinem Tod ist das Haus unbewohnt.

3. Die Konferenz wurde nach tagelangen erfolglosen Beratungen abgebrochen.

4. Während unseres Urlaubs ist in unser Haus eingebrochen worden.

5. Zu seinen Lebzeiten ging es seiner Familie viel besser.

6. Bitte stehen Sie bei dem Eintritt des Redners auf!
   _____

7. Wo haben Sie als Kind gewohnt?
   _____

8. Nach dem Bekanntwerden der Verhandlungsergebnisse atmeten alle erleichtert auf.
   _____
   _____

9. Sofort nach der Klärung dieser Fragen hören Sie von uns.
   _____

10. Bei jedem Wiedersehen weint sie vor Freude.
    _____

c. Complete the clauses using als, wen, wenn or wann:
   1. _____ die Konferenz beginnt, hat er nicht gesagt.
   2. _____ du ihm die Wahrheit sagst, wird er wissen, _____ er rechtmäßig bestrafen sollte.
   3. _____ wir feststellten, _____ er in Paris gewesen war, wußten wir auch, _____ er dort besucht hatte.
   4. _____ du nicht anrufst, kann ich dir auch nicht mitteilen, _____ wir uns treffen können.
   5. _____ er am Bahnhof ankam, hatte er keine Ahnung, _____ er dort treffen sollte und _____ er weiterfahren konnte.

d. Fill in the correct conjunctions, nachdem or bevor, or the prepositional pronouns danach or davor.
   1. Bitte kommt zu Tisch! _____ wascht euch aber die Hände!
   2. _____ er zu Besuch kam, kaufte er Blumen.
   3. _____ es geschneit hatte, waren die Straßen glatt und man konnte _____ viele Autounfälle beobachten.
   4. _____ erzählte er mir, was er plante, _____ er sein Studium beendet hätte und _____ er seinen Posten antreten werde.
   5. Wir hatten ein herrliches Steak, _____ gab es Suppe, _____ Eis mit Schlagsahne. _____ wir alles gegessen hatten, konnten wir uns kaum bewegen.

5.3343 Clauses of Cause

a. Complete the clauses by filling in the subordinating conjunctions da or weil, the coordinating conjunction denn, or the adverbs/pronouns deshalb, darum, deswegen, daher, folglich or also:

1. Er hat seinen Bus verpaßt, _____ ist er unpünktlich.
2. _____ er keine Eltern hatte, wuchs er im Waisenhaus auf.
3. Bitte beeil dich, _____ es ist schon spät.
4. Sie bestand das Abitur, sie konnte _____ die Universität besuchen.
5. Ich fand seine Adresse nicht, _____ konnte ich ihm nicht schreiben.
6. Er geht wenig aus; ich fand es _____ ungewöhnlich, ihn im Theater zu sehen.
7. Heute möchte ich nicht in die Stadt fahren, _____ es hat geschneit.
8. _____ er arbeitet, hat er wenig Zeit.
9. Du bist noch zu jung, _____ solltest du nicht in eine Bar gehen.
10. Gutenberg hat die Buchdruckerkunst erfunden, er ist _____ berühmt.

b. Complete the clauses with the conjunction or the adverb da, or with the conjunction or adverb denn, or the adverb dann:

1. Wenn du mitkommst, _____ gehe ich auch.
2. Was haben Sie _____ dort getan?
3. Er studiert Medizin, _____ er _____ die Praxis seines Vaters übernehmen will.
4. Ich habe ihn nicht _____ gesehen.
5. Warum hast du sie _____ nicht darum gebeten?
6. Erst rief sie uns an, _____ stand er vor der Tür.
7. _____ es so kalt ist, sollten wir ein Feuer machen.
8. Sie stellt immer dumme Fragen, _____ sie ist nicht sehr intelligent.
9. Wirst du _____ _____ wohl fertig sein?
10. _____ sind Sie endlich! Das freut mich, _____ ich habe mir schon Sorgen gemacht, ob wir _____ noch das Taxi _____ erwischen können.

5.3344 Clauses of Purpose

a. Construct clauses introduced by damit. Where possible, rewrite the clause as an infinitive construction with um...zu:

1. Man spielt in der Lotterie. (Geld gewinnen).

2. Hans versteckt sich. (Man, nicht, sehen, ihn; active/passive)

3. Man fährt in die Berge. (Ski laufen).

4. Er hat ein Opernglas. (Schauspieler beobachten; act./pass.)

5. Ich gehe ins Kaufhaus. (Vater, Geschenk, kaufen).

6. (Besser, sehen.) Viele Menschen tragen Brillen.

7. Alle sind still. (Kranker, können, schlafen.)

8. (Verunglückter, retten; act./pass.) Der Arzt tat alles.

9. Sie gießt die Blumen täglich. (Blumen, gedeihen.)

10. Bitte decke den Tisch! (Wir, essen, bald, können; act./pass.)

b. Replace the prepositional modifier with a clause with damit or an infinitive with um...zu:

1. Zur Vergrößerung des Wohlstandes arbeiten wir viel.

2. Er begab sich zur Heilung seiner Krankheit in ein Sanatorium.

3. Zur Heizung eines großen Hauses braucht man gute Öfen.

4. Wir müssen den Import zur Stabilisierung der Währung erhöhen.

5. Mehr Polizisten wurden zur Förderung der Sicherheit eingestellt.

6. Wir bezahlen Sozialversicherung zur Versorgung unseres Alteres.

7. Zur Verbesserung seiner Sprachkenntnisse machte er Reisen.

8. Die Regierung ließ Sümpfe zur Landgewinnung austrocknen.

9. Man legt einen Park zur Verschönerung der Stadt an.

10. Zur Verteidigung des Landes hat man Armeen.

5.3345 Clauses of Contrast

a. Rewrite the prepositional modifiers as subordinate clauses introduced by the subordinating conjunctions obwohl, obgleich or trotzdem:

1. Trotz des Verbotes spielten die Kinder mit Streichhölzern.

2. Der Schüler versteht den Lehrer trotz seiner Aufmerksamkeit nicht.

3. Trotz des hellen Sonnenscheins war es sehr kalt.

4. Er besuchte die Vorlesungen trotz seiner Krankheit.

5. Trotz seiner Armut war er immer fröhlich und zufrieden.

6. Er bekam trotz seines Fleißes immer schlechte Zensuren.

7. Er kaufte das Buch trotz des viel zu hohen Preises.

8. Trotz meiner sorgfältigen Pflege ist meine Blume gestorben.

9. Trotz der eisigen Straßen fuhr er schnell.

10. Trotz seines Versprechens half er den Freunden nicht.

b. Rewrite the clauses by inserting the adverbs dennoch or aber or the pronoun trotzdem into one of the inner slots:

1. Obgleich du gelogen hast, will ich dir verzeihen.

2. Er grüßte mich nicht, obwohl er mich kannte.

3. Der Fahrer war schwer verletzt, Der Arzt gab nicht auf.

4. Trotzdem er reich war, war er nicht glücklich.

5. Ihre Freunde verließen sie; sie verlor den Mut nicht.

5.3346 Clauses of Condition

a. Construct clauses of condition in the indicative mood with and without wenn:

1. Er ist arm. Er kann nicht verreisen.

2. Ich brauche keinen Arzt. Ich bin gesund.

3. Sie hat Hunger. Sie ißt.

4. Man braucht warme Kleidung. Es ist kalt.

5. Alle Leute mögen einen. Man ist freundlich.

b. Translate the following sentences into German, using real and unreal conditions as well as unreal wishes where appropriate:

1. If someone offered him more money, he would sell his house.

2. I wouldn't ask if I knew it.

3. If only he had the courage to tell the truth!

4. If you are sick, you should see a doctor.

5. What would you do if he suddenly came?

6. If only they would help us!

7. If one is economical, one gets richer.

8. If she didn't have a television, her work would improve.

9. If you only knew how unhappy he is!

10. We cannot eat if we do not make some money.

5.3347 Clauses of Comparison

a. Construct clauses of comparison by using the given conjunctions:
   1. (je...desto): Die Glocken sind näher. Sie klingen lauter.

   2. (so...wie): Die Eltern leben. Die Kinder leben.

   3. (...als): Er kam schneller zurück. Man erwartete es.

   4. (je...umso): Die Arbeit ist schwerer, die Befriedigung größer.

   5. (so...wie): Die Saat ist gut. Die Ernte ist gut.

   6. (...als): Seine Fortschritte übersteigen alle Erwartungen.

   7. (je...desto): Größere Hitze verursacht größeren Durst.

   8. (so...wie): Die Antwort richtet sich nach der Frage.

   9. (je...umso): Die älteren Menschen sind die vernünftigeren.

   10. (...als): Seine Kenntnisse sind größer. Wir glaubten es.

b. Translate the following sentences into German, using the appropriate conjunctions of comparison:
   1. The more one looks at a picture, the more details one sees.
   2. We have as much snow this year as they have in Siberia.
   3. The trip was cheaper than I had expected.
   4. The more his freedom is restricted, the more rebellious he gets.
   5. The higher the speed, the worse the accidents become.

c. To review various types of clauses, write the given conjunctions and adverbs/pronouns into the appropriate sentences and indicate what type of clause results:

   obwohl, wenn, wodurch, wie, nachdem, dennoch, da

   1. _____ man zu viel ißt, wird man dick.
   2. Er besuchte uns, _____ er die Arbeit fertig hatte.
   3. _____ wir es erfahren hatten, wollte sie wissen.
   4. Wir gingen zur Post; _____ kauften wir Briefmarken.
   5. _____ mich belogen hast, glaube ich dir nichts.
   6. Sie benahmen sich so schlecht, _____ wir gefürchtet hatten.
   7. Ihr Kleid war schmutzig, _____ zog sie es an.
   8. _____ er alt ist, benimmt er sich wie ein Junger.
   9. Es ist unbekannt, _____ sie verletzt wurde.
   10. _____ sie aufwacht, bringt er ihr immer Kaffee.

d. Fill in the following conjunctions or adverbs and pronouns and identify the type of clause:

   als, denn, deren, was, damit, trotzdem

   1. Sie rief an, _____ gerade das Haus verließ.
   2. Der Bleistift ist stumpf, _____ kann ich nicht schreiben.
   3. Kennen Sie Else, _____ Mutter bei uns arbeitet?

4. Wo bleibst du _____, wir warten schon lange! _____
5. _____ nutzlos ist, soll man nicht erstreben. _____
6. Sie schreibt ihm eine Liste, _____ er nichts vergißt. _____
7. Es stürmt und hagelt, _____ geht er einkaufen. _____
8. Sie kann nie entscheiden, _____ sie anziehen soll. _____
9. _____ er krank ist, sieht er gut aus. _____
10. Sie sind traurig, _____ sie haben schlechte Nachrichten erhalten. _____

e. Translate the following sentences into English and indicate what type of subordinate clause is introduced by the subordinating conjunction:

1. Wir haben das neue Drama gesehen, das er letztes Jahr geschrieben hat. _____
   _____
2. Sie haben gehört, daß die Polizei ihn verhaftet hat. _____
   _____
3. Er sagte etwas, was ich nicht verstand. _____
   _____
4. Er fragte sie, was sie in den Ferien gemacht hat. _____
   _____
5. Was er sagte, habe ich nicht verstanden. _____
   _____
6. Kennst du das Land, wo die Zitronen blühen? _____
   _____
7. Wo gehobelt wird, da fallen auch Späne. _____/_____
   _____
8. Wer andren eine Grube gräbt, fällt selbst hinein. _____
   _____
9. Wer das war, wußte sie nicht. _____
   _____
10. Wenn du das vergißt, werde ich böse. _____
    _____
11. Wir freuten uns sehr, als wir seinen Brief bekamen. _____
    _____
12. Wir freuten uns mehr, als wir beschreiben können. _____
    _____

13. Wie man in den Wald ruft, so schallt es heraus. _____

14. Wie man die Maschine benutzt, mußten wir ihm erklären. _____

15. Wie sehr er sich auch bemühte, schaffte er es doch nicht. _____

5.4 Complex Sentences
5.41 Position of Clauses in Sentences

a. To facilitate the translation of complex sentences, some useful hints can be given to students. Below are some such hints in arbitrary order. Bring them into the sequence which is most practical:

1. find the complements of the finite verb in the main clause _____
2. find the finite verb of a subordinate clause, translate it and posit it after the English subject _____
3. find the main clause _____
4. find the subject of the main clause _____
5. transform one of several subordinate clauses into a main clause _____
6. find the finite verb of the main clause _____
7. translate the predicate of the main clause and posit it behind the English subject _____
8. after translating the main clause, find possible relative clauses and translate them _____
9. translate the subject of the main clause _____
10. beginning with the main clause, sequence the subordinate clauses (except relative clauses) _____

b. Translate the following complex sentences into English and mark the main clause with MC and circle all predicates:

1. Es wird mir immer unverständlich bleiben, warum er sich entschlossen hat, nach Afrika auszuwandern, nachdem er sich hier eine so gute Existenz aufgebaut hatte, die nun sein nutzloser Sohn zerstören wird.

2. Hätte er die Firma, deren Produkte welktbekannt sind und die sein Großvater gegründet hat, besser verwaltet, so könnte er sich jetzt, nachdem seine Söhne andere Berufe gewählt haben, auf seinen tüchtigen Enkel verlassen und ihn in die Betriebsführung einweisen, wodurch er einen Nachfolger für das Familienunternehmen gewänne, der die Firma vielleicht noch retten könnte.

3. Warum hat denn die Zeitung, die doch sonst alles Wichtige berichtet, die gestrigen Vorfälle bei der Demonstration der Studenten, die gegen weitere Bewaffnung protestierten, nicht erwähnt, sondern sich nur auf internationale Nachrichten beschränkt, deren Einwirkungen auf unsere Stadt wirklich geringer sind als die hiesigen Ereignisse?

5.411 Initial Clauses

Rewrite the following sentences and, if possible, posit the second and third clause in the beginning:

1. Du hast mir doch versprochen, mich zu besuchen, wenn du Zeit hast.

2. Weshalb er aber schon abgefahren ist, ohne sich zu verabschieden, hat sie mir nicht gesagt.

3. Es scheint, als wenn er sich besser, als man erwartet hatte, bewährt, und deshalb sollte man ihm mehr Verantwortung geben.

5.412 Embedded Clauses

a. Form clauses and embed at least two of them:

1. Die Frage danach ist häufig gestellt worden. Wie kann man leben? (wenn) Alles wird teurer.

2. Es ist dem Lehrer unverständlich. Der Lehrer ist gewissenhaft. Die Schüler lernen nichts. Die Schüler sind intelligent.

3. Ihre Aussage klang verlogen. Sie ist nicht dabeigewesen. (als) Der Diebstahl fand statt. Bei dem Diebstahl wurde die Bank ausgeraubt.

4. Wann treffen wir uns? Sie wollte es wissen. Wir kaufen Geschenke ein. Die Kinder freuen sich auf die Geschenke.

5. Herr Schulze ist Ingenieur. Ich habe Herrn Schulze kennengelernt. (als) Ich arbeitete bei Firma Möller. Er hat die Firma gegründet.

b. Translate the following English sentences into German and use as many embedded clauses as possible:

1. It is not yet known today, June fifth, whether the experiment which Dr. Schmitt begins today and which is scheduled to be complete by July ninth, will be as successful as the previous experiment through which he gained world fame.

2. When his mother, who works at the new library, came home after doing her shopping on the way, she was annoyed to find her house, which she had quickly cleaned in the morning, turned into complete disorder by him and the friends who he had invited.

3. The question about where and when the new dam, which is widely discussed by all groups concerned with ecology, is to be built, can only be answered by the new government after the elections have taken place.

5.413 Abbreviated Clauses

a. Rewrite the following abbreviated clauses as full clauses and indicate what constituents were missing:

1. Er hat ebenso schwer wie wir darum kämpfen müssen.

2. Sie wollen weder besucht noch angerufen werden.

3. Werden Sie mit dem Zug oder mit dem Auto fahren?

4. Das Kind schlug um sich, schrie und tobte wild.

5. Das hat weder beschrieben noch besprochen werden können.

b. To review the variety of constructions which are semantically equivalent, rewrite the following clause in all possible syntactic patterns:

Wir helfen ihr bei den Hausaufgaben.

1. copula + predicate adjective derived from the verb (3.315):

2. possessive determiner in noun phrase (4.132):

3. noun phrase with prepositional modifier (4.423):

4. two main clauses, add machen (5.21):

5. two coordinating main clauses, causal connector (5.231):

6. main clause and causal modifier clause (5.3343):

7. main clause and clause of purpose, add positive adverb (5.3344)

8. passive voice in clause of purpose (3.18):

   _____

9. main clause and infinitive construction (5.3321):

   _____

10. accusative-with-infinitive construction (3.312):

    _____

11. perfect tense (3.171);

    _____

12. relative clause, dissolving compound noun (5.331):

    _____

13. passive voice of relative clause (3.18):

    _____

14. sein+zu+infinitive (3.2411):

    _____

15. haben+zu+infinitive (3.2411):

    _____

BIBLIOGRAPHY

Algeo, John. *Problems in the Origins and Development of the English Language.* 2nd ed., New York, 1972.

Bergman, Rolf & Peter Pauly. *Nehochdeutsch: Arbeitsbuch zum linguistischen Unterricht.* 2nd rev. ed., Göttigen, 1975.

Deutschkurse für Ausländer bei der Universität München: Unpublished mimeographed exercises, 1960-1969.

Gregor-Chiriță, Gertrud. *Laut- und Klanggestalt des Deutschen.* Bucharest, 1975.

Hosford, Helga. *Workbook for the History of the German Language.* Seattle, 1983.

Kaufmann, Stefanie & Gerhard Kaufmann. *Übungen zur deutschen Sprache 1.* Mannheim, 1975.

Moulton, William G. *The Sounds of English and German.* Chicago, 1962.

Penzl, Herbert. *Geschichtliche deutsche Lautlehre.* München, 1969.

Schulz, Dora & Heinz Griesbach. *Moderner deutscher Sprachgebrauch.* 2nd ed., München, 1966.

Schulz, Hans & Wilhelm Sundermeyer. *Deutsche Sprachlehre für Ausländer: Grammatik und Übungsbuch.* 35th ed., München, 1976.

Tschirch, Fritz. *Geschichte der deutschen Sprache.* 2 vols., 2nd ed., Berlin, 1975.

Waterman, John T. *A History of the German Language.* 2nd ed., Seattle, 1976.

KEY

CHAPTER ONE

1. ORIGIN AND DEVELOPMENT OF GERMAN

1.1 a. Teaching unit should contain (1) cognates which are identical (bring-<u>bringen</u>, finger-<u>Finger</u>); (2) cognates with small differences (hear-<u>hören</u>, father-<u>Vater</u>); (3) foreign words in both languages (<u>November</u>, <u>Musik</u>); (4) German loan words in English (<u>Kindergarten</u>, <u>Spiel</u>).

b. A valid assignment, because students are generally not aware of the linguistic developments of either language. The close relationship of German to English will make German appear easier to learn. Some knowledge of political and cultural history will provide depth to the language study.

1.2 a. 1.=15; 2.=7; 3.=6; 4.=8; 5.=5; 6.=4; 7=3; 8.=1; 9.=2. 10.=10; 11.=11; 12=13; 13.=12; 14.=9 15.=15.

b.
OE	fæder	mōdor	sweosor	sunu
NHG	Vater	Mutter	Schwester	Sohn
ON	faðir	móðir	systir	sunr
GOT	fadar		swistar	sunus
LAT	pater	māter	soror	
GK	patēr	mētēr		huios
RUS		mat'	sestra	syn
LIT		mote	sesuo	sunus
Ir	athir	mathir	siur	
SKT	pitar	matar-	svasar-	sunu-
IE	*pətēr-	*mātēr-	*swesor-	*sunu-

OE	dohtor	widuwe	ēast	full
NHG	Tochter	Witwe	Osten	voll
ON	dóttir		austr	fullr
GOT	dauhtar	widuwo		fulls
LAT		vidua	aurōra	plenus
GK	tygater		eōs	pleres
RUS	do c'	vdova		polnyi
LIT	dukte	widdewu	aušra	pilnas
IR		febd		lan
SKT	duhitar-	vidhava-	usas-	purna-
IE	*dhughətēr-	*widhēwo-	*aus(t)-	*pləno-

OE	hund	tōþ	Tīw	morðor
NHG	Hund	Zahn	Zio	Mord
ON	hundr	tönn	Týr	morðr
GOT	hunds	tunþus		maurþr
LAT	canis	dens	Iūppiter	mors
GK	kuōn	odontos	Zeus	mortos
RUS	suka			mjortvyi
LIT	šuns	dantis	dievas	mirtis
IR	cū	det	dia	marb
SKT	çvan-	dant-	dyaus-pitar	martaš
IE	*kw(o)n-/	*dent-/	*deiwos/	*m(e)ret(r)-
	kan-i-	(o)dont-	dyeu-	

c. See next page.

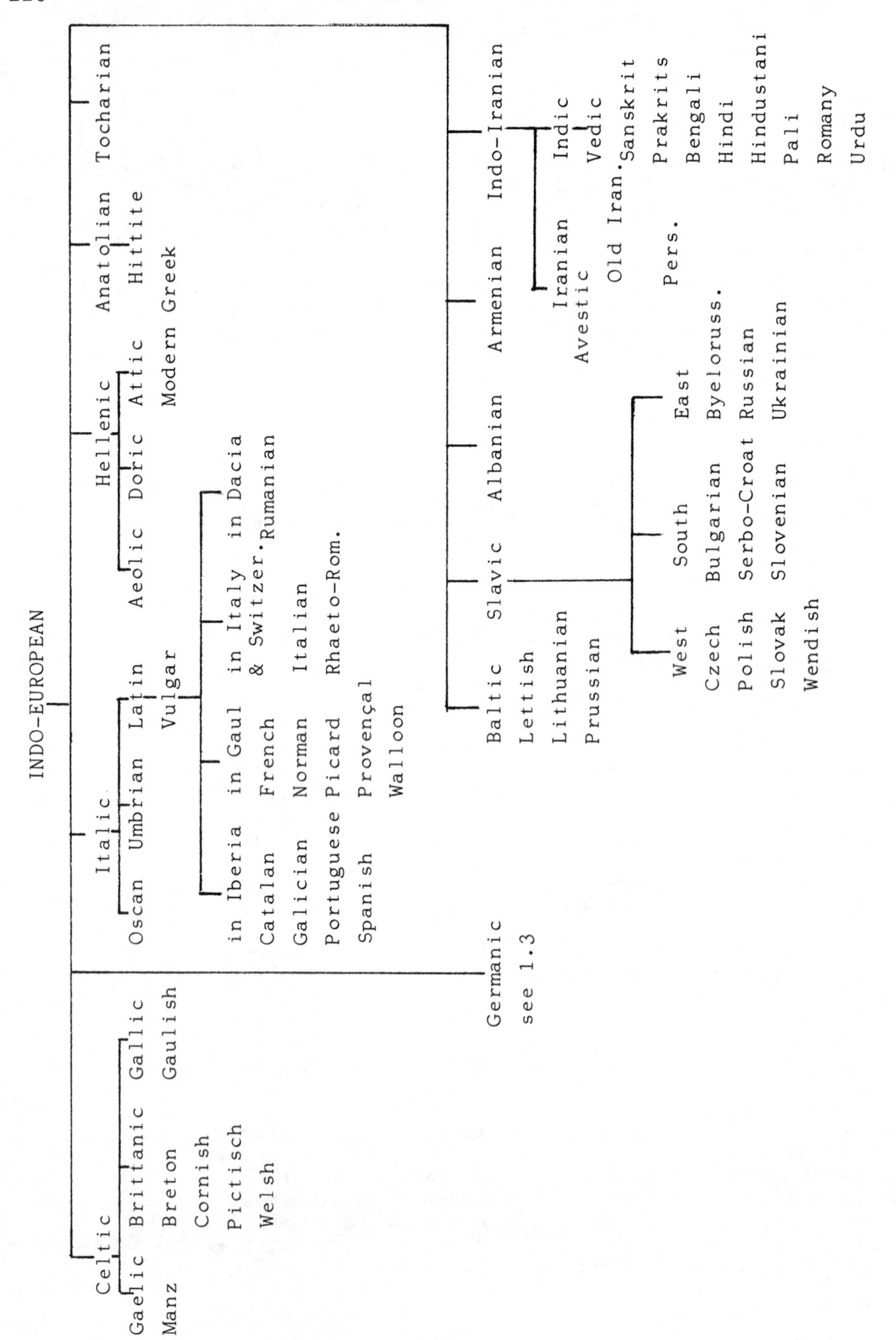

```
INDO-EUROPEAN
│
├── Celtic
│   ├── Brittanic
│   │   ├── Breton
│   │   ├── Cornish
│   │   ├── Pictisch
│   │   └── Welsh
│   ├── Gallic
│   │   └── Gaulish
│   └── Gaelic
│       └── Manx
│
├── Italic
│   ├── Oscan
│   ├── Umbrian
│   └── Latin
│       ├── Vulgar
│       │   ├── in Iberia
│       │   │   ├── Catalan
│       │   │   ├── Galician
│       │   │   ├── Portuguese
│       │   │   └── Spanish
│       │   ├── in Gaul
│       │   │   ├── French
│       │   │   ├── Norman
│       │   │   ├── Picard
│       │   │   ├── Provençal
│       │   │   └── Walloon
│       │   ├── in Italy & Switzer.
│       │   │   ├── Italian
│       │   │   └── Rhaeto-Rom.
│       │   └── in Dacia
│       │       └── Rumanian
│       └── Aeolic Doric Attic
│
├── Hellenic
│   └── Modern Greek
│
├── Anatolian
│   └── Hittite
│
├── Tocharian
│
├── Germanic (see 1.3)
│
├── Baltic
│   ├── Lettish
│   ├── Lithuanian
│   └── Prussian
│
├── Slavic
│   ├── West
│   │   ├── Czech
│   │   ├── Polish
│   │   ├── Slovak
│   │   └── Wendish
│   ├── South
│   │   ├── Bulgarian
│   │   ├── Serbo-Croat
│   │   └── Slovenian
│   └── East
│       ├── Byeloruss.
│       ├── Russian
│       └── Ukrainian
│
├── Albanian
│
├── Armenian
│
└── Indo-Iranian
    ├── Iranian
    │   ├── Avestic
    │   └── Old Iran.
    │       └── Pers.
    └── Indic
        ├── Vedic
        └── Sanskrit
            ├── Prakrits
            ├── Bengali
            ├── Hindi
            ├── Hindustani
            ├── Pali
            ├── Romany
            └── Urdu
```

1.3 a. 1. Burgundians; 2. Angels; 3. Saxons; 4. Franks; 5. Normans; 6. Vandals; 7. Langobords; 8. Wends.

   b. See next page.

1.31 a. AAA, Alcoholics Anonymous, Big Brothers, Red Raider, Stainless Steel

   b. Bausch und Bogen, Dichter und Denker, durch dick und dünn, Feuer und Flamme, Geld und Gut, Haut und Haar, Kind und Kegel (= illegitimate child, bastard), ohne Rast und Ruh, Schutz und Schirm, vor Tau und Tag, in Worten und Werken. 'black and blue, criss-cross, cool as a cucumber, heaven and hell, heart and hand, home and hearth, man and mouse, the more the merrier, rough and ready, stockstill.'

1.32 a. 1. ban; 2. dew; 3. goose; 4. pen; 5. do; 6. cool; 7. few; 8. through; 9 hen; 10. anger; 11. bear; 12. home; 13. food; 14. sweet; 15. clue; 16. drone; 17. lap; 18. foul; 19 wed; 20. weep; 21. flow; 22. eke; 23. hell, 24. lip; 25. timber; 26. bloom; 27. do; 28. thumb; 29. thank; 30. feather; 31. threat; 32. break; 33. bite; 34. drag; 35. crab, 36. fearh; 37. wharf; 38. gripe; 39 magan; 40. weg.

   b. 1. haubiþ; 2. flood; 3. hang, 4. were; 5. sibun; 6. hlūd; 7. togian; 8. sear.

   c. Reihe; 2. Ohr; 3. Knoten; 4. Frost; 5. Kurfürst; 6. Verlust; 7. gediegen; 8. schneiden; 9. Zug; 10. gewesen; 11. dürfen; 12. genesen.

1.33 a. 1. Mund; 2. sanft, 3. Zahn, 4. Dunst, 5. Sund; 6. kund.

   b. IIIa. trinken-trank-getrunken, singen-sang-gesungen, schwingen-schwang-geschwungen, gelingen-gelang-gelungen. IIIb. stehlen-stahl-gestohlen, bergen-barg-geborgen, werfen-warf-geworfen, empfehlen-empfahl-empfohlen.

1.34 1.=(1)/(3); 2.= (2); 3.=(1)/(3); 4.=(1); 5.=(2).

1.35 a. 1. A(da)lbert; 2. Arnold; 3. Balduin; 4. Bert(h)old, Bertram; 5. Hildebrand; 6. Friedrich, Siegfried, Friedhelm; 7. Gerlinde, Gertrud, Gerald; 8. Gu(n)drun, Hildegund; 9. Eberhart, Hartmut; 10. Hedwig, 11. Wilhelm, Friedhelm, 12. Herbert, Hermann; 13. Hildegard; 14. Dietlinde, Gerlinde; 15. Waldemar, Siegmar; 16. Richard, Friedrich; 17. Gudrun, Siegrun; 18. Hedwig, Wi(e)gant; 19. Wilhelm, Wilfried; 20. Edwin, Winfried.

   b. 1. Sonntag 'day of the sun,' Lat. dies solis; Montag 'day of the moon,' dies lunae; Dienstag 'day of the god Tiu/Zio/Tingus,' dies martii for the god Mars; Donnerstag 'day of the god Donar/Thor,' Freitag 'day of the goddess of love and fertility, Freia, wife of Wotan/Wodan/Odin,' dies veneris for Venus; Samstag from Greek, Sonnabend 'eve of Sunday,' English 'Saturday' from Roman feast saturnalia (Saturn).
   2. When Germany was Christianized, the missionaries noticed that Wodanesdag 'Wednesday' was named for a Germanic and pagan god (Wotan/Wodan/Odin) and renamed it Mittoch 'middle of the week.' Latin dies iovis (Jupiter).
   3. Samstag in southern Germany.

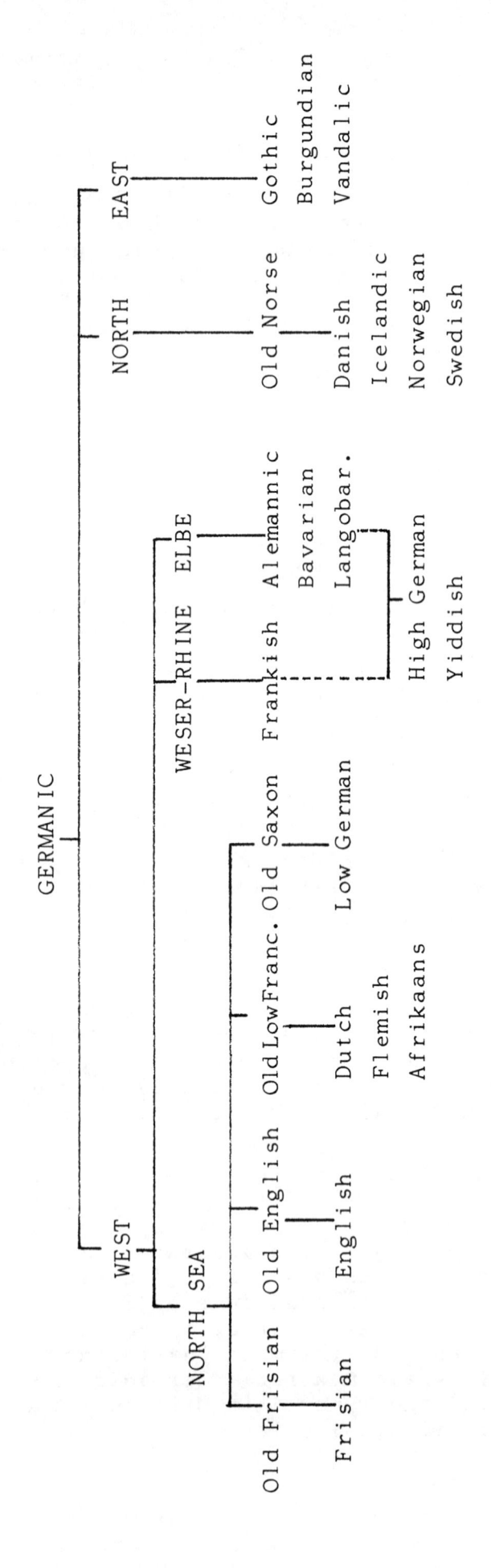

```
                              GERMANIC
                 ┌───────────────┼───────────┐
                WEST           NORTH        EAST
      ┌──────────┼──────────┐    │           │
   NORTH SEA           WESER-RHINE ELBE
   ┌───┬───┐     ┌─────┬────┴┬────────┐
Old    Old    Old Low  Frankish Alemannic  Old Norse    Gothic
Frisian English Franc.          Bavarian                Burgundian
                                Langobar.               Vandalic
   │      │      │        ┌────┴────┐
Frisian English Dutch    High German              Danish
                Flemish  Yiddish                  Icelandic
                Afrikaans                         Norwegian
                Low German                        Swedish
```

223

1.4 Alem.=(5)/(6); Bav.=(5)/(6); East Franc.=(3)/(4); Franc.=(3)/(4); Moselle=(3)/(4); Low=(1)/(2); Rhen.=(3)/(4); Ripuar.=(3)/(4).

1.41 a. 1. 'noble king'; 2. 'realm of the earth'; 3. 'faith of friends'; 4. 'guardian of peace'; 5. 'necklace'; 6. 'head-wound'; 7. 'place of buying'; 8. 'evil deed'; 9. 'speech of contempt'; 10. 'truthful speech.'
  b. NHG Erdreich, Freundestreue, Halsband, Kaufstätte, Schmäh-rede; NE 'headwound.'
  c. NHG all. NE 'earth, head, cheap, harm, sooth(e).'
  d. NHG all. NE 'king, wound, work, spell.'
  e. German has maintained a greater capacity for compounding.
  f. German.

1.42 a. Immense difficulty, because the Latin alphabet does not represent all phonemes of German or English completely, lacking symbols for phonemes that do not occur in Latin (e.g., þ, ü, etc.)
  b. It is assumed that German word order was influenced by Latin; particularly the position of the finite verb in subordinate clauses at the end.

1.421 a. 1. besser, 2. beißen, 3. beide, 4. Brot, 5. Bruder, 6. tot, 7. Tat, 8. Tür, 9. Traum, 10. Fuß, 11. greifen, 12. Herz, 13. Herd, 14. lasse, 15. Pfanne, 16. Pfeffer, 17. Pfennig, 18. Pflanze, 19. Pflug, 20. Pfahl, 21. schießen, 22. zahm, 23. Dank, 24. die, 25. du, 26. Daumen, 27. Zeit, 28. zu, 29. Zeichen, 30. Waffen.
  b. 1. beard, 2. bid, 3. book, 4. thistle, 5. throng, 6. feather, 7. flood, 8. hate, 9. hope, 10. cook, 11. lake, 12. make, 13. open, 14. path, 15. reckon, 16. shape, 17. ship, 18. toll, 19. tongue, 20. two.
  c. 1. 'wood' Zimmer 'that which is surrounded by wood'; 2. 'plate, food' Tisch 'that on which food is served'; 3. 'in favor of' Sache 'thing, legal matter'; 4. 'settle-ment' Zaun 'fence, that which surrounds the settlement'; 5. 'unfortunate circumstance' Pflicht 'moral duty'; 6. 'worry' fressen 'to eat (of an animal'; 7. 'round flower decoration' Rad 'wheel'; 8. 'door, opening' Gasse 'narrow street'; 9. 'group' Zaum 'bridle'; 10. 'old-fashioned' tüchtig 'efficient'; 11. 'commit language to paper' reißen 'to scratch'; 12. 'miserable, grey' traurig 'sad'; 13. 'trial, unfortunate circumstance' Urteil 'judgment'; 14. 'well-dressed, snappy' tapfer 'courageous'; 15. 'water, flood' Zeit 'time.'
  d. Gmc *p, *t, *k, *b, *d, *g, *f, *þ, *x;
     OHG pf, ff, z, zz, ch, hh, b, t, g, f, d, h.
  e. 1. Rabe, 2. geben, 3. haben, 4. streben, 5. Laib; 6. shove, 7. live, 8. weave, 9. sieve, 10. heave.
  f. 1. 'instrument for heating' Stube '(heated) room'; 2. 'spouse' Weib 'woman'; 3. 'make move, travel' treiben 'push, make move'; 4. 'rascal' Knabe 'boy ' (poetical); 5. 'remove beard' schaben 'scrape': 6. 'die of hunger' sterben 'die.'

1.422 a. 1. strength, 2. meet, 3. gilt, 4. deem, 5. elder, 6. bro-ther, 7. fox, 8. foot, 9. mouse, 10. long.
  b. 1. behende, 2. überschwenglich, 3. edel, 4. Eltern, 5. elend, 6. fertig, 7. Gehege.

224

   c. 1. Eis, 2. beißen, 3. Pfeife, 4. schmeißen, 5. weit, 6. reiten, 7. oak, 8. goat, 9. clothe, 10. home, 11. stone, 12. alone. 13. Dieb, 14. frieren, 15. Grieche, 16 Siegel, 17. Kiel, 18. beer, 19. fee, 20. siege 21. zeal, 22. smear, 23. Münze, 24. küssen, 25. Hölle, 26. Sünde, 27. kühn, 29. twelve, 29. thin, 30. hear, 31. feel, 32. swear.

1.423 a. Inf: geben; pres: gebe, gibst, gibt, geben, gebt, geben; spec. subj: gebe, gebest, gebet, geben, gebet, geben; past: gab, gabst, gab, gab, gaben, gabt, gaben; gen subj: gäbe, gäbest, gäbe, gäben, gäbet, gäben; pres. part: gebend; past part: gegeben.
1. Through analogy to pres. ind.
2. -es 1st pl pres and past ind; -t sie-form pres; -i pres part.
3. -i- du- and er-form pres; -e- ihr-form pres; -u- ihr-form.
4. ich-, er-form and past.
5. Because of -i in inflectional syllable: du- and er-form pres.
6. OHG -u, -i-, -a-, -ē-, -ī-.

   b. Tag, Tag, Tag(e), Tages; Tage, Tage, Tagen, Tage.
Gast, Gast, Gast(e), Gastes; Gäste, Gäste, Gästen, Gäste.
Bote, Boten, Boten, Boten; pl all Boten.
Lamm, Lamm, Lamm(e), Lammes; Lämmer, Lämmer, Lämmern, Lämmer.
Mutter all sg; Mütter, Mütter, Müttern, Mütter.
Zunge all sg; Zungen all pl.
1. /-(ə)n/ der-class OHG boto; die-class OHG zunga
 /-⁽¨⁾ə/ der-classes OHG tag, gast
 /-⁽¨⁾ər/ das-class OHG lamb
 /-⁽¨⁾ / die-class OHG muoter
2. "Weak" der-nouns have an /-n/ in all oblique cases, no /-s/ in gen sg.
3. Analogy to "strong" der-nouns; /-s/ was added to "weak" /-n/.

1.424 a. Auferstehung.
   b. 1.=13; 2.=10; 3.=15; 4.=7; 5.=9; 6.=1; 7.=8; 8.=3; 9.=12; 10=2; 11.=6; 12.=4; 13.=14; 13.=14; 14.=5; 15.=11.

1.5

1.51 a. Usually not taught at all; it should be through reading aloud.
   b. 1. Frau (4); 2. Schwalbe (1)/(3) 3. Pfau (2); 4. Treue (4); 5. weit (1); 6.bauen (4); 7. Braue (2); 8. euer (4).
   c. 1. Leib (1); 2. schöpfen (5); 3. bauen (1); 4. Pilz (4); 5. Häuser (1); 6. zwölf (5); 7. gut (2); 8. Nonne (3); 9. wo (5); 10. Güte (2); 11. Sommer 12. Hölle (5); 13. Maus (1); 14. spritzen (4); 15. Buch (2); 16. Lied (2); 17. schwören (5); 18. Sonne (3); 19. Löffel (5); 20. ohne (5); 21. Schwein (1); 22. müde (2); 23. streifen (4); 24. mögen (3).
   d. 1. Herr (4); 2. Stube (1); 3. Tür (3); 4. ging (4); 5. liegen (1); 6. Viertel (3); 7. geben (1); 8. Erde (3); 9. brachte (4); 10. Mutter (6); 11. Weg (2); 12. Lerche (4); 13. ihr (3);

14. lassen (6); 15. Fahrt (3); 16. Jammer (6); 17. Licht (4); 18. sagen (1).
- e.1. Gmc: *i, *(e), *a, *u, *(ī), *(ē), *ā, *ū, *(eu), *ai, *au.
  OHG: i, e, a, u, o, ei, ie, ā, uo, u, iu, eo, e, ei, ō, ou.
  NHG: i, e, a, ä, u, ü, ei, i, a, ä, u, ü, au, äu, eu, ī, e, ei, o, ö, au, äu.
  2. ei: (9)&(20); ie /ī/: (10)&(18); au:(15)&(23); äu:(16)&(24).
  3. e: (2)&(4); ē(19) & ā (12); äu (16),(24)&eu(17).
  4. 17, 7 long, 7 short, 3 diphthongs.
  5. Umlaut (4), (6), (8), (12), (14), (16), (22), (24).
  6. Monophth: (10), (13), (18); Diphth: (9), (13), (17).

1.52 a. I. ritt(en) pl; II. bot(en) sg; IIIa. band(en) sg; IIIb. half(en) sg; IV. nahm(en) pl; V. gab(en) pl.
  b. 1. Unjustified, since brennen etc. are Gmc. *jan verbs while bringen etc. are not and show loss of nasal before spirant.
  2. Somewhat justified, since both display similar NHG characteristics.
  3. Justifiable in conjunction with the formation of past tense. However, the pres and semantic range as well as syntax of modals differ substantially. To avoid confusion, modals should be discussed separately.
  c. 1. r/s; 2. r/s; 3. r/s; 4. s/r; 5. e/r; 6. s/r; 7. e/r; 8. r/s; 9. s/r; 10. e/r; 11. s/r; 12. r/e; 13. s/e; 14. e/r.
  d. 1. e/r; 2. r/e; 3. 3/s; 4. r/s; 5. r/s; 6. e/r; 7. r/s.

1.53 a. 1. 'bright, lit'; 2. 'fast, quick'; 3. 'silly, foolish'; 4. 'grain, that which the field carries'; 5. 'dead body, corpse'; 6. '(morally) noble'; 7. 'prostitute'; 8. 'evil deed'; 9. 'wedding'; 10. 'work'; 11. 'corpulent, fat, thick'; 12. 'soon'; 13. 'bad'; 14. 'invent'; 15. 'modest, restrained'; 16. 'soft, mild'; 17. 'cowardly'; 18. 'lazy, rotten (of food)'; 19. 'cunning, craftiness'; 20. 'feed, nurture.'
  b. 1.=4; 2.=7; 3.=12; 4.=8; 5.=9; 6.=6; 7.=3; 8.=5; 9.=1; 10.=2; 11.=10; 12.=11.
  c. 1. '-ty': university, modality: -tät: Universität, Modalität;
  2. '-tion': nation, ration; -tion: Nation, Ration;
  3. '-ence': intelligence, eminence; -enz: Intelligenz, Eminenz;
  4. 'ion': region, vision; -ion: Region, Vision:
  5. '-or': motor, doctor; -or: Mótor, Dóktor (pl. Doktóren);
  6. '-um': museum, decorum; -um: Museum (pl. Museen), Dekorum.

1.6 a. 1. -n (verkundē, 1)/ -d (vn̄, 1).
  2. ei (Reichs, 2), ay (Kayserlicher, 4), ey (keinerley, 12), ai (durchslaiffet, 11).
  ie (offenbieff, 5), i (disem, 5).
  eu (euch, 1), ew (ewrm, 7).
  i (ir, 5), j (jme, 12).
  z (zethun, 13), c (denunciiern, 1), tz (Frantzen, 2).
  3. No umlaut: verkundē 1, Furstenthumben 7, Sloßsen 8, Dorffern 8, etc. Umlaut: erklerten 2, Steten, Mergkten 8, etzet, drenket 10; Romischer 4, fur 6.
  4. tz: Frantzen 2; ff: Dorffern 8; gk: Mergkten 8; βs: Sloßsen 8.
  5. No, cf. line 8 vs line 9.
  b. 1. dat, 1; ziden, 1.
  2. /e/=/i/: minschen, 2; /ā/=<ai> straifen (strafen), 5.
  3. is, 1; un, 3; nu, 4 (ist, und, nun).

          4. knecht, 4; bfunden, 2.
          5. wurdent historical and conservative.
          6. No lowering before nasal: sun-sün, NHG Sohn-Söhne.
          7. hett, 1; erb, 2; mül, 3; sün 1,3.

1.61   a. Mentel's style is clumsy because he repeatedly uses color-
          less verbs and nominal constructions: gemacht in die
          gleichsam (4-5), gemacht gehorsam (6-7). In contrast,
          Luther uses expressive verbs and passive constructions:
          ward gehorsam (7). Through deletion of the subject, the
          style becomes more concise: Ernidriget sich selbs (6).
       b. 1. 'fat'/'very fat' (3); 2. 'scold'/'punish' (3); 3.
          'splinter'/(splinter) (1); 4. (poet. 'dress')/'dress' (3)
          5. 'lip of an an animal'/'lip' (3); 6. 'goat'/Upper German
          'goat' (2); 7. 'mental anguish'/'anguish' (3); 8.
          (puddle')/'pond' (2); 9.(poet. 'beach')/'shore' (3);
          10 'infirmity'/('infirmity') (1); 11. Upper German 'pot'/
          'pot' (2); 12. ('show-off')/ 'hypocrit' (1).

1.62   a. 1. die Zeit (acc); 2. die Qual (acc); 3. Ein Gepräch
          (acc); 4. sie (acc); 5. den Mord an dem Vater (prep.
          phrase).
       b. 1. Uber mein wohlgelungenes (acc instead of gen);
          2. bei Ihnen (dat instead of acc); 3. gegen meine
          Qual (acc instead of dat); 4. ohne ihren Lysias (acc
          instead of dat); 5. Seit dem (D/G); 6. neben Sie (A/D); 7. auf
          ihren (A/D); 8. an Ihren Trost (acc instead of dat);
          9. in dem Nebenzimmer (dat instead of acc); 10. an
          meiner Schulter (dat instead of acc.).

1.63   a. 1. 'fear of God'; 2. 'rebirth'; 3. 'temple of idols';
          4. 'orient'; 5. 'lump of gold'; 6. 'fiery zeal'; 7.
          'scandalous tongue'; 8. 'den of murderers'; 9. 'memorandum';
          10. 'baptism by fire'; 11. 'changeable as weather'; 12.
          'paralytic.'
       b. 1. 'like pebbles on the beach'; 2. 'the heavenly hosts';
          3. 'thoughts and desires'; 4. 'forbidden fruit'; 5. 'thorn
          in the side'; 6. 'ragtag and bobtail'; 7. 'wolf in sheeps'
          clothing'; 8. 'to preach to the winds'; 9. 'a sealed
          book'; 10. 'a stumbling block.'

1.7   a. e.g., e Arie, s Konzert, s Adagio, s Intermezzo, s Diver-
          timento, r (Mezzo)Sopran, r Tenor, r Baß, s Libretto.
       b. 1. e Geographie, 2. e Polygamie, 3. r Respekt, 4. s Rendez
          vous, 5. e Methode, 6. e Passion, 7. e Atmosphäre, 8.
          s Postskriptum, 9. sensibel, 10. absurd. 11. r letzte
          Wille, 12. s Weltreich, 13. s Tageblatt/e Tageszeitung,
          14. e Eßlust, 15. e Menschlichkeit, 16. s Bruchstück,
          17. r Umschlag, 18. eintönig, 19. dauernd/bleibend; 20.
          allgemein.

1.71   a. Jeder, 2; producieren, 2; Verhältniß, 14; Irrthum, 16.
       b. lang, 4; Unruh, 4; bessern, 5.
       c. 1. 'perform, create'/vorführen, aufführen, dichten.
          2. 'strange, puzzling'/Seltsames, Eigenartiges.
          3. 'situation'/in derselben Lage.
          4. 'illusion, delusion'/falsche Vorstellung.
          5. 'lightheartedness'/leichten Sinn, Mutwilligkeit.
          6. 'games, undertakings'/Spiele, Unterhaltung.

d. 1. Junge; 2. Jedoch/Aber; 3. Mitbewerber; 4. (Haus)Lehrer;
5. den ich (gern) mochte; 6. fiel..mir ein.
e. wo Jeder von uns (1-2) = bei der; welche...vorbrachten
(6-7) = die; worin ich stand (14) = in dem; wobei ich
gut bestand (27) = bei der or die.
f. Spec Subj: habe sie selbst gemacht (13); ob...seien (19);
Gen Subj: ob...befände (17-18); ob...möchte (19-21)

1.8 a. In America, major dialect distinctions are made between
north and south, which are considered of equal social
value, as opposed to standard and substandard, the latter
the language of ethnic or socially deprived groups.
In Germany, dialect distinctions are exclusively regional
and have little to do with education or social standing.
The differences in dialects are so great that speakers
from different regions must resort to the standard language
so that they can understand each other.
b. 1. 'to shift points, ease one's way' (1) 2. 'to be in
good form, shape (3); 3. 'to stimulate artificially'
(2); 4. 'specific weight' (2); 5 'to keep at the ball,
follow through' (3); 6. 'a big reception'(1); 7. 'to
probe' (2); 8. 'to go to the ground, on the mat' (3)
9. 'to keep the equilibrium' (3); 10. 'to kick someone
out of the boat' (3); 11. 'buffer state' (1); 12. 'to
find the right leap, get a good start' (3).

1.81 a. 1. = 2.; 2.=3 3.=6.; 4.=8.; 5.=9.; 6.=12; 7.=13; 8.=15;
9.=17; 10.=19.; 11.=22; 12.=23; 13.=26; 14.=27; 15.=29.
b. 1.=(2); 2.=(4); 3.=(3); 4.=(4=(4,5); 5.=(3); 6.=(5);
7.=(4); 8.=(1,2); 9.=(1,2); 10.=(1,2,3); 11.=(4); 12.=(1,2);
13.=(5); 14.=(4,5); 15.=(4,5); 16.=(4); 17.=(5); 18.=(1,2);
19.=(1,2,3); 20.=(3); 21.=(3,4); 22.=(3.4); 23.=(1,2);
24.=(1); 25.=(1,2); 26.=(5); 27.=(1.2); 28.=(2,3); 29.=(1);
30.=(3,4); 31.=(5); 32.=(1,2); 33.=(5); 34.=(1,2); 35.=(2,3).

1.82 a. 1.=(5); 2.=(4); 3.=(1); 5.=(5); 6.=(3); 7.=(1); 8.=(4);
9.=(3); 10.=(5); 11.=(3); 12.=(3); 13.=(3); 14.=(3);
15.=(3); 16.=(2).
b. 1.=(1); 2.=(4); 3.=(6); 4.=(2); 5.=(10); 6.=(10); 7.=(6);
8.=(9); 9.=(12); 10.=(12); 11.=(6); 12.=(5); 13.=(7);
20.=(6); 21.=(11); 22.=(10); 23.=(11); 24.=(10); 25.=(2);
26.=(12); 27.=(8).
c. 1.=Low German; 2.=Bavarian; 3.=Silesian; 4.=Swabian;
5.=Low German; 6.=Bavarian.

1.9
1.91 a. 1. Schottel's definition is relatively modern in that
it includes form and marker, although no function.
2. This notional definition of a noun has little value
since it ignores form, function, and marker, as well
as other parts of speech which can also be nouns (e.g.
'a must,' 'the ups and downs,' and 'rich and poor').
Schottel's definition is superior.
3. In most instances, students learn English grammatical
terminology when they acquire their first foreign
language. The addition of another meta-language is
an impractical burden. However, advanced students,

particularly those who want to become teachers, should
know the German grammatical terminology in order to
use German reference handbooks.
- b. 1. demonstrative pronoun, 2. article, 3. superlative,
  4. inflection, 5. verb, 6. genitive, 7. past perfect
  tense, 8. passive voice, 9. noun, 10. singular, 11.
  nominative case, 12. object. 13. r Wen-Fall, 14. e
  Zeitform, 15. e Befehlsform, 16. r Satzgegenstand,
  17. r bezügliche Satz, 18. s Bindewort, 19. e Aussageweise,
  20. s Umstandswort, 21. e Sprachlehre, 22. s persönliche
  Fürwort, 23. e Tatform, 24. e Satzlehre.

1.92
- a. 1.=(2),(3),(4),(1); 2.=(4),(3),(2),(1); 3.=(3),(2),(4),(1); 4.=(1),(3),(2),(4); 5.=(3),(2),(4),(1).
- b. 1.=(1); 2.=(2); 3.=(1); 4.=(2); 5.=(2); 6.=(1); 7.=(2), 8.=(2); 9.=(1); 10.=(2); 11.=(1); 12.=(1).

CHAPTER TWO

2. PHONOLOGY

2.1 a. Ideally, at least 10% of an elementary textbook volume should be devoted to phonology.
 b. Very few elementary textbooks contain articulatory descriptions and drills.
 c. The attitude should be that good German pronunciation is important and that the time spent on practicing it is very worthwhile.

2.2 Eine Biene fällt ins Wasser. Eine Nachtigall sitzt auf einem Baum und sieht die Biene im Wasser. Sie sieht, daß die Biene ans Land schwimmen will. Sie nimmt ein Blatt vom Baum und läßt das Blatt ins Wasser fallen. Die Biene setzt sich auf das Blatt und kommt in wenigen Minuten glücklich ans Land. Einige Tage später sitzt die Nachtigall wieder auf einem Baum. Ein Junge kommt, nimmt einen Stein und will die Nachtigall töten. Schnell setzt sich die Biene auf die Hand des Jungen. Der Junge fühlt den Stachel der Biene, läßt den Stein fallen, und die Nachtigall fliegt weg.

2.3

2.31 a. 1./p/; 2. /h/; 3. /θ/; 4. /f/; 5. /x/; 6. /b/; 7. /m/; 8. /pf/; 9. /g/; 10. /t/; 11. /n/; 12. /k/; 13. /ç/; 14. /d/; 15. /ð/; 16. /v/; 17. /ts/; 18. /j/; 19. /r/; 20. /ŋ/; 21. /z/; 22. /l/; 23. /š/; 24. /s/; 25. /ž/.
 b. 1. /p/ (1) – /b/ (6); /f/(4) – /v/ (16); /s/(24) – /z/(21); /t/(10) – /d/(14); /θ/(3) – /ð/(15); /š/(23) – /ž/(25); /k/(12) – /g/(9); /ç/(13) – /j/(18).
 2. /θ/ and /ð/. 3. /ç/. 4. /pf/, /ts/. 5. /m/, /n/, /ŋ/. 6. /x/. 7. /h/. 8. /l/.
 c. 1. /h/ not a bilabial, but a glottal. 2. /a/ not a consonant, but a vowel. 3. /r/ not a nasal, but a trill. 4. /l/ not a spirant, but a lateral. 5. /n/ not a stop, but a nasal. 6. /ts/ not a sibilant, but an affricate. 7. /t/ not voiced, but voiceless. 8. /p/ not a spirant, but a stop. 9. /t/ not a velar, but a dental. 10. /f/ not voiced, but voiceless.

2.32

2.33 a. /x/.
 b. The most important technique is to give students self-confidence by praising them when they succeed in pronouncing the target sound accurately. First, the teacher should teach auditory discrimination by having students listen to pairs contrasting familiar sounds and foreign sounds. Then the class should repeat the examples in chorus, followed by words which use the sound in different surroundings. Students should then individually pronounce those words.
 c. It is a sound approach to first practice orally. However, students are conditioned to view language in its written form and quickly get bored and disconcerted when not allowed to read and write. The period of exclusively oral work should not be long.

2.331 a. <z> /ts/ Ziel /tsīl/, all, /z/, zeal /zīl/
<s> /z/ so /zō/, all, /s/, so /sō/
/t, p/ /š/ still /štil/, /t, p/ /s/ still /stil/
front /ç/ ich /iç/
<ch>back /x/ auch /aux/, all /tš/ church /tčɛtč/
/s/ /k/ sechs /zeks/
<th>all /t/ Thema /tēmā/, all /θ, ð/ thigh /θai/, thy /ðai/
<w> all /v/ wasʌ/ vasʌ/, all /w/ water /wɔtʌ/
b. 1. steche-stecke; dächte-deckte, dich-dick, röchen-Röcken;
2. welchen-welschen, Gicht-Gischt, Wächter-wäscht er,
leicht-heischt; 3. wichen-wachen, Nächte-Nacht, Löcher-
Loch, Frauchen-rauchen; 4. Zucht-zuckt, sacht-sackt,
roch-Rock.

2.332 a. Using contrastive English-German minimal pairs, have students
listen to examples. Explain the different position for
articulation; have students repeat the sound and contrastive
examples.
b. 1. weil-while, Bild-built, lief-leaf, fällt-felt;
2. Rhein-Rhine, Ritt-writ, braun-brown, Frost-frost;
3. Biere-Bier, führe-für, gehören-Gehör, Heere-Heer;
4. schirrt-schilt, hart-Halt, Herd-Held, Kurt-Kult.

2.333 a. Scham-sahm, Masche-mushy, schiele-Sheila, Tisch-dish,
Flasche-flashy.
b. /p/ medial: Lampe-bumper, Schärpe-sharper; final: ab-up
Lump-lump; /t/ medial; sollte-salty, warte-party; final:
kalt-colt, hart-heart; /k/ medial: welke-bulky, wirke-
turkey; final: sank-sank, welk-elk.

2.334 a.

	ENGLISH					GERMAN					
	(Vowel)	/r/	/l/	/n/	/w/	(Vowel)	/r/	/l/	/m/	/n/	/v/
/p/	-----	+	+			-----	+	+		⊕	
/t/	-----	+		+		-----	+				(+)
/k/	-----	+	+		+	-----	+	+		⊕	+
/b/	-----	+	+			-----	+	+			
/d/	-----	+			+	-----	+				
/g/	-----	+	+			-----	+	+		⊕	
/f/	-----	+	+			-----	+	+			
/s/	-----		+			-----					
/š/	-----	+		(+)	(+)	-----	⊕	⊕	⊕	⊕	⊕
/sp/	+	+	+								
/st/	+	+									
/šp/						+	⊕	⊕			
/št/						+	⊕				
/sk/	+	+					+	+			

             1. --
             2. Reading the stops before nasal is difficult for English
                speakers who will include a /ə/ between the stop and
                nasal.
             3. Interference of writing system in terms of English.
          b. /pf/ and /ts/ arose in pre-OHG times in the OHG con-
             sonant shift from Gmc *p and *t before vowels, after liquids
             and when doubled.
          c. /pf/: /pfant/, /hüpfən/, /stumpf/;
             /ps/: /psalm/, /stöpsəl/, /mops/;
             /ts/: /tsart/, /hetsən/, /herts/;
             /tš/: /tšeçə/, /lātšən/, /matš/;
             /dž/: /džungəl/, /ādādzō/, ---

2.4
2.41   a. 1. Kiele, kühle, Kuhle; 2. Bohnen, Besen, bösen;
          3. lagen; 4. rissen, rüsten, rösten, Resten; 5. Rose,
          Rabe, Ruhe; 6. Leute, leite, läute, Laute; 7. Stiele,
          steht, Staat, gestohlen, Stuhl.
       b. 1. /ü/; 2. /a/; 3. /ə/; 4. /u/; 5. /e/; 6. /ȫ/; 7. /o/;
          8. /i/.
       c. 1. /ī/ and /i/; /ē/ and /e/; /ū/ and /u/; /ō/ and /o/;
          /ǖ/ and /ü/; /ȫ/ and /ö/; /ā/ and /a/.
          2. /ə/.
          3. /ǖ/, /ü/, /ȫ/, /ö/.
       d. 1. /ī/, /ǖ/, /ē/, /ō̆/. 2. /ū/, /ō/, /ā/. 3. /ǖ/, /ü/,
          /ȫ/, /ö/.

2.42   a. Open: stressed, long tense and short tense; unstressed
          short tense.
          Closed: stressed, short lax; unstressed short lax.
       b. 1. gäben, schweren, sägen, dehnen, wägen, stehlen.
          2. In dictations.
          3. Yes, if the teacher makes a distinction.

2.43
2.431 a. 1. [buxdrukʌkunst; 2. kindʌšpīl; 3. nēbənstelə;
          4. kostprōbə; 5. šītsriçtʌ; 6. mērəsvelən; 7. hōzənrok;
          8. untʌzūxuŋ; 9. visbəgīr; 10. goltkrōnə]
       b. 1. [roimliçkaitən; 2. zaitənaiŋan; 3. roibʌboitə;
          4. aistsait; 5. zaubʌkait; trauʌklait; 7. maurʌsloitə;
          8. augənaufšlāk; 9. maistgəbrauxt].
       c. 1. [špreçən-špreçʌn, fāren-fāhrʌn, tsaigən-tsaigʌn;
          2. lāgə-lāgʌ, flīgə-flīgʌ, frāgə-frāgʌ;
          3. zīgəs-zīgʌs, tišəs-tišlʌs, fišəs-fišʌs;
          4. botən-botin, grīçən-grīçin, gatən-gatin].

2.432 a. [faigʌ gədankən   allən gəvaltən
          benglīçəs švankən   tsum trots ziç ʌhaltən
          vaibišəs tsāgən   nimʌ ziç boigən
          eŋkstliçəs klāgən   kreftiç ziç ts.aigən
          vendət kain ēlənt   rūfət dī armə
          maxt diç niçt frai   der götʌ hʌbai]
       b. /ā/: Zagen, Klagen; /a/: Gedanken, Schwanken, macht, allen,
          Gewalten, erhalten, Arme; /o/: Trotz.
       c. /ā/: Schale, fahle, Lachen, rate, Base, Wahlen
          /a/: schalle, falle, lachen, Ratte, Basse, wallen
          /o/: Scholle, volle, lochen, Rotte, Bosse, wollen.

2.433 a. [ax aus dīzəs tāləs gründən   dort ʌblik iç šönə hügəl
          dī der kaltə nēbəl drükt   ēviç juŋ unt ēviç grün

```
            könt iç dox dēn ausgaŋ findən    het iç šviŋgən het iç flūgəl
            ax vī fült iç miç bəglükt         nāx den hūgəln flōk iç hin]
      b. 1. fühlt, viel, Pfuhl; 2. Hügel, Riegel, Ruhe; 3. grün,
         grienen, Grunewald; 4. Flügel, Fliege, Flug; 5. Gründen,
         schinden, Schrunden; 6. drückt, strickt, druckt; 7. be-
         glückt, bestrickt, beguckt; 8. schön, geschehen, schon;
         9. zög, Zehe, zog; 10. könnt, kennt, gekonnt.
      c. [ kRēən šRain      štar         tōr          vintʌvandʌšaft
           švirən tsuʌ      Rukveɹts     fəɹlōn       Rauxə
           virt             nar          fəɹlōʌst    keltʌn
           dēʌ              fɑʌ vintʌs   nirgənts     šnar
                                                      fəɹ štek
                                                      herts]
```

2.434 1. /ˌeˈsɛns; 2. ˌtsīˈgarə; 3. ˌeˈlɛkˌtriš; 4. ˌlīˌtsenˈzīˌruŋ;
       5. ˌkǫmˌproˈmiˌsə; 6. ˌdeˌmōˈkraˌtiš; 7. ˌreˌstauˌrāˈtsiōn;
       8. ˌkomˌprōˌmiˈtīˌrən; 9. ˌanˌtrōˌpōˈlōˌgiš; 10. ˌdēˌtsen-
       ˌtrāˌlīˈzīˌruŋ; 11. ˌkoˌlāˌbōˌrāˈtsiōn; 12. ˌēˌlekˌtrī,
       tsīˈtēt; 13. ˌdēˌmīˌlīˌtāˌriˈzīˌruŋ; 14. ˌrēˌorˌgāˌnīˌzā
       ˈtsiōn; 15. ˌoˌnoˌmaˌtōˌpōˈēˌtiš/

2.5
2.51 a. ˈÜberˌfall-ˌüberˈfallen; ˌUnterˈhaltung- ˌunterˈhalten
         ˈUrˌteil- ˌerˈteilen; ˈDurchˌbruch-ˌdurchˈbrechen;
         ˈUrˌlaub- ˌerˈlauben; ˈZuˌkunft- ˈzuˌkommen.
      b. 1. tritt..ˈüber, überˈtritt; 2. ist ˈüberˌgeˌtreten, hat
         ˌüberˈtreten; 3. ˈüberˌtreten, ˌüberˈtreten; 4. ˈüberˌtritt,
         ˌüberˈtritt.
      c. 1. ˌMoˈtoren, 2. ˌDäˈmonen, 3. ˌPasˈtoren, 4. ˌAtˈlanten
         5. ˌCharakˈtere, 6. ˌDiriˈgenten.

2.52 Since the differences in intonation between English and German
      are slight, no theoretical discussion is needed in the class-
      room. The teacher should observe whether German intonation
      is imitated correctly, especially in dialogues.

2.53 a. The impression arose from the glottal stop /ʔ/ used in
         German at the onset of words and syllables beginning with
         a vowel.
      b. By slowing the speech and by articulating each word separately
         and applying the glottal stop, students will hear the
         difference and can be taught the glottal stop.

2.6
2.61 a. 1. /z/; 2. /š/; 3. /s/; 4. /z/; 5. /s/; 6. /s/.
      b. 7. /s/; 8. /s/.
      c. 9. <s> when the inflected forms have medial /z/: Los-Lose
         /lōs-lōzə/; <β> is spelled when the inflected forms have
         medial /s/: Schoβ-Schöβe /šōs-šösə/
      d. 10. /s/
      e. 1.=(1); 2.=(2); 3.=(3); 4.=(4); 5.=(6); 6.=(10); 7.=(5);
         8.=(7); 9=(10); 10.=(10); 11.=(8); 12.=(10); 13.=(5);
         14.=(6); 15.=(2); 16.=(4); 17.=(8); 18.=(4); 19.=(6);
         20.=(4).
      f. In wessen Wohnung sind Sie gewesen? 2. Mit diesem Besen
         soll Ilse besser fegen. 3. Wo hast du das Buch gelassen,

das wir lasen? 4. Mit Getöse fiel der Wasserkessel herunter. 5. Anneliese hat Muße, ihre weiße Bluse zu waschen. 6. Wer hat die große Vase mit den Rosen umgestoßen? 7. Ein weiser Mann bleibt zu Hause, wenn draußen tausend Autos durch die Straßen sausen. 8. Sie müssen wissen, daß das Wasser jetzt heiß ist. 9. Er soll diese Flüssigkeit nicht über seine bloßen Füße gießen. 10. Wenn ich nur wüßte, ob der Sturm die Ostküste verwüstet hat. 11. Sie haßt diesen häßlichen Kasten. 12. Er hat gewußt, wie der Pastor heißt. 13. Die besten Leistungen der Studenten werden von der Schule begrüßt.

2.62 1. Wir /ī/ trinken /i/ hier /ī/ viel /ī/ Bier /ī/. 2. Mitte /i/ April /i/ bittet /i/ Ilse /i/ ihren /i/ Mieter /ī/ um die /ī/ Miete /ī/ und gibt /ī/ ihm /ī/ eine Quittung /i/. 3. Sabine /ī/ ißt /i/ vier /ī/ riesige /ī/ Birnen /i/. 4. Peter /ē/ und Eva /ē/ sehen /ē/ an dieser Stelle /e/ die hellen /e/ Wellen auf dem /ē/ See /ē/. 5. Auf dem /ē/ rechten /e/ Feld /e/ steht /ē/ stets /ē/ eine Herde /ē/ schneller /e/ Pferde /ē/. 6. Wir brechen die Kekse auf dem Teller. 7. Er sagte müde /ü/, er müsse /ü/ Bücher /ü/ lesen 8. An den Flüssen /ü/ liegen hüben /ū/ und drüben /ū/ Hügel /ū/. 9. Die Mütter /ü/ hüten /ū/ hüstelnd /ū/ die Türen /ū/ der Hütten /ü/. 10. Die Zölle /ö/ wurden plötzlich /ö/ wieder erhöht /ö/. 11. Mögen /ō/ Sie rötliche /ō/ Hölzer /ö/? 12. Die schöne /ō/ Österreicherin /ō/ errötete /ō/.

b. In den Feldern, Wäldern und Täler jener Länder leben viele beerenessende Bären. 2. Die verhehrende Kälte lähmte die Kräfte der härtesten Männer. 3. Die ernsten Wähler ernennen die ehrlichen Räte der besten Städte. 4. Brigitte ißt ihren Fisch am Tisch im finsteren Zimmer. 5. Die siegreichen Griechen schließen immer wieder Frieden. 6. Sie schrieb mir sieben ausgiebige Briefe. 7. Der Igel und der Biber sind niedliche Tiere. 8. Im Mai singt Heinz eine kleine Weise. 9. Die weise Waise bleibt mit einem Laib Brot allein. 10. Der Kaiser reitet im Hain am Rain des Rheins. 11. Mais und Reis sind nicht heimische Getreide. 12. Die Leute säumen unter euren Bäumen oder in teuren Häusern. 13. Neue Gebäude kosten hohe Steuern. 14. Heute läutet er die Glocke freudig. 15. Die Meute bekämpft das heulende, leuchtende Feuer mit keuchenden Wasserschläuchen.

2.63 a. Open syllables signal long vowels, closed syllables short vowels; for spelling, pronunciation, and syllabic division.
b. 1. kö-nig-li-che Ho-heit; 2. treue Freun-din-nen; 3. un-sin-ni-ge Be-haup-tun-gen; 4. zuk-ker-sü-ße Kek-se; 5. bun-te Herbst-astern; 6. er-wach-se-ne En-kel-kin-der: 7. die Ver-ei-nig-ten Staa-ten; 8. deut-sche Gründ-lich-keit; 9. un-will-kom-me-ne Gä-ste; 10. Auf-fas-sungs-ver-

mö-gen; 11. Er-bau-ungs-li-te-ra-tur; 12. Ein-kaufs-li-ste; 13. Un-ter-su-chungs-ge-fäng-nis; 14. au-ßer-or-dent-li-che Mü-he; 15. Re-gie-rungs-di-rek-to-ren.

2.64-
2.65   Karl der Große überragte mit seiner Körpergröße von 1,92 Metern äußerlich seine Umgebung. Man sah auch an seinem von blonden Locken umrahmten Antlitz mit der etwas über-langen, gebogenen Nase und den gewöhnlich gütigen, nur in der Leidenschaft aufflammenden Augen den geborenen Herrscher. Seine hohe, durchdringende Stimme war das passende Werkzeug seines wendigen Geistes. Der durch Übungen aller Art gestählte Körper versagte sich dessen Anforderungen nie. Tief eingewurzelt war in Karl der Glaube an die fränkische Weltsendung, die nach seinem Tode Otfried von Weißenburg mit den stolzen Worten wiedergab: "Die Franken sind hochgemut. Zu vielem Guten, zu vielem Vorteil führt sie der Verstand. Kein Volk, das an ihr Land grenzt, entzieht sich ihnen. Durch ihre Tüchtigkeit zwingen sie es, ihnen zu dienen. Alles, was sie im Sinne haben, führen sie mit Gott aus; nichts tun sie in der Not ohne seinen Rat."

CHAPTER THREE

3. VERB PHRASE
3.1
3.11   1.=(3); 2.=(2); 3.=(1); 4.=(1); 5.=(3); 6.=(4); 7.=(2); 8.=(3); 9.=(4); 10=(1); 11.=(2); 12.=(4); 13.=(3); 14.=(1); 15.=(3); 16.=(2); 17=(4); 18.=(3); 19.=(1); 20.=(2).

3.12 a. Since most grammatical concepts and terms of English are sometimes understood for the first time in foreign language classes, the additional German terminology is an unnecessary burden. However, students of advanced classes should be made aware of the German terms so that they can consult German handbooks.
   b. 1. er-form, sg, present perfect tense indicative active. 2. du-form, sg, general subjunctive past expression with modal active. 3. ich-form, sg, present perfect indicative active. 4. wir-form, pl, present perfect with modal active indicative. 5. formal imperative. 6. he-form, sg. past perfect indicative active. 7. I-form, subjunctive, present expression, active. 8. they-form, pl, future perfect active indicative. 9. she-form, sg, past perfect indicative active, suppletion of modal. 10. we-form, pl, subjunctive or simple past passive indicative with modal.

3.13 a. Psychologically, it is sound to illustrate that there is only a limited number of grammatical phenomena; especially irregular forms (of which there are never many) should be shown numerically.
   b. English has fewer strong verbs, one less modal, fewer mixed verbs. German has no verbs such as 'put-put-put' with no tense markers.

3.131 a. Yes: First sentence prepositional phrase; 2nd has German equivalent Er sieht den Zaun an (separable verb), 3rd Er übersieht den Zaun (inseparable).
   b. 1. anzuzweifeln/zu bezweifeln; 2. zu ersteigen/zu besteigen; 3. abzuschließen/zu verschließen; 4. auszuarbeiten/zu bearbeiten; 5. weiterzusenden/nachzusenden; 6. zu erwachen/aufzuwachen; 7. zu erbauen/aufzubauen; 8. zu erweisen/zu beweisen; 9. abzukaufen/zu verkaufen; 10. abzufahren/zurückzufahren.
   c. 1. zu durchbrechen/durchzubrechen; 2. zu unterstellen/unterzustellen; 3. unterzugraben/zu untergraben; 4. zu überziehen/überzuziehen; 5. zu durchfahren/durchzufahren; 6. umzuschreiben/zu umschreiben; 7. durchzukreuzen/zu durchkreuzen; 8. umzustellen/zu umstellen; 9. zu übergehen/überzugehen; 10. umzugehen/zu umgehen.

3.132 a. Since most verbs are weak in both languages, the pull of analogy brings new verbs into that class.
   b. Beginning with English '-ed' and German -te-, students will see the similarity. The suffix is added to the unchanged stem, and in German the inflectional endings follow.

3.133   a. schneiden-schnitt-geschnitten; 2. wachsen-wuchs-gewachsen; 3. schmelzen-schmolz-geschmolzen; 4. winden-wand-gewunden; 5. frieren-fror-gefroren; 6. graben-grub-gegraben; 7. treiben-trieb-getrieben; 8. schwören-schwor-geschworen; 9. heben-hob-gehoben; 10. scheren-schor-geschoren; 11. schwellen-schwoll-geschwollen; 12. sieden-sott-gesotten; 13. verlieren-verlor-verloren; 14. treten-trat-getreten; 14. sinken-sank-gesunken; 16. verbieten-verbot-verboten; 17. binden-band-gebunden; 18. blasen-blies-geblasen; 19. trinken-trank-getrunken; 20. gebären-gebar-geboren.
   b. Beginning with verbs such as singen-sang-gesungen (I-class) followed by sehen-sah-gesehen (E-class), similarities can be shown. Then, groups of verbs with the same patterns should be gradually introduced.
   c. Verbs such as stehen-stand, gehen-ging, tun-tat, as well as those with Verner's Law ziehen-zog, schneiden-schnitt, etc. would belong in the class. Such a class is helpful, since it includes frequently used verbs that are otherwise not classifiable.
   d. 1. always weak; 2. mostly weak; 3. mostly weak; 4. weak or strong; 5. weak or strong; 6. weak or strong; 7. mostly strong; 8. always weak; 9. mostly strong. 10. strong: gären, wägen, gebären, hängen; schwören; lügen, trügen, küren; 11. strong kommen, stoßen; rufen; laufen, saufen, saugen.

3.134   a. 1. set-set-set; 2. sit-sat-sat; 3. lay-laid-laid; 4. lie-lay-lain; 5. raise-raised-raised; 6. rise-rose-risen; 7. hang-hanged-hanged; 8. hang-hung-hung.
   b. Weak verbs are transitive; strong verbs are intransitive.
   c. Sentences such as (liegen-legen): Das Buch _____ auf dem Tisch. Ich _____ das Buch auf den Tisch. Gestern _____ das Buch dort. Vorhin _____ er es dorthin, etc. Or forming sentences: Mein Haus/ stehen/ in/Stadt. Milchmann/ Milch/an/ Tür/stellen, etc.
   d. 1. wiegte, wog; 2. bewog, bewegte; 3. schaffte, schuf; 4. weichte, wich; 5. schliff, schleifte.
   e. 1. wendete; 2. wandte; 3. wendete; 4. wendete; 5. wandte; 6. gesandt; 7. gesandt; 8. sendete; 9. sandte; 10. sandte; 11. schuf; 12. schaffte; 13. schaffte; 14. schuf; 15. schaffte; 16. bewegte; 17. bewegten; 18. bewog; 19. bewegt; 20. bewegte; 21. schleifte; 22. geschliffen; 23. schleifte; 24. geschliffen; 25. schleifte; 26. gehängt; 27. hingen; 28. gehangen; 29. gehangen; 30. gehängt; 31. erschreckt; 32. erschrak; 33. erschreckt; 34. erschraken; 35. erschrocken.

3.135   a. If strong verbs are defined as having a stem vowel change for tense formation and /n/ in the past participle, and weak verbs as having an unchanged stem and /t/ in the past participle, then the mixed verbs, which have characteristics of both, are in a position between the two types.
   b. 'bring, think.'

3.1351 a. The term 'auxiliary' should be reserved for haben, sein and werden for the formation of tenses in a morpho-syntactic sense. Modals function primarily in the semantic realm and modify the meaning of other verbs; they can, however,

b. They are ambiguous; depending on context, they can express both a past tense concept as well as subjunctive.
c. 1. may-dürfen; 2. must-müssen; 3. mögen; 4. shall-sollen; 5. can-können; 6. wollen; 7. may-dürfen; 8. can-können.

3.136 a. In both languages, the auxiliary is very irregular, comprising five stems which are, however, in different distribution.
b. 'He is getting sick/He is going to be sick.' He is going to be a teacher.' Er ist krank geworden. Er ist Lehrer geworden.

3.14
3.141

PERS NUM	MORPHEME	MOOD	TENSE	VERB TYPE	OTHER MORPHEMES	EXAMPLE
ich	/-ə/ /--/	ind	pres	weak	(none)	ich sage
				str.	(none)	ich singe
				mod.	changed stem	ich kann, will
			past	weak	inclusion /-tə-/	ich sagte-
				str.	ablaut	ich sang-
		spec subj		all	inclusion /-ə-/	ich wolle-
		gen subj		weak	(does not exist)	
				str.	abl, uml, /-ə-/ /-ə-/	ich sänge-
du	/-st/ /---/	ind	pres	weak	(none)	du sagst
				str.	sometimes umlaut	du fährst
				mod.	changed stem	du kannst, willst
			past	weak	inclusion /-tə-/	du sagtest
				str.	ablaut	du sangst
		spec subj		all	inclusion /-ə-/	du sagest, singest
		gen subj		weak	(does not exist)	
				str.	abl, uml, /-ə-/	du sängest
		imper		weak	(none)	sage!
				str.	(none)	singe!
				str.	e>i(e)	gib! lies!

237

PERS NUM	MOR- PHEME	MOOD	TENSE	VERB TYPE	OTHER MORPHEMES	EXAMPLE
er	/-t/	ind	pres	weak	(none)	er sagt
				str.	sometimes umlaut	er fährt
				mod.	changed stem	er kann, will
			past	weak	inclusion /-tə-/	er sagte-
				str.	ablaut	er sang-
	/---/	spec subj		all	inclusion /-ə-/	er sage, singe, wolle
		gen subj		weak	(does not exist)	
				mod.	umlaut, incl /-tə-/	er könnte-
				str.	abl, uml; /-ə-/	er sänge
wir, sie	/-n/	ind	pres	all	(none)	wir/sie sagen
				weak	inclusion /-tə-/	wir sagten
				str.	ablaut	wir sangen
		spec subj		all	(does not exist, except seien)	
		gen subj		weak	(does not exist)	
				str	umlaut, incl /-ə-/	wir sängen
ihr	/-t/	ind	pres	all	(none)	ihr sagt, singt
				weak	inclusion /-tə-/	ihr sagtet
				str	ablaut	ihr sangt
		spec subj		all	inclusion /-ə-/	ihr saget, singet
		gen subj		weak	(does not exist)	
				str	abl, uml, /-ə-/	ihr sänget
		imper		all	(none)	sagt! singt!

3.142 a. The analysis suggested here is more practical, since the past inflectional morphemes of weak and strong verbs, as well as the present of modals, are identical, collapsing the system of morphemes.
b. /-tə-/ in weak verbs functions in the same manner as /∼/ in strong verbs.
c. Often in the ich-form: Ich sag, and in imperative singular familiar: Komm!

3.1421 a. 1. /əd/ after dentals; 2. /d/ after vowels and voice consonants; 3. /t/ after voiceless consonants.
      b. 1. /t/ no /ə/ although stem ends with dental: umlaut; 2. /ə-tə-t/ stem ends with dental, inclusion of /ə/; 3. /n/ no /ə/ after -el, -er; 4 /st/ no /ə/: umlaut; 5. /ə/ loss of /ə/ after -el, -er; 6. /ə-t/ stem ends with dental: 7. /ə-n/ inclusion of /ə/ after consonants other than -el, -er; 8. /tə-n/ no /ə/ since morpheme contains it; 9. /ə-t/ stem in dental; 10. /t/ instead of /st/ after sibilant; 11. /t/ no /ə/inclusion after vowel; 12. /n/ no /ə/ after -el, -er; 13. /ə-st/ after dental; 14. /(t)/ merger of dental stem ending and dental morpheme; umlaut; 15. /(s)t/ merger of sibilant stem ending and /st/ morpheme; 16. /ə-tə-/ inclusion of /ə/ after dental; 17. /ə-t/ inclusion of /ə/ after dental; 18. /ə-n/ inclusion of /ə/ after dental; 19. /n/ no /ə/ after -el; -er; 20. /(t)/ merger of dental: umlaut.

3.15
3.151 a. 'to' before the verb.
      b. 1. to ask, pres; 2. to have seen, perf; 3. to have run, perf; 4. to build, pres; 5. to have studied, perf; 6. to have become, perf; 7. to have experienced, perf; 8. to have died, perf; 9. to greet, pres; 10. to have passed, perf.

3.152 a. Weak verbs with dental suffix; strong verbs with ablaut.
      b. 1. verloren lost; 2. gebracht brought; 3. telefoniert telephoned; 4. geritten ridden; 5. gedrungen urged; 6. erhoben lifted up; 7. gekauft bought; 8. gewußt known; 9. beschrieben described; 10. gesessen sat.

3.153 a. 1. unterhaltend; 2. beängstigend; 3. glänzend; 4. tanzend; 5. wissend; 6. rennend; 7. werdend; 8. erwachend; 9. liebend; 10. ruinierend.
      b. 1. Die Ruhe im Wald ist wohltuend. 2. An einem heißen Tag ist kühle Limonade erfrischend. 3. Harte Strafen sind für Kriminelle abschreckend. 4. Der Straßenlärm in unserem Haus ist störend. 5. Diese Behauptung ist nicht zutreffend. 6. Seine Bemerkungen waren ihr einleuchtend. 7. Die schwere Arbeit war für ihn ermüdend. 8. Viele Einbrüche sind für die Nachbarschaft beunruhigend. 9. Ein Glas Saft vor dem Essen ist appetitanregend. 10. Seine Bemerkungen waren für mich beleidigend.

3.16
3.161 a. 1. Weak verbs and those strong verbs which have no umlaut in the du-/er-forms. 2. wir-/sie-form; ich-, er-forms. 3. After all forms and verb types of the present have been mastered, the modals can be introduced before, or together with the simple past.
      b. If the present participle is taught later, the interference is not great, except that students use the infinitive (*ich bin singen). Practice and pointing out that German has no progressive form will eliminate the problem.

3.162 a. wurde
      b. 1. betrat, grüßte; 2. studierte, arbeitete; 3. zogen, ertrugen; 4. verschloß, stieg; 5. hängte, hing; 6. standen, verließen; 7. lernten, sangen, spielten, diskutierten;

8. beteuerte, versprach; 9. bedachten, überlegten; 10. ging, traf.

3.163 a. Because all unstressed vowels became /ə/, the forms merged.
b. würde is a regular form.
c. The examples show that the English general subjunctive looks like the simple past indicative and is used in conditional clauses. Useful as starting point.
d. hätte.
e. 1. none, sagen; 2. all: singen/bieten/fahren; 3. er, ich-form, laufen; 4. all forms; kennen; 5. all forms; 6. all forms; 7. none; 8. -17. all forms.

3.164 a. The forms illustrate that the he-form has no ending and that it is used in wishes and in indirect speech. Absence of /s/ in the he-form can be easily transferred to German absence of /-t/ in the er-form.
b. Since weak, strong and modal verbs form the special subjunctive by adding /ə/ to the stem, the special subjunctive is indeed more regular than the present indicative, for which umlaut and phonological conditioning must be learned.
c. 1. heute gehe er besonders ungern aus dem Haus. 2. das Wetter sei schlecht, es regne und stürme. 3. es scheine, als ob der Winter beginne. 4. leider rufe die Pflicht; er müsse gehen, ob er wolle oder nicht. 4. er habe einen Brief von Inge, der gute Neuigkeiten bringe. 6. sie werde bald zurückkommen und plane, uns zu besuchen. 7. er veranstalte dann ein Fest, zu dem er alle einlade. 8. er wisse aber nicht, wie er Hans erreichen könne. 9. Hans habe kein Telefon und wohne weit außerhalb. 10. es sei unwahrscheinlich, daß er Hans bald sehe.
d. 1. ihr, er, du-forms, sagen; 2. er, warten; 3. er, du, fahren; 4. er, du, halten; 5. ihr, er, du, singen; 6. er, reiten; 7.-9. all forms but wir/sie; 10. er, du; 11. ihr, er, du; 12. all forms.
e. 1. gen, bieten; 2. special, löten; 3. spec, lieben; 4. gen, stehen; 5. gen, schreiben; 6. gen, gehen; 7. spec, gelten; 8. spec, nehmen; 9. gen, denken; 10. gen, kennen; 11. gen, können; 12. spec, rufen; 13. gen, schaffen; 14. spec, wissen; 15. gen, leiden; 16. gen, lügen; 17. gen, halten, 18. spec, bitten; 19. gen, singen; 20. spec. drängen or gen, dringen.

3.165 a. 1. bedenke, bedenkt, bedenken Sie! 2. zieh dich an, zieht euch an, ziehen Sie sich an! 3. lies, lest, lesen Sie! 4. sei still, seid still, seien Sie still! 5. nimm, nehmt, nehmen Sie! 6. schreibe..ab, schreibt ..ab, schreiben Sie..ab! 7. bitte, bittet, bitten Sie! 8. koche, kocht, kochen Sie! 9. freue dich, freut euch, freuen Sie sich! 10. klingle, klingelt, klingeln Sie!
b. ich bitte/danke; present indicative.
c. Erledige/mache die Arbeit sofort! 2. Kümmere/bemühe dich darum selbst. 3. Opfere/widme dieser Arbeit mehr Zeit! 4. Formuliere/(drücke)deine Bitte anders(aus)! 5. Sei/(komme) pünktlich (an)! 6. Hilf/(steh)deiner Mutter (bei)! 7. Sieh den Film an und lies auch das Buch!

8. (Male)/kopiere das Bild (ab)! 9. (Nimm)/verliere Gewicht (ab)! 10. Ärgere/(rege) dich nicht darüber (auf)!

3.17
3.171   a. 1. Er hat sich einen neuen Anzug machen lassen. 2. Ich habe das nicht gekonnt. 3. Wir sind morgens immer sehr früh aufgestanden. 4. Der Chauffeur hat den Wagen in die Garage gefahren. 5. Ich habe ihn nicht danach fragen können. 6. Hast du ihn kommen sehen? 7. Wir sind nicht vor 6 Uhr abegefahren. 8. Der Schnee ist geschmolzen. 9. Du hast es nicht zu glauben brauchen. 10. Woher haben Sie das gewußt?

b. 1. Der Student ist dem Professor begegnet/hat den P. getroffen. 2. Die Polizei hat den Dieb verfolgt/ist dem D. gefolgt. 3. Das Kind ist an den Hund herangegangen/hat sich dem H. genähert. 4. Der Radfahrer ist dem Fußgänger ausgewichen/hat den F. überholt. 5. Der Besucher hat sich entfernt/ist weggegangen. 6. Das Publikum ist aufgestanden/ hat sich erhoben.

c. 1. Das Auto ist um die Ecke gebogen. Der Wind hat die Bäume gebogen. 2. Er hat ihr auf den Fuß getreten. Er ist aus dem Haus getreten. 3. Er hat ein schwarzes Pferd geritten. Er ist auf dem Pferd geritten. 4. Wir sind nach Mainz umgezogen. Vor dem Essen habe ich mich umgezogen. 5. Das Mädchen ist durchs Zimmer getanzt. Das Ballett hat heute getanzt.

d. haben: 1, 2, 4, 5, 7, 8; sein: 3, 6, 9.

3.172   a. In the same manner as German.

b. 1. Das Haus hatte lange gebrannt; es war schließlich ganz ausgebrannt. 2. Die Blumen hatten den ganzen Sommer geblüht; im Herbst waren sie verblüht. 3. Sie hatte am Bett des Kranken gewacht, der nicht aufgewacht war. 4. Die Tür war zugeschlagen. Er hatte die Tür wütend zugeschlagen. 5. Die Arbeit hatte mich ermüdet. Ich war sehr schnell ermüdet. 6. Die Gläser waren zerbrochen. Sie hatte das Glas zerbrochen. 7. Sie hatten den Brief verbrannt. Nasses Holz war schlecht verbrannt. 8. Das heiße Öl hatte in der Pfanne gespritzt. Es war herausgespritzt. 9. Er hatte verreisen müssen; er hatte keine Geschäftsreise machen können. 10. Sie war an Grippe erkrankt. Dann hatte sie lange gekränkelt.

c. 1. Er hatte zuvor ein Auto besessen. 2. Seine Mutter war 1925 gestorben. 3. Sie hatte ihm nicht schreiben dürfen. 4. Er hatte nicht gehen wollen, da sie hiergeblieben war. 5. Sie hatte ihn erschreckt. Er war schnell weggerannt. 6. Warum hatte er uns nicht fragen können? 7. Sie waren lange krank gewesen. 8. Wir hatten ihn auf der Bühne singen und tanzen sehen. 9. Dann warst du Lehrer geworden und hattest geheiratet. 10. Nachdem sie eingestiegen waren, war der Zug abgefahren.

3.173   a. If the future tense is introduced at a later stage and if the modal wollen has been learned earlier as 'want to,' little interference will occur. Translation exercises will combat the interference.

b. 1. Ich werde mich damit nicht einverstanden erklären.
2. Er wird mit uns zum Rathaus gehen und für uns verhandeln.
3. Sie werden nie pünktlich sein und immer zu spät kommen.
4. Morgen werde ich ihn danach fragen, und er wird mir antworten müssen. 5. Wie wird man das erklären, damit es alle verstehen werden? 6. Sie werden nicht gern allein sein, denn sie werden sich fürchten. 7. Er wird sehen, daß wir recht behalten werden. 8. Sie wird zum Arbeitsamt (gehen) müssen und wird sich dort melden. 9. Wie wirst du das nur schaffen und bewältigen können? 10. Heute werden wir viel zu tun und zu besprechen haben.

3.174 a. It is rarely possible to predict the completion of actions or events in the future.
b. Some textbooks teach no future perfect at all. 1. Some textbooks do not mention its rare use; some do. 2. Those textbooks which introduce it do so most often in connection with the perfect and past perfect. 3. Exercises are primarily transformations.

3.175 a+b. Since the two subjunctive forms are based on the only synthetic and inflected forms, there are none left for a past expression of the subjunctive. Same in English.
c. 1. Er sei krank gewesen. 2. Sie wären nicht gern dorthin gegangen. 3. Ich hätte sie gesehen und begrüßt. 4. Sie hätten sich darüber gefreut. 5. Sie habe es nicht verstehen können. 6. Du hättest ihm einen Brief schreiben sollen. 7. Sie seien immer zu spät gekommen. 8. Ich sei vor dem Lärm erschrocken. 9. Sie hätten nicht zu arbeiten brauchen. 10. Sie sei dann Ärztin geworden.

3.18 a. Such structures would have a great amount of redundancy.
b. No, the statement is wrong. In both languages, particularly in technical and scientific writings, the passive voice abounds since the actor can be omitted.

3.181 a. Practically the total morphology of German has to be mastered. It is not accidental that the passive voice is most frequently taught at the very end of the first year course.
b. 1. Die Kinder wurden vom Vater im Garten gesehen. 2. Ein neues Buch wird mir von ihm gekauft werden. 3. Das Feuer wurde durch einen starken Wind verursacht. 4. Blumen sind der Freundin von ihnen zum Geburtstag geschenkt worden. 5. Ich wurde von dem Arbeiter um eine Zigarette gebeten. 6. Darauf wurde nicht geachtet. 7. Dem Gastgeber ist von den Freunden gedankt worden. 8. Während des Essens wurde viel gelacht. 9. Wir werden von euch nicht so bald wiedergesehen. 10. Viel Schönes wird von ihnen auf der Reise erlebt worden sein.
c. 1. Mir wurde von der Medizin sofort geholfen. 2. Das ganze Haus wurde mit Blumen geschmückt. 3. Im Lager wurde viel gewartet und gefroren. 4. Die Möbel werden aus dem Haus entfernt. 5. Die Stadt war im Krieg zerstört worden. 6. Sie werden darauf vorbereitet werden. 7. Es ist das beste Buch des Jahres genannt worden. 8. In Deutschland wird viel gearbeitet. 9. Sie wurden gebeten, sich beim Direktor zu melden. 10. Er wurde gefragt, wann seine Arbeit geprüft werden konnte.

d. 1. von der; 2. von dem; 3. von einer; 4. von dem; 5. durch einen; 6. von unserem; 7. durch einen; 8. von einer; 9. durch das; 10. durch die.

3.182   a. Since werden is structurally a future auxiliary and the modals require the same sentence structure, the approach is practical.
b. 1. He must have been asked by her. Sie muß ihn gefragt haben. 2. These words are supposed to be learned by students soon. Die Schüler sollen diese Wörter bald lernen. 3. The book will have to be bought. Man wird das Buch kaufen müssen. 4. She will not be asked by us again. Wir werden sie nicht noch einmal bitten. 5. He will have to be brought to the hospital. Man wird ihn ins Krankenhaus bringen müssen. 6. That cannot be expected of him. Man kann das nicht von ihm erwarten. 7. Much work should be done here by the employees. Die Angestellten sollen hier viel arbeiten. 8. The house must have been sold already. Man muß das Haus schon verkauft haben. 9. That cannot have been allowed of the children. Man kann das den Kindern nicht erlaubt haben. 10. They did not want to be recognized. Man sollte sie nicht erkennen.

3.183   a. Constructions with bekommen and erhalten can be taught with the passive, since they equal English 'to get.' All other structures are complicated and should be taught in the second year at a college level.
b. 1. Das Buch liest sich gut/läßt sich gut lesen/ist gut lesbar. 2. Die Gäste bekommen Wein angeboten. 3. Dieser Plan ist nicht auszuführen/ausführbar/kommt nicht zur Ausführung/läßt sich nicht ausführen. 4. Das Haus ist nach seinen Plänen zu bauen. 5. Meine Uhr läßt sich vom Uhrmacher reparieren/ Ich bekomme m.U. v.U. repariert/Meine Uhr ist v.U. reparierbar/zu reparieren. 6. Seine Doktorarbeit ließ sich veröffentlichen/Er bekam s.D. veröffentlicht/S.D. gelangte zur Veröffentlichung. 7. Diese Speise ist nicht lange haltbar. 8. Ihre Befürchtungen bewahrheiteten sich/ ließen sich bewahrheiten. 9. Der Patient läßt sich operieren/ kommt zur Operation/ist operierbar. 10. Seine Angst verstärkte sich.

3.19   a. 1. Großvater konnte nicht lesen und schreiben. 2. Schneit oder regnet es? 3. Sie wurde sowohl als Hexe verurteilt als auch auf dem Scheiter verbrannt. 4. Sie wollte weder essen noch trinken. 5. Sie hat nicht nur angerufen sondern auch Blumen geschickt. 6. Peter hat sie auf der Straße gesehen aber nicht gegrüßt. 7. Unser Haus muß nicht nur renoviert sondern auch neu gestrichen werden. 8. Man kann ihm weder alles glauben noch ihm Geheimnisse anvertrauen. 9. Er ist mit dem Auto gereist oder mit dem Zug gefahren. 10. Ich habe ihn weder erreichen noch seine Adresse finden können.
b. weder...noch, aber nicht.

3.2
3.21   a. Usually, elementary textbooks dwell extensively on the forms, yet very little on the use of tenses.
b. 1. Vor einer Woche besaß er sein Auto noch. (7b, II)
2. Gehen wir bald zu Oma? (6, I) 3. Sie winkt mir jeden Morgen zu, wenn ich vorbeigehe. (1, I) (11/7a, III)

4. Wir bereiteten noch das Essen, als er ankam. (III, 11).
5. Erst nachdem er die Brücke überquert hatte, merkte er, daß er seine Brieftasche vergessen hatte. (IV, III, IV) 6. Bevor ich ins Büro fahre, gehe ich zur Bank (1/5, I) 7. Möchtest du einen Happen? Nein, ich habe schon gegessen. (5/10, I, II) 8. Also hat er es doch verkauft? Ich möchte wissen warum. (8/1, II, 1) 9. Sie hatte ihn oft gesehen, bevor er wegging. (13/1, IV/III) 10. Die Kinder sind so laut. Sie stören mich. (1/2, I).

3.211 a. English present and present perfect progressive, future and emphatic present are translated into German present tense.
b. 1. He is no longer working here. (3) 2. I have been working here for three years. (4) 3. We will stay here a few minutes longer. (5) 4. I hope he will not mention the accident. (1/5) 5. No, he is not coming here any more. (3) 6. We meet him every day at the bus stop. (1) 7. He is just eating his lunch. (3) 8. He has been asking us for weeks. (4) 9. How long have you been waiting? (4) 10. You do indeed work hard! (2)

3.212 a. ---
b. ---

3.213 a. When morphology is taught, such exercises can be useful to practice forms. However, after the forms are mastered, the use of tenses should be illustrated by context.
b. Fairy tales are good reading materials.

3.214 a. All time modifiers denoting past events should be introduced in the context of the use of tenses.
b. 1. How long have you been working on it? (EPF, 4, I).
2. Last week I saw her in the opera. (POT, 7a, II).
3. He can wait for that for a long time. (EPF, 1, I).
4. You also shopped there often. (EPF, 7a, II).
5. A week ago today he had the operation. (POT, 7a, II).
6. He will have to start the preparations soon. (POT, 5, I).
7. He has already often complained about it. (UPT, 10 II).
8. No, I have never been in Paris. (UPT, 10, II).
9. That was so long ago. (UPT, 1, I). 10. Do you think he'll ever ask you about it? (EPF, 5, I). 11. Yes, she indeed fought with him all the time. (EPF, 7a, II).
12. He won't take his exam until next year. (POT, 5, I).
13. I thought about it for a long time. (EPF, 7a, II).
14. He never doubted that. (UPT, 7a, II). 15. Can the children go play now? (POT, 1, I).

3.215 a. No, the phrase 'to be going to' is used frequently.
b. 1. Er wird um 12 Uhr in Berlin angekommen sein. 2. Ich schicke es dir nächste Woche. 3. Er wird unter diesen Umständen nicht zurückkommen. 4. Bis heute abend werden sie die Straße freigemacht haben. 5. Wirst du das allein schaffen können? 6. Er sucht es morgen. 7. Sie werden mich nie wiedersehen. 8. Sie macht ihre Prüfung bald.
9. Er wird Dienstag darüber informiert sein. 10. Ich werde ihn bestimmt daran erinnern.

3.22
3.221 a. No.
b. After mood phrases such as 'believe, assume, guess; it is probable, possible, conceivable'; with adverbs, such

as 'maybe, possibly.'

3.222 a. All German mood modifiers have English equivalents.
       b. nur 'only' in imperatives and wishes.

3.223 a. 1. Wir müssen; 2. Wir konnten d.U. nicht länger zuhören. 3. Er hatte..fahren wollen. 4. Ich soll..übergeben. 5. Ich mag d.F. nicht. 6. Dürfen Sie.. d.L.betreten? 7. Wir sollten s.d.H. verlassen. 8. Sie möchte jetzt nichts essen. 9. Wollten Sie mit ihm sprechen? 10. Die Polizei muβ d.V. helfen.
       b. 1. Diese Tatsachen werden (können, mögen) umstritten sein. 2. Er will sie noch nie gesehen haben. 3. Dort kommt sie; sie kann d.T. nicht vergessen haben. 4. Der Mann muβ mich m.j. verwechselt haben. 5. Sie werden (können) nicht dazu gezwungen worden sein. 6. Er kann (wird) den Brief noch nicht gelesen haben. 7. D.G. sollen n.M. angekommen sein. 8. D.B. können (werden) e.g. erlassen worden sein. 9. Er wird (mag) das Problem unlösbar finden. 10. Sie werden (mögen, können) es i.d. Z. gelesen haben.

3.2231 a. Since the distinction is similar in English and German, English examples can be used to illustrate the concept.
       b. Particularly with modals, contextual indicators are very important. Practicing sentences with larger contexts will illustrate the semantics.

3.2232 a. 1. The book is said to be completely sold out. (S). 2. He who wants to become a doctor must study Latin. (O). 3. He cannot have been in America. (S). 4. She claims to have lived here for years. (S). 5. You are to leave me alone. (O). 6. He could not be interrogated. (O). 7. They may have found it incomprehensible. (S). 8. He wants to be informed about it. (S). 9. They were not able to travel to Africa. (O). 10. How old can he have been at the time of his father's death (S)?
       b. 1. Es ist Licht in seinem Zimmer; er wird (kann, könnte, dürfte, sollte, muβ, müβte) zu Haus sein. (S). 2. Er will das Angebot abgelehnt haben. (S). 3. Sie hatten den Gast nicht begrüβen können. (O). 4. Sie hätten mehr Vernunft haben sollen. (S). 5. Sie sollen sehr reich sein. (S). 6. Sie hätten uns vorher (an)rufen können. (S). 7. Kannst du dich daran erinnern? (O). 8. Sie mag (wird, dürfte könnte, kann) hübsch gewesen sein, als sie jung war. (S). 9. Du muβt das auf jeden Fall tun. (O). 10. Kinder sollen gesehen aber nicht gehört werden. (O).

3.223 a. Delete: 1.; 3.; 5.; 6.; 7.; 8.; 9.
       b. 1. weiβ; 2. kennt; 3. konnten; 4. weiβt; 5. kannte; 6. kannten, konnten; 7., wuβte; 8. wissen, kann; 9. kannte, konnte; 10. gekannt, gewuβt.

3.2234 a. 1. Du sollst ihm das Buch kaufen! 2. Ihr müβt mir d.B. geben! 3. Sie sollen sich e.N.d. machen! 4. Du muβt mir m.L. kochen! 5. Wollt ihr ihm e.e.B. schreiben! 6. Ihr sollt nicht i. streiten! 7. Du muβt aufhören..! 8. Du sollst i.f.u.h. sein! 9. Ihr müβt j.m.e.A. anfangen! 10. Du sollst i.d.s.T. wegnehmen!

b. 1. Darf (Dürfte) ich Sie um e.G. bitten? 2. Können (Könnten) Sie mir sagen..? 3. Womit kann (könnte, dürfte) ich ihnen dienen? 4. Darf (Dürfte) er Sie n.d.A. fragen? 5. Dürfen (Dürften) wir um 7 Uhr kommen? 6. Dürfen (Dürften) w.d.u.e.g.R. bitten? 7. Können (Könnten, Möchten) Sie d.W.z.P. beschreiben? 8. Könnt (Könntet) i.i.b.r.d. informieren? 9. Können (Könnten, Möchten) Sie mir erzählen, ..? 10. Kannst (Könntest, Möchtest) du ihnen helfen?

3.2235 a. 1. will; 2. möchte; 3. Mögen; 4. Möchtest; 5. will; 6. gemocht; 7. will; 8. mochte; 9. wollen; 10. möchtest.
   b. 1. brauchen; 2. brauchen; 3. dürfen; 4. kann; 5. braucht; 6. darf; 7. brauche; 8. müssen; 9. kann; 10. muß.
   c. 1. Sie brauchen ihn nicht zu beleidigen; Sie sollten ihn eher bemitleiden. 2. Diese Tatsachen sollten nicht vergessen werden. 3. Du mußt nicht vergessen, daß sie nicht mitmachen durften. 4. Er braucht ihr kein Geschenk zu senden. 5. Wir brauchen nicht sofort zu gehen, aber wir sollten nicht zu lange bleiben. 6. Er kann die Verabredung nicht wieder vergessen haben. Sie muß in seinem Kalender notiert sein. 7. Sie müssen ihn überhaupt nicht verstanden haben. 8. Du darfst Energie nicht verschwenden. 9. Er kann es nicht rechtzeitig berichtet haben. 10. Er ist alt genug. Er braucht nicht um Erlaubnis zu bitten.
   d. 1. Du hast es mir zu glauben. 2. Ich weiß, daß dieser Brief zu beantworten ist. 3. Darüber hatte er immer zu entscheiden. 4. Das ist genau zu überlegen. 5. Diese Besprechung ist zu vertagen.

3.224
3.2241 a. 1. Wenn er mich nicht gewarnt hätte, hätte mich das Auto überfahren. 2. Ich gäbe dir das Buch, wenn ich es fände. 3. Wenn es nicht immer wieder Kriege gäbe, wären die Menschen glücklich. 4. Wenn die Tür nicht verschlossen wäre, wären sie zu Haus. 5. Wenn der Student fleißig gewesen wäre, hätte er die Prüfung bestanden. 6. Wenn ich Zeit hätte, könnte ich hierbleiben. 7. Wenn das Wetter gut wäre, gingen wir spazieren. 8. Wenn er vorsichtig gewesen wäre, wäre er nicht bestohlen worden. 9. Wenn du gesund wärest, würde sich dein Freund nicht um dich kümmern. 10. Wenn sie früher kämen, gäbe es noch etwas zu essen.
   b. 1. Wenn das Wetter schön wäre/Wäre das Wetter schön, hätte man...2. Wenn er keinen Bart hätte, sähe er...3. Hätte sie das Rezept genau beachtet, wäre...4. Hätte er nicht eingewilligt, hätten wir...5. Wenn ich an Ihrer Stelle wäre, hätte ich...6. Wären die Umstände erfreulicher, würden wir...7. Wenn der Arzt sie nicht beraten hätte... 8. Wenn du mir beistehen würdest, wäre ich...9. Wäre er besser vorbereitet, könnte...10. Hätte er es versprochen, hätte ich...

3.2242 a. 1. Hätten wir nur Zeit! 2. Wenn er nur auf mich warten würde! 3. Wenn ich nur kein defektes Auto gekauft hätte! 4. Hätte sie das nur gewußt! 5. Hätten wir ihn nur erreichen können! 6. Wenn er nur gesund wäre und nicht im Krankenhaus läge! 7. Könnte man nur sein Leben noch einmal beginnen! 8. Hätten Sie uns das nur gleich gesagt! 9. Verginge die Wartezeit nur schneller! 10. Hätte ich das nur nicht vergessen!

b. 1. Ich wünschte, ich könnte dir helfen. 2. Ich wünschte, die Woche hätte drei Sonntage. 3. Ich wollte, er hätte nicht so viel Bier getrunken. 4. Ich wünschte, die Operation läge hinter mir. 5. Ich wünschte, sie wären nicht so schnell gefahren. 6. Ich wollte, du könntest heute zu Haus bleiben. 7. Ich wünschte, wir müßten weniger Steuern zahlen. 8. Ich wollte, er hätte es mir gleich erzählt. 9. Ich wünschte, sie bestünden nicht darauf, mich zu treffen. 10. Ich wollte, ich bekäme immer erfreuliche Nachrichten.

3.2243 a. 1. als ob du nicht wüßtest, worum es geht! 2. als wenn er Seide wäre. 3. als ob ich krank würde. 4. als ob man ihn bestrügen wollte. 5. als wenn du es noch nie gehört hättest. 6. als ob das Haus unbewohnt wäre. 7. als ob ihre Existenz in Gefahr wäre. 8. als ob das Geschäft besser ginge. 9. als ob eine von mir genommen worden wäre. 10. als wenn sie es unangenehm fänden.
b. 1. Er lebt, als wäre er ein Millionär. 2. Sie benahm sich, als wäre sie eine Mutter. 3. Der Ring sah aus, als wäre er Gold. 4. Er arbeitet, als wäre er eine Maschine. 5. Sie singt, als wäre sie eine Krähe.
c. 1. Er ißt mit solchem Heißhunger, als hätte er seit Tagen nichts mehr gegessen. 2. Es ist so unordentlich, als wären die Vandalen eingebrochen. 3. Der Ausländer spricht so gut, als wäre Deutsch seine Muttersprache. 4. Sie machten solchen Krach, als wäre ihr Leben in Gefahr. 5. Die Autos sausten so, als wenn sie die Schallmauer durchbrechen könnten.

3.2244 a. 1. der das übernehmen könnte. 2. den wir fragen könnten. 3. der nicht gemacht worden wäre. 4. der bereit gewesen wäre, es zu tun. 5. der seinem Vater gehören könnte.
b. 1. Hätte er wirklich kein Geld? 2. Wollte ich as wirklich tun? 3. Könnten sie ihn wirklich nicht besuchen? 4. Müßte man wirklich pünktlich ankommen? 5. Hätten sie das wirklich zu bestimmen?
c. 1. Er wäre beim Angeln beinah im Fluß ertrunken. 2. Während der Operation wäre sie fast gestorben. 3. Mein Suppe wäre beinah übergekocht. 4. Die Frau wäre beinah vom Auto umgestoßen worden. 5. Sie hätten ihn beinahe aus der Schule geworfen. 6. Du hättest beinah deinen Kaffee über meine Bücher gegossen. 7. Ich wäre vor Angst beinah in Ohnmacht gefallen. 8. Er wäre fast mit leeren Händen zurückgekehrt. 9. Du hättest heute früh fast deinen Zug versäumt. 10. Der Dieb wäre beinah von der Polizei gefangen worden.

3.225
3.2251 a. At a very early stage. Dialogues can be varied by exercises such as: "Was hat er gesagt?" "Er hat gesagt, er kann das Buch nicht lesen."
b. 1. der Vorschlag stamme von ihm; er halte ihn für vernünftig. 2. er sei gestern bei seinen Eltern gewesen und habe unseren Bruder getroffen. 3. Er könne sich nicht z.d.R. entschließen. 4. seine Freunde führen n.I. und kämen i.M. zurück. 5. sie bestünden darauf, daß er mitkomme. 6. l.J. seien sie i.S. gewesen und hätten s.T. verlebt. 7. er habe sich vorgenommen, hierzubleiben. 8. jetzt wisse er w.n., was

er machen solle. 9. seine Frau wolle ihren K.D. zeigen. 10. d.K. kennten i.H. n. und seien noch nie i.B. gewesen.
- c. 1. wir kämen gerade recht. Er brauche Hilfe. 2. wir sollten ihm d.S. geben und d.Z. halten. 3. sie habe ihn n.n. gesprochen. 4. er werde sich f. unsere I. einsetzen. 5. wann ich das erledigen könne. 6. sie müsse aufpassen. Der Hund sei bissig. 7. ob ich mit d.U. rechnen könne. 8. sie werde sich bessern...9. er solle mich anrufen und m.B. geben. 10. was wir von d.A. hielten. 11. sie müßten s. zurückkehren. 12. sie habe sich zu viel vorgenommen. 13. er wolle sie nie verlassen. 14. bis wann sie bleiben könne. 15. er solle tief atmen u.d.L. anhalten. 16. du sollest s.z.i. gehen und d.G. zurückgeben. 17. wir behielten es für uns. 19. wie es ihr denn möglich gewesen sei. 20. wir hätten ihm s.P. zerstört.

3.2252 a. God bless you! Thank God! Be it resolved...
- b. The forms are the same.

3.226 a. 1. Attention! Be careful while the train departs! (Noun) 2. All aboard! Close doors! (Inf.) 3. Stay healthy! Give my regards to your husband! (Imper.) 4. You should be ashamed! You must apologize! (Modals). 5. Drive slowly! Watch for detour! (Inf.) 6. Wake up! Get up! Get in line! Get dressed! (Past part.) 7. Be so kind and give me the book! (Present ind. act.) 8. Now we cook and wash dishes! (Present ind. pass.) 9. Slower and clearer! (Adj.) 10. You will be quiet now and sleep! (Fut. ind. act.) 11. Let's go! Let's ask him! Let's hurry! (Incl. speaker) 12. Be so kind and help me! (Pres. ind. act.) 13. Let's remember it and not forget it! (Incl. speaker). 14. You will now straighten up! (Modals). 15. Lights out! (haben/sein+inf+zu) 16. You've got to be quiet now! (haben/sein+inf+zu) 17. Work now! (Ind. pass.) 18. Answer! Open up! (Inf.) 19. Don't startle him with it! (Imper. fam.) 20. Let's get new furniture! (Incl. speaker).

3.23
3.231 a. In most situations, the actor or originator must be mentioned.
- b. Not grammatically.
- c. ---

3.232 a. 1. Heute wird mehr als früher telefoniert. 2. In dem neuen Kaufhaus wird gern eingekauft. 3. Damals ist viel Sport getrieben worden. 4. Die öffentlichen Verkehrsmittel werden von vielen Leuten benutzt. 5. In den Hörsälen wird lebhaft diskutiert. 6. Dafür wird viel Geld ausgegeben werden müssen. 7. Sonderangebote sollten besser ausgenützt werden. 8. Viele Glückwunschkarten werden zum Fest versandt. 9. Trotz aller Warnungen wird noch immer geraucht. 10. Das wurde ihm geglaubt.
- b. 1. Im Deutschen werden Substantive großgeschrieben. 2. Die Postleitzahl wird links vor den Ort geschrieben. 3. Fünf Eier werden mit einem Pfund Zucker verrührt. 4. Der Schlüssel wird in den Anlasser gesteckt und der Motor gestartet. 5. Der Ofen wird vor dem Backen und Braten angewärmt. 6. Die elektische Leitung muß gut isoliert

werden. 7. Zitate werden in Anführungszeichen gesetzt.
8. 'Saal' wird mit zwei, nicht mit einem A geschrieben.
9. Diese Uhr muß jeden Tag aufgezogen werden. 10. Vor
dem Sonnenbad soll die Haut mit Öl geschützt werden.

  c. 1. daß das Problem schnell bereinigt wird. 2. daß er ausgewiesen wurde. 3. daß er sofort abgefunden wird. 4. daß die Steuern abgeschafft werden. 5. daß alle Reparaturen schnell ausgeführt werden. 6. daß der Frieden bald geschlossen wird. 7. daß die Verhandlungen abgebrochen worden sind. 8. daß die Besprechungen wieder aufgenommen werden. 9. daß die Löhne der Bergarbeiter um zehn Prozent erhöht werden. 10. daß Dr. Müller zum Direktor ernannt wird.

3.24
3.241 a. 1. Er hat d.b.T. sehen wollen. 2. Sie hat m.d.A. schreiben helfen. 3. Sie hat ihn nicht gesehen, aber sie hat ihn singen hören. 4. Bald habe ich mir d.H. schneiden lassen. 5. Er hat n.d. zu fragen brauchen. 6. Wir sind gern m.i. tanzen gegangen. 7. Du hast nicht zu essen brauchen, wenn du nicht gewollt hast. 8. D.S. haben E. sprechen und lesen gelernt. 9. M.B. hat mch lange warten lassen. 10. Er ist uns bald besuchen gekommen.

  b. 1. Er hat sein Auto von einem Mechaniker reparieren lassen. 2. Wir haben sie weinen hören. 3. Sie hatten länger zu Haus bleiben wollen. 4. Du brauchst heute nachmittag nicht zu kommen. 5. Er wird mir das Haus putzen helfen. 6. Er hatte alles bezahlen sollen. 7. Sie hat nie malen gelernt. 8. Der junge Mann half der Dame ihren Koffer tragen. 9. Sie blieben sitzen, als der Direktor eintrat. 10. Sie wird wetten wollen.

3.2411 1. Er versprach, sich bald darum zu kümmern. 2. Der Arzt befahl ihm, weniger zu rauchen. 3. Hast du ihre Erlaubnis erhalten, ihren Wagen zu nehmen? 4. Es ist unmöglich, ohne Geld zu leben. 5. Wir hatten schon vorige Woche erwartet, umziehen zu können. 6. Es tut mir leid, dich nicht darüber informiert zu haben. 7. Sie behauptet, für die Stellung ernannt worden zu sein. 8. Es ist nicht leicht, einen harten Winter zu durchleben. 9. Er glaubt, dieses Mal keine Fehler gemacht zu haben. 10. Warum hast du ihnen verboten, das Haus zu verlassen?

3.242 a. 1.=6; 2.=3,1; 3.=4,1,2; 4.=5; 5.=3,6; 6.=3,4; 7.=3,6; 8.=3,2; 9.=5; 10.=3,6,3.

  b. 1. Sind meine Schuhe schon besohlt? 2. Der Gast wirkte betrunken. 3. Der Schaden war gleich behoben. 4. Mit diesem Haus sind viele Erinnerungen verbunden. 5. Sind sie auch eingeladen? 6. Das Haus wirkt unbewohnt. 7. Die Stadt ist von großen Wäldern umgeben. 8. Die Bibliothek ist renoviert. 9. Er wirkt mit ihr versöhnt. 10. Ihre Koffer sind schon gepackt.

3.243 a. 1. Dieser Schluß ist naheliegend. 2. Das Buch ist unterhaltend und belehrend zugleich. 3. An heißen Tagen ist ein kaltes Bad erfrischend. 4. Ein gutes Buch ist geistanregend. 5. Diese Tabletten waren schmerzlindernd. 6. Der Lärm unserer Nachbarn ist sehr störend. 7. Man behauptet, Musik sei leistungssteigernd. 8. Ihre Hilflosigkeit war mitleiderregend. 9. Auspuffgase sind luftverunreinigend. 10. Kräutertee ist blutreinigend.

b. 1. Lange Spaziergänge sind für alte Leute ermüdend.
2. Seine Kritik wirkte lähmend auf den Arbeitseifer.
3. Die Todesstrafe soll auf Kriminelle abschreckend wirken.
4. Die Schicksalsschläge waren für ihn entmutigend.
5. Seine Ungepflegtheit wirkte auf uns abstoßend. 6. Diese Arbeit ist für mich zu sehr anstrengend. 7. Die Rede wirkte auf die aufgeregten Zuhörer beruhigend. 8. Die Menge des Materials war für die Studenten verwirrend. 9. Deine Bemerkung ist für die Freunde beleidigend gewesen. 10. Seine schlechte Laune wirkte auf unsere Festtagsstimmung lähmend.

3.3
3.31 a. 1. müssen..aufbrechen; 2. sieht blaß aus; 3. hätten.. befragt werden müssen; 4. war...erschütternd; 5. war.. eine bekannte Schauspielerin; 6. ist...besprochen worden; 7. hat...gehen lassen; 8. fahre...ab; 9. rannte; 10. muß... arbeiten.
b. zeitig, blaß, wirklich, schwer; 2. schreiend; 3. ungehindert.

3.311 a. Because languages have abundant means to indicate precise and extensive meaning.
b. All human capacities can be expressed by uncomplemented verbs: sehen, hören, schmecken, riechen, gehen, denken, etc. When these verbs are complemented, their meaning is narrowed to a specific object.

3.312 a. Because underlying the infinitive construction is another sentence: Ich höre ihn. Er singt.=Ich höre ihn singen.
b. 1. Es ist schwer, Kinder richtig zu erziehen. 2. Es ist wichtig, das Gelernte täglich zu wiederholen. 3. Der Student beginnt, für die Prüfung zu arbeiten. 4. Er freut sich (darauf), seine Freunde wiederzusehen. 5. Es ist nicht immer leicht, sich selbst zu beherrschen. 6. Wir planen, eine Reise nach Europa zu unternehmen. 7. Er bemühmt sich (darum), nach Schulabschluß eine Anstellung zu finden. 8. Sie erstrebte, die Dichtersprache besser zu verstehen. 9. Es war für uns ein hoher Genuß, dieses Museum zu besuchen. 10. Die Leute wünschen, das Konzert bald wiederzuhören.

3.313 a. If the predicate contains the verbs haben, sein, werden, scheinen, klingen, wirken or aussehen, the past participle belongs to the predicate.
b. 1. fragte (betrübt); 2. sind...ausverkauft; 3. haben... vermietet; 4. klang verlogen; 5. öffnete (erschrocken); 6. soll...durchgebraten werden; 7. scheint...beliebt; 8. schlich (ungesehen); 9. rief (besorgt); 10. stellte (unerschrocken).

3.314 1. war...erhebend; 2. scheint intelligent, bezaubernd; 3. sprach...ein (beruhigend); 4. war...entscheidend; 5. wirkt...beleidigend; 6. bemühte (rührend); 7. wirkt... erschütternd; 8. schrie (drohend); 9. berichteten (weinend); 10. konnten...entschließen (zögernd).

3.315- a. 1. zufrieden; 2. ein Kreis, rund; 3. blaß, krank (unerfreulich);
3.316 4. müde; 5. Vater; 6. (freundlich); 7. gelb, rot; 8. unartig, undankbar; 9. eine gute Kundin, (tatsächlich); 10. still, (geheim).

b. 1. alone; 2. alone, +inf+zu, +past part, +pres part, +adj; 3. +inf+zu, +past part, +pres part, +adj +noun; 4. alone, +inf+zu; 5. alone, +past part, +pres part, +adj; 6. +inf+zu, +past part; 7. alone, +past part, +pres part, +adj; 8. +inf, +past part, +pres part, +adj, +noun.

3.317   1. werden...gefragt werden: future passive = 2 werden +past part; 2. hätte...erwarten sollen: past expression of subjunctive with modal = 2 inf; 3. werden...abkaufen: future = werden + inf; 4. ist...gezeigt worden; perfect passive = sein + 2 past part; 5. hat...abgeliefert werden müssen: perfect passive with modal = haben + past part + 2 inf; 6. kam, sah siegte: present active = finite verbs alone; 7. wirkte klug, besonnen, vernünftig: simple past active = wirken + predicate adjectives; 8. sollen...erlebt haben: simple past with modal = moal + inf perf; 9. ist... gewählt worden: perfect passive = sein + 2 past part; 10. hätte...geschehen dürfen: past expression of subjunctive = haben + 2 inf.

3.32 a. No.
      b. 1. war; 2. muß; 3. trennt euch; 4. glaubt; 5. sollt; 6. war; 7. kennt; 8. hat; 9. nehmen; 10. planen.

3.33 a. 1. ungrammatical; 2. gramm; 3. gramm + change of meaning; 4. gramm; 5. ungram; 6. gramm + change; 7. gramm; 8. ungramm; 9. ungramm; 10. gramm.
      b. 1. seem; 2. request; 3. watch; 4. live; 5. work; 6. must; 7. continue; 8. be; 9. have; 10. get.

3.331 1. +hum, +anim, +inan/abstract; 2. +hum, + inan, +inan/abstr; 3. +hum, +anim, +inan/abstr; +hum/abstr, -inan, -anim; 4. +hum/abstr; 5. +hum/abstr; 6. +hum/abstr, +anim, + inan; 7. hum/abstr, +inan; 8. +hum/abstr; -inan; 9. -hum/abstr, +inan; 10. +hum/abstr; -inan.

3.332 a. 1. er eine schäbige Dachkammer (in München); 2. sie ein Stück (ihres Apfels); 3. Wir ihn an sein Versprechen (schon im Mai); 4. Der Direktor die Angestellten um Geduld (des Betriebs); 5. Sie ihren Fehler (bei der Abrechnung); 6. Der Zug (am Bahnsteig um 9:45); 7. es (Letzten Winter drei Monate dauernd); 8. Meine Eltern in Hamburg (bei Verwandten); 9. Der Arbeiter nach dem Weg (mich zum Flughafen); 10. sich Hans mit Petra (Gestern).
      b. 1. = 2 Er versteht Deutsch; 2. = 2(3) Ich erinnere ihn (an das Versprechen); 3. = 2(3) Sie verzeiht ihm (den Betrug) 4. = 1(2) Es hagelt (große Schloßen); 5. = 2 Wir besuchen ihn; 6. = 2 Sie erkranken an Grippe; 7. = 2 Er stahl ein Auto; 8. = 2 Hans liebt Grete; 9. 1/2 Das Auto fährt/Wir fahren nach Köln/Er fährt einen Audi; 10. = 2(3) Der Lehrer lehrt (das Kind) Deutsch.
      c. 1. schneien, regnen, blühen; 2. sehen, fragen, lesen; 3. nennen, kosten, lehren; 4. nützen, schaden, folgen; 5. geben, kaufen, schreiben; 6. ernennen, erinnern, bitten; 7. helfen, danken, antworten; 8. warten, beruhen, rechnen.

3.3321 a. 'Direct Object.'
       b. 1. D.A. beachtete den F.n. 2. D.Z. durchfuhr d. 8. 3. D.A. beschreibt sein L.; 4. Wir behängen die W. mit Bildern; 5. Sie belegte die O. mit Apfelscheiben. 6. Gestern durcheilten Soldaten undere S. 7. D.V. bedachte sein K.

nicht. 8. Er besingt die S. d.F. 9. U. durchlebte er das
E. 10. D.n.B. behandelt eine junge L.

c. 1. Die Arbeiter sprengten die Brücke; sie sprang in die
Luft. 2. Der Arzt legte das kranke Kind ins Bett; es lag
sehr still. 3. Der Bauer tränkte die Kühe; sie tranken.
4. Mein Sohn verschwendete sein Geld; es verschwand schnell.
5. Der Sturm versenkte das Schiff; es versank im Ozean.
6. D.H. erschreckte das Kind; es erschrak und weinte. 7.
Das Kind setzte die Puppe auf den Stuhl. Es saß noch immer
da. 8. Du hängtest die Kleider in den Schrank. Sie hingen
ordentlich. 9. Er stellte das Auto in den Schatten; später
stand es in der Sonne. 10. Der Arbeiter fällte den Baum;
er fiel laut.

d. 1. Einen Dummkopf, ihn; 2. die Verantwortung; 3. die Kosten
Ihrer Dienste; 4. ihn, die Buchführung; 5. das Essen,
hundert Mark; 6. ihre Pläne; 7. die Freunde; 8. ein Haus;
9. Unsere Koffer; 10. sie, große Sorge.

3.3322 a. 1. Der Fisch schmeckte den Kindern nicht. 2. Der Sohn
widerspricht dem Vater. 3. Der Arzt empfiehlt dem Patienten
eine Reise nach dem Süden. 4. Die Tochter gleicht der
Mutter charakterlich. 5. Der Reisende dankt dem Beamten
für die Auskunft. 6. Die Großmutter erzählt den Kindern
eine Geschichte. 7. Der Dieb entkommt der Polizei nicht.
8. Der Lehrer redet dem Schüler Mut zu. 9. Der Verbrecher
entläuft dem Gefängniswärter. 10. Der junge Mann schmeichelt
dem hübschen Mädchen.

b. 1. mir, mir; 2. ihm, ihm; 3. dir, dir; 4. der Mutter,
der Mutter; 5. dem Kranken, dem Kranken; 6. einem Menschen,
einem anderen Menschen, einem anderen Menschen. 7. ihr,
ihr; 8. uns; 9. jedem, jedem Kind; 10. mir, mir.

3.33221 a. There are fewer reflexive predicates in English.

b. 1. Wir haben uns sehr über die Bemerkungen d.K. amüsiert.
2. Ich habe mich über seine U. geärgert. 3. Sie hat
über die U.i.m.B. aufgeregt. 4. Die O. hat sich über
das B.d.P. empört. 5. Ich habe mich sehr über deinen liebens-
würdigen B. sehr gefreut. 6. Die E. entrüsten sich über
die R.d.K. 7. Ich wundere mich nicht über das e.W. 8.
Er sättigte sich an dem gestohlenen B. 9. Sie begeistert
sich über den großen E. 10. Der staubige W. hat sich an
einer kühlen L. gelabt.

c. 1. Können Sie (sich) e.A. (gedulden) warten? 2. D.B.d.D.
befindet sich (ist) i.e.S. 3. Ich habe (mich) nicht (getraut)
gewagt; 4. Es handelt sich (geht) um e.p.A. 5. Er hat
sich n. l. besonnen (überlegt); 6. Die P. erhöhen sich
(steigen) dauernd. 7. Ich habe mich entschlossen (beschlossen); 8. Der W. erstreckt sich (reicht) b.z.G. 9. Garantierst
du (verbürgst du dich); 10. Er erhob sich (stand auf).

3.3323 1. Der Vater erlaubt seiner Tochter eine Europareise.
2. Der Gast bezahlt dem Ober die Rechnung. 3. Der Sieger
reicht dem Besiegten die Hand. 4. Der Arzt verbietet deinem
Bruder das Rauchen. 5. Der Verkäufer bringt dem Kunden
ein neues Modell. 6. Der Forscher opfert der Wissenschaft
seine Gesundheit. 7. Der stolze Vater zeigt den Gästen
sein kleines Baby. 8. Der Räuber raubt dem Boten die Geldtasche. 9. Die Königin überreicht dem Nationalhelden einen
Orden. 10. Die reiche Tante schickt ihrem armen Neffen

einen Scheck.

3.3324 1. D.A. erinnert sich oft an seine Heimat. 2. D.M. entließ d.B. aus seiner Stellung. 3. Mutter scheint Ruhe u.E. zu brauchen. 4. Wir kannten den Weg nicht. 5. D.S. schämt sich über seine F. 6. E.b.M. ist zu jedem V. fähig. 7. D.D. würdigt den B. mit keinem B. 8. Er steht wegen U. unter Verdacht und erkennt seine S. 9. D.K. sollten an die Liebe u.M. i.E. denken. 10. D.S. waren sicher, einen großen E. zu erzielen.

3.3325 a. 1. erwogen; 2. Man hat sich entschlossen; 3. ausdrücken; 4. klären; 5. abschließen; 6. erstaunt; 7. eingesetzt; 8. gefährdet; 9. beanspruchen; 10. besprochen.

b. 1. nach; 2. an, an; 3. auf; 4. aus; 5. Mit; 6. auf; 7. auf; 8. nach; 9. auf; 10. über; 11. aus; 12. zu; 13. gegen; 14. zum; 15. mit; 16. über; 17. für; 18. mit; 19. für; 20. an.

c. 1. Jeder klagt über hohe Steuern. 2. Ich vertraue auf deine Ehrlichkeit und glaube an deinen Erfolg. 3. Würden Sie bitte einen Augenblick auf meine Koffer aufpassen? 4. Das Buch handelt (beschäftigt sich mit) Finanzen. 5. All seine Geschichten beruhen auf wahren Begebenheiten. 6. Du brauchst dich um deine Zukunft nicht zu sorgen. 7. Sie hatte sich kaum von ihrer Krankheit erholt, als er erkrankte. 8. Er beschränkt sich nie auf das Wesentliche. 9. Wir sprachen über den Wert guter Musik. 10. Niemand hat sie um Rat in dieser Angelegenheit gebeten.

3.333 1. S, AO, PO mit D, von D, über A: Er spricht mit ihr über die Oper von Beethoven. 2. S, AO: Sie spricht das Wort richtig aus. 3. S, AO, PO mit D: Du kannst es mit ihm besprechen. 4. S, DO; refl AO, DO, PO von D: Ich verspreche ihm ein Geschenk. Ich verspreche mir Erfolg von der Konferenz. 5. S, AO, PO an A: Wir e sie an das Buch. 6. S, AO refl, PO an A: Erinnerst du dich an Hans? 7. S: Das Geld verschwand. 8. S, PO auf A: Wir warten auf den Freund. 9. S, PO: Er hört der Musik zu. 10. S, DO: Das Haus gehört ihm.

3.4
3.41
3.411   a. 1. nördlich (4), stark (4); 2. erst (4), rechts (2), dann (1), geradeaus (3), am besten (4); 3. Freundlicherweise (2), sofort (1); 4. besonders (1), unangehm (4); 5. Überall (2), dermaßen (2), jetzt (1), kaum (1); 6. mehrmals (2), dringend (4), baldmöglichst (3); 7. kürzlich (2), schwer (4), blindlings (2), quer (1); 8. unerhört (4), lange (2), bestenfalls (2), nur (1), kurz (4); 9. laut (4) diskutierend (4), draußen (1); 10. steil (4), abwärts (2), geradewegs (3).
        b. 1. D.W. ist hoch, d.U. ist höher, d.K. ist am höchsten. 2. S.S. ist hübsch, d.F. ist hübscher, m.K. ist am hübschesten. 3. V. raucht wenig, d.B. raucht weniger, d.S.r. am wenigsten. 4. D.j.M. singt gut, d.S. singt besser, d.O. singt am besten. 5. D.J. schreibt interessant, d.P. schreibt interessanter, d.A.s. am interessantesten.

3.412   1. Jeden Abend hat sie i.a.; 2. Eines Tages besuchte R. i.G. 3. Alle Jahre wieder feiern wir d.W. 4. Eines Morgens erwachten sie i.e.v.W. 5. Das Eintrittsgeld war dieser F.n.w. 6. Alle zwei Monate sehen wir u.b.e.K. 7. Des Abends sollte man w.f.u.m.l. 8. Drei Zentner wiegt d.K. 9. Fünf Stunden standen wir Schlange. 10. Sieben Seiten war i.B.

3.413   1. Um 7 Uhr, mit seinem Wagen, ins Büro; 2. mit vollem Mund, während des Essens; 3. Trotz des Regens, ohne Regenschirm, aus dem Haus; 4. Im nächsten Jahr, mit Eva; 5. Mit seinen Freunden, zum Skifahren, in die Schweiz; 6. In unserer Firma, von Dieben; 7. im Jahre 1984, in Australien; 8. Weder mit viel Geld noch all seinen Bemühungen, am Genfer See; 9. Nach dem Diner, von dem m. Butler, in der Bibliothek; 10. ohne Rücksicht auf die Folgen.

3.42
3.421   a. 1. neben/bei ihrem (1); 2. über unserer (1); 3. in der (1); 4. aus dem (3); 5. von hier zu dem (3/2); 6. an die frischgestrichene (2); 7. unter das (2); 8. von unserem (3); 9. hinter dem (1); 10. zu meiner, von seiner (2/3); 11. vor das (2); 12. aus der (3); 13. Unter den Gästen (1); 14. auf den Kopf (2); 15. nach Paris (2); 16. bei unserem Einwohnermeldeamt (1); 17. in der Grammatik (1); 18. zwischen die beiden Streitenden (2); 19. von München bis zum Chiemsee (3/2); 20. über den Schreibtisch (2); 21. vor/an der Haustür; 22. an die Tafel (2); 23. neben/bei einander (1); 24. hinter/vor/neben das Haus (2); 25. Von seinem Büro (3) zu seinen Freunden (2).
        b. 1. her, hin; 2. herein; 3. hinüber; 4. hinüber, herüber; 5. hinaus, hinein; 6. herunter; 7. hinaus, hinunter; 8. hinüber hinein; 9. hinunter; 10. herunter.

3.422   a. 1. in; 2. zu, um; 3. Nach; 4. in; 5. nach; 6. zum, in; 7. nach, um; 8. zu; 9. in, nach; 10. In, nach.
        b. 1. vom; 2. für; 3. für; 4. um; 5. aus; 6. vom; 7. für; 8. auf; 9. von; 10. aus.
        c. 1. Am, bei; 2. um, um; 3. An, im, im, im; 4. Am, am, zum; 5. Zu; 6. am, 7. In; 8. um; 9. zu, am; 10. im, an.

3.423   a. 1. absichtlich; 2. auswendig; 3. glücklicherweise;
           4. anders; 5. vergebens; 6. mindestens; 7. gern; 8. lieblos;
           9. teilweise; 10. brieflich.
        b. 1. sehr; 2. ungewöhnlich; 3. fast/beinahe; 4. allzu;
           5. ziemlich; 6. nur; 7. recht; 8. kaum; 9. fast/beinahe;
           10. genug.

3.424   a. 1. aus; 2. vor; 3. vor; 4. Aus; 5. vor; 6. vor; 7. aus,
           aus; 8. Aus; 9. Aus; 10. vor.
        b. 1. mit ausgestreckter Hand; 2. mit der rechten Hand;
           3. Mit der neuen Brille; 4. Mit Brille; 5. mit einer Maske;
           6. mit Maske; 7. mit einem falschen Bart; 8. mit Bart;
           9. mit schuldbewußt gesenktem Kopf; 10. mit dem Kopf.

3.425- a. 1. Zu, ohne; 2. Trotz guten; 3. ohne; 4. Bei der; 5. zur;
3.427   6. Ohne große; 7. zu seinem eigenen; 8. Trotz, bei offenem;
           9. Ohne, bei zu vielem; 10. bei.
        b. 1. Er ist nie hilfsbereit; trotzdem werde ich ihn um seine
           Hilfe bitten (2). 2. Sie haben seinen Wagen nur zum Spaß
           gestohlen (1). 3. Ich kann diese Kiste nicht ohne Hilfe
           tragen (3). 4. Trotz seiner guten Vorsätze trank er weiter
           (2). 5. Man braucht zum guten Kochen Fantasie (1). 6.
           Sie war an der Reihe, mich anzurufen, aber ich rief sie
           trotzdem an (2). 7. Bei dieser Hitze ist es schwer, schnell
           zu laufen (3). 8. Trotz deiner guten Prüfung kann ich
           dir keine bessere Zensur als eine Drei geben (2). 9. Bei
           besserer Geschäftsführung könnte dieser Laden sehr erfolgreich
           sein (3). 10. Du brauchst zum Lesen besseres Licht (1).

3.428   a. 1. als; 2. als; 3. wie; 4. wie; 5. als; 6. wie, wie; 7. wie;
           8. wie; 9. wie; 10. als.
        b. 1. Der Weg wurde steiler und steiler/immer steiler.
           2. Je mehr ich diese Symphonie höre, desto mehr mag ich
           sie. 3. Seine Arbeit ist weniger anspruchsvoll als ihre.
           4. Sie freut sich ebensosehr auf Weihnachten wie sie.
           5. Er war eher entmutigt als böse. 6. Die Lebensmittelpreise
           steigen höher und höher/immer höher. 7. Diese Methode
           ist komplizierter als die alte. 8. Die Vorbereitungen
           sind nicht weniger wichtig als die eigentliche Arbeit.
           9. Er kam zu genau derselben Zeit an wie ich. 10. Sie
           könnte zehn Jahre älter als meine Mutter sein.

3.429   a. 1. bestimmt; 2. unbedingt; 3. allerdings; 4. auf jeden
           Fall; 5. tatsächlich; 6. zweifellos; 7. ja; 8. natürlich;
           9. gewiß; 10. wirklich.
        b. 1. Deine Hosen haben ja schon wieder einen Riß! 2. Erzähl
           mir, Mutti, wie hast du Vati eigentlich kennengelernt? 3.
           Warum hast du ihr denn nicht die Wahrheit gesagt? 4. Ich
           warte schon eine Stunde. Wo kann er nur sein? 5. Das ist
           ja ein Jammer! 6. Wir können überhaupt nichts dazu tun.
           7. Glaube bloß nicht, sie werden dich verstehen! 8. Ich
           kann dein Auto nicht sehen. 9. Wie haben sie das eigentlich
           herausgefunden? 10. Was gibt es denn heute zum Abendessen?
        c. 1. erst; 2. nur; 3. noch; 4. erst; 5. erst, noch nicht;
           6. nur; 7. schon; 8. erst; 9. nur; 10. noch, erst; 11. schon,
           erst; 12. noch, noch; 13. noch, erst; 14. nur; 15. noch,
           schon, nur, erst.

3.43　a. 1. Nein, nicht; 2. nie; 3. keineswegs; 4. auf keinen Fall; 5. wirklich nicht; 6. Nein, überhaupt nicht; 7. nie mehr; 8. Im Gegenteil; 9. niemals; 10. gar nicht.

b. 1. Er kann es sich nicht leisten; 2. Es ist nicht klar; 3. Du brauchst heute d.P. nicht v.d.P. zu holen. 4. Man darf nicht b.r.L...5. Er spricht nicht und bewegt s.H. nicht. Er ist nicht g. 6. Sie sollen mit uns w.d.F. nicht n.E. fahren. 7. Würdest du ihm das bitte nicht erzählen? 8. Er braucht sich w. nicht sehr anstrengen. 9. Ich hatte ihn nicht gebeten, m.a. 10. Das war w.f.u. nicht überraschend.

CHAPTER FOUR

4. NOUN PHRASE
4.1
4.11   a. the slithy toves; in the wabe; the borogroves, the nome raths. It is possible that 'brillig' functions as noun ('Twas morning) or as a predicate adjective ('Twas cold).

b. 1. Zum Weihnachtsfest, er, alle seine Verwandten; 2. Er, ihr, einen eleganten Lederkoffer; 3. Vor zwei Tagen, wir, auf den postboten; 4. Das, der v.a.K. e.g. Film; 5. Bei u.g. Waldspaziergang, wir, frische Erdbeeren; 6. Ich, absolute k. Lust, mit s.s. Freunden in Frankreich, Kontakt; 7. Durch e. Skandal, der e.i.l.J.z.D.e.F. Müller, seines h. Amtes; 8. Jeder, ihm, Blumen; 9. Wo, du, diese b. a. Bluse; 10. Das, eine s.ü. Geschichte.

4.12   a. 1. Sein oder Nichtsein, das ist hier die Frage (same: infinitive). 2. Sein Trinken zerstört seine Gesundheit (infinitive vs. -ing-form). 3. Arm und Reich jubelte (same: nominalized adjectives). 4. Die Verletzten wurden ins Krankenhaus gebracht (nominalized adj. vs. adj.). 5. Gib mir das Kaputte! (nom. adj. vs. adj.) 6. Nicht dieses sondern jenes ist sein Haus (pronoun vs. determiner). 7. Schau die Kinder an! Die blonde Lachende ist meine Nichte (nom. adj. vs. adj.) 8. Er erklärte das Wie und Warum (same, but sg). 9. Gehen ist besser als Bleiben (same: infinitives). 10. Er lernte das durch sein Lesen (nom. inf. vs. -ing- form).

b. 1. Das Auf und Ab (prep); 2. das Geld (noun); 3. Sein dauerndes Singen (nom. inf.); 4. Das heitere (nom. adj.); 5. Was (interr. pronoun); 6. Das A und O (letters); 7. Sein Bekannter (nom. past part.) 8. Die Drei (number); 9. Kriegsversehrte (nom. past part.); 10. Jung und Alt (nom. adj.).

4.121   a. This approach puts English into Latin molds and is inappropriate, since English has lost the inflection. Paradigmatic order and the prepositions are useless without syntactic context.

b. By strict word order and by prepositions.

c. Only personal pronouns show gender when inanimate nouns are replaced by 'she'; 'the car,' 'the country,' 'the ship': 'she.'

4.122- a. 1. r -¨-; 2. e -n; 3. r -e; 4. e -en; 5. s ---; 6. s ---;
4.123   7. e - n; 8. s -¨-er; 9. e -en; 10. r -en; 11. s -e; 12. e -n; 13. e -n; 14. s -e; 15. r -e; 16. r -en; 17. e -en; 18. e -en; 19. r -en; 20. e -n; 21. e -n; 22. r -e; 23. e -nnen; 24. e -n; 25. s; 26. r ---; 27. e -en; 28. e Krematorien; 29. r -e; 30. r ---; 31. r -¨-e; 32. e -en; 33. e -¨-e; 34. r; 35. s ---; 36. s -er; 37. s; 38. r -en; 39. r -e; 40. e -en.

b.

GENDER	PLURAL MORPHEME	NUMBER	CLUE	EXAMPLES
der	/-n/	many	foreign	Kandidat, Demagoge, Agent
		some	Gmc-e	Knabe, Löwe, Funke
		c. 30	monos.	Ahn, Hirt, Mensch
		c. 10	el, er	Bauer, Muskel
	/-(˙˙)ə/	many	monos.	Tisch, Stuhl, Hof
		some	ling	Jüngling, König
	/-˙˙-ər/	c. 10	monos.	Geist, Gott, Mann
	/-(˙˙)/	many	-er	Nagel, Garten, Vater
	/-s/	few	foreign	Chef, Park, Hindu
das	/-n/	c. 10	monos.	Auge, Bett, Herz
	/-(˙˙)ə/	c. 40	monos.	Beil, Blech, Boot
		c. 20	-nis	Ereignis
	/-(˙˙)ər/	most		Buch, Gespenst
	/-(˙˙)/	many	-chen	Mädchen, Fräulein, Gitter, Mittel
	/-s/	many	foreign	Auto, Büro, Restaurant
die	/-n/	most	-ung	Frau, Lampe, Wohnung
	/-(˙˙)ə/	c. 30	monos.	Braut, Angst, Wand
	/-(˙˙)/	2	-er	Mutter, Tochter
	/-s/	few	foreign	Sauna, Kamera

c. 1. e/r; 2. e/s; 3. e/r/ 4. r/e; 5. r/e; 6. s/e; 7. r/e; 8. s/r; 9. r/s; 10. e/r; 11. r/s; 12. s/r; 13. r/s; 14. 4/e; 15. s/r; 16. r/s; 17. e/r; 18. s/e; 19. r/s; 20. r/e; 21. r/e; 22. e/r; 23. r/s; 24. r/s; 25. e/r; 26. s/r; 27. r/s; 38. r/e; 29. e/r; 30. r/s; 31. r/e; 32. e/s; 33. r/e; 34. r/s; 35. s/r; 36. e/r; 37. s/r; 38. e/s; 39. r/s; 40. r/s.

4.1231 a. 1. Rasen; 2. Gräben; 3. Bündnisse; 4. Morde; 5. Höfe; 6. Schüsse; 7. Äpfel; 8. Gänse; 9. Köpfe; 10. Mahle; 11. Säle; 12. Wände; 13. Türkinnen; 14. Nächte; 15. Dochte; 16. Öfen; 17. Einkünfte; 18. Paare; 19. Kräfte; 20. Jahre; 21. Jungen; 22. Söhne; 23. Füße; 24. Flüsse; 25. Bräute; 26. Muskeln; 27. Bögen; 28. Häute; 29. Laute; 30. Vögel.

b. 1. r Mangel; 2. r Name; 3. s Drama; 4. e Backe; 5. s Roß;
6. e Tür; 7. r Turm; 8. r Stuhl; 9. e Schnur; 10. e Luft;
11. r Schluck; 12. s Maß; 13. e Masse; 14. e Hindin; 15.
r Hammer; 16. r Hund; 17. e Sünde; 18. s Pfund; 19. e
Kunst; 20. r Löwe; 21. s Dorf; 22. e Axt; 23. r Arm;
24. e Tochter; 25. e Föhre; 26. r Führer; 27. e Fähre;
28. r Genuß; 29. r Genosse; 30. s Volk.

4.124 a. The terms are useful for English, but since the case
inflection in German belongs to the syntactic use of the
nouns, the grammatical terms 'acc,' 'dat' and 'gen' should
be maintained although they are by no means ideal.
b. 1. Der Verkäufer, den Kunden, einen fremden Herrn.
2. inneren Frieden, den Glauben, den Willen; 3. meines
Vetters, meines Neffen; 4. seinen Namen, seine Adresse.
5. zwei Franzosen, drei Griechinnen; 6. einen Funken,
unseres/unserer Nachbarn; 7. einen Jungen, ein Mädchen;
8. Löwen, Schlangen, Affen, Bären, Giraffen, Hunde, Pferde;
9. seines Herzens, diesen Gedanken; 10. allen Leuten,
kleinen Kindern, Ausländern, Damen, Herren.

4.13
4.131 a. der: N sg der-nouns, D and G sg die-nouns; G pl. den:
A sg der-nouns, D pl. dem: D sg der- and das-nouns.
des: G sg der- and das-nouns. das: N, A sg das-nouns.
die: N, A sg die-nouns, N,A pl.
b. 1. solche, diese; 2. welchem, die; 3. jeder, jede; jedem,
dieser; 5. des, jene; 6. welches, diesen; 7. Jedem, jedem,
der; 8. Manche, solche; 9. dieses, jenes; 10. Welchen,
jenen, den.

4.132 a. 1. Ein Fremder, einen Polizisten, einem Weg; 2. Ein Auto
eines G., einer Fabrik. 3. Ein Kleid, einem j.M. 4. Ein
Brief, einem Vetter, eine gute N.; 5. Ein Student, eine
Vorlesung.
b. 1. deine; 2. Ihr, mein, Ihr; 3. seinen; 4. ihren/seinen;
5. unser; 6. ihrer; 7. euer; 8. meinen; 9. deinen; 10. eure.

4.14 a. 1. Was für Bücher; 2. Welcher Architekt; 3. Welche Nachrichten; 4. In was für einem Gebäude; 5. Was für einen
Wert; 6. Die Bücher welches Autors; 7. Welchen Hut;
8. Mit was für einem Freund; 9. Was für Möbel; 10. Was
für einen Mantel.
b. 1. prima (4); 2. entzückendes (3); 3. unterbrochene (2);
4. größere (1/5); 5. rote (1); 6. beste (1/6);
7. berühmteste (2/6); 8. mauve (4); 9. eleganten (1);
10. stärkere (1/5).

4.141 a. 1. gebratene, frischem; 2. italienisches, frisches, gemischte;
3. Heiße, aufgelöstem; 4. größter, schlimme; 5. langjährige,
treue, kostbares; 6. roter, gelbes, grüne; 7. deutschen,
französischen; 8. geringer, einheimische, importierten;
9. neuem; 10. liebe, großem; 11. wachsender, beschwichtigende;
12. menschlichem, technischem; 13. vielversprechender,
großem; 14. ältestem; 15. frische, fette, große, frischen,
dunkles; 16. schlechtem, kalte, nasse, starkem; 17. roter,
gelber, grünem, geschickte, elegante; ;18. gesunder, frische,
regelmäßige, gelegentlichen, behende; 20. Lieber, größtem.

b. 1. naheliegender; 2. überwältigenden; 3. zufriedenstellendem; 4. preiswerte, interessante; 5. häufige, starken.
  c. 1. Vaters dauerndes Schimpfen; 2. Evas abgelegte Kleider; 3. von Mutters bester Freundin; 4. Müllers reizende Gäste; 5. mit Tante Ilses neuem Auto; 6. Professor Hansens neuestes Buch; 7. Onkel Ottos alter Regenmantel; 8. Herrn Schulzes jüngster Sohn; 9. mit Petras nettem Bruder; 10. Großvaters geheimnisvolles Geschenkpaket.

4.142 a. /r/: der-nouns N det; die-nouns D, G det; pl G det. /n/: der-nouns A det, red, D red, G red, det; das-nouns D red, G det, red; die-nouns D, G red; pl N, A red, D det, red, G. red. /m/: der-nouns D det; das-nouns D det. /s/: das-nouns N, A det. /ə/: der-nouns N red; das-nouns N, A red; die-nouns N, A det, red; pl. N, A det.
  b. 1. ruhiges, zentraler, amerikanischer; 2. letzten, ausländische, verschiedenen, deutschen; 3. schweren, Kölner, junge; 4. hoher, schwerbeladener, kleinen; 5. gestrigen, folgende, Junger großes, möbliertes, eigenem, separatem; 6. Interessante, ausländische, kleinen, nächsten; 7. neues, bekannten; 8. schönes, neues viele große, breite, dunklem; 9. nächsten, gute, lieben, schönen; 10. neuem, große, schöner, nützlicher.

4.143 1. Mit einem solchen unfreundlichen Mann; 2. Manche alten Leute haben viele große Sorgen. 3. Mehrere rote K.b. an unserem hübschen W., mit den vielen bunten K. 4. deine wenigen guten, mit e.b. größerer V.; 5. alle seine guten F., einige ausländische G.; 6. mit ihren beiden kleinen G., mit zwei anderen netten K., viele interessante T., manch eine spannende V.; 7. etwas Kaltes, einen solchen großen D., einige große F. mit frischer L.; 8. Die vielen bunten B. in unserem schönen G., mehr liebevolle P., bei meiner vielen A. 9. Einem jeden neuen S., viele so gute W. des herzlichen W., jeder einzelne, auf manche interessante S. 10. alles Gute zu Ihrem bevorstehenden G., all Ihrer geheimsten W.

4.144 a. 1. gesünder, mehr; 2. wärmer, kränker; 3. kürzesten, geradesten; 4. Arme, härter, Reiche; 5. dümmer, kindischer; 6. schlanker, jünger; 7. dunklere, blonder; 8. übler, teurer; 9. härter, straffer; 10. geschickteren, energischeren.
  b. 1. Heute fühle ich mich ein bißchen besser als gestern. 2. Vorbereitungen sind weniger wichtig als die eigentliche Arbeit. 3. Diese Versuche waren ebenso teuer wie nutzlos. 4. Das neue Verfahren ist weit wirksamer als das alte. 5. Er war eher amüsiert als schockiert. 6. Ihr Profit war dieses Jahr um die Hälfte höher als im letzten. 7. Unser Geschäft ist bedeutend besser bekannt als ihres. 8. Ist er bereit, das größere Risiko einzugehen? 9. Das Gras ist auf der anderen Seite des Zaunes immer grüner. 10. Ich könnte mir keine schönere Überraschung vorstellen.
  c. 1. überzeugendsten; 2. falscheste; 3. gewissensloseste; 4. gefürchtetste; 5. schwärzeste. 6. genauesten; 7. frühsten, schlimmsten; 8. interessantestes; 9. gewissenhafteste; berühmteste, gepriesenste.

4.1441   1. dumpfer, flacher; 2. komischste, amüsanteste; 3. kürzer, klarer; 4. schlaueste, zäheste; 5. lebhafter, interessierter; 6. bedeutendste, wichtigste; 7. rascheren, schnellsten; 8. kälteste, glätter, gefährlicher; 9. höchste, größte, stolzeste, 10. passendere, zutreffender.

4.145 a. 1. Klügere, Bescheidene; 2. Angestellten, Beamte; 3. Portugiesischen, Französische; 4. Deutschen, Deutsche; 5. Alten, Kranken, Arbeitslosen; 6. Geistesgestörten, Wahnsinniger; 7. Neues, Erfreuliches; 8. Angehörigen, Verwandten; 9. Schlimsten, Häßlichsten; 10. Gleiches, Gleichem; 11. Blaue; 12. Wesentlichen, Wichtigsten; 13. Lustiges, Komisches; 14. Angeklagte, Unschuldiger; 15. Traurigen, Gutes; 16. Vorsitzende, Fremde, Vernünftiges; 17. Jüngster, Praktische, Theoretische; 18. Besserem, Griechischen, Heiligen; 19. Vergangene, Gegenwärtigen, Zukünftige; 20. Unzufriedenen, Schöne.

   b. 1. Ich habe nichts Besseres zu tun, als mir um das Helle und Dunkle des Lebens Sorgen zu machen. 2. "Die Nackten und die Toten" ist ein berühmter Roman. 3. Ich bin sicher, Sie haben etwas Ähnliches erlebt. 4. Der Betrunkene rannte in eine Gruppe Reisender. 5. Ich habe nichts Positives über ihn zu sagen. 6. Hast du etwas Nützliches und Vernünftiges zu tun? 7. Ich stelle dich diesen Bekannten vor. 8. Man sollte die Begabten und Talentierten unterstützen. 9. Er sagte viel Interessantes aber auch manches Unsinnige. 10. Diese Deutschen beherrschen das Englische und Französische gut.

4.146 a. 1. She has an old, already somewhat rusty car. 2. We ran through the hall that was populated by festive guests (relative). 3. He is the son of a Norwegian business man who immigrated around 1890 (relative). 4. Are you familiar with the machine that was lent to me by Mr. Meier (relative). 5. The young girl who smiled with some embarrassment was his daughter (relative). 6. The traffic that howled on the wide streets of the big city frightened her (relative). 7. Today, the towns which were destroyed by the war are rebuilt (relative). 8. Her father is an engineer who is also known in America (relative). 9. The train that just arrived from Frankfurt will immediately depart (relative). 10. I can no longer bear the noisy and constantly fighting children.

   b. 1. Der von der Polizei schon seit Wochen gesuchte Dieb; 2. Der für das berühmte Gemälde bezahlte Preis; 3. um ihren letztes Jahr nach langem Leiden verstorbenen Vater; 4. Der von singenden Kindern mit leuchtenden Augen umstandene Weihnachtsbaum; 5. seine als Ärztin in einem großen Berliner Krankenhaus arbeitende Schwester; 6. über das heute trotz seiner größten Mühe mißlungenen Experiment; 7. die im Nebenzimmer friedlich schlafenden Kinder; 8. einen schneeweißen, seine Krawatte ganz bedeckenden Bart; 9. seine wegen seiner vermißten Verwandten an das Deutsche Rote Kreuz gerichtete Korrespondenz; 10. diese nun endlich beendete Übung.

4.147
4.1471   1. Goethe wurde (im Jahre) siebzehnhundertneunundvierzig geboren. 2. Meine Telefonnummer ist fünf vier, sechs neun, zwei zwei (zwo). 3. Das Bundesdefizit betägt fünfundneunzig Millionen dreihundertsiebzigtausend sechshundertundeine Mark. 4. Was kostet das? Das kostet (ein)hundertvierundneunzig (Mark) (und) siebenundzwanzig (Pfennig). 6. Zeig mir dein Zeugnis! Warum hast du eine Vier in Englisch? Du hättest mehr arbeiten sollen, um wenigstens eine Zwei zu bekommen. 7. Sie kann über vierzig sein, aber er hat die Sechzig bestimmt überschritten. 8. In den zwanziger Jahren studierte er in London, und in den Vierzigern lebte er in New York. 9. Er hat keinen Groschen in der Tasche, aber er benahm sich, als hätte er Tausende. 10. Könnten Sie mir hundert Mark in Einern, Fünfern, Zehnern und einem Zwanziger geben?

4.1472   1. Heute ist Dienstag, der vierzehnte November neunzehnhundertzweiundachtzig. 2. Wann wurden Sie geboren? Am neunten April neunzehnhundertvierundfünfzig. 3. Karl der Erste ist auch als Karl der Große bekannt. 4. Seine Mutter ist die zweite Tochter ihres Vaters aus dessen dritter Ehe. 5. Bus fünf kommt alle zwanzig Minuten während des Tages. Gestern abend habe ich gerade den letzten erwischt. 6. Er will immer der Erste sein und ist nie mit dem Zweitbesten zufrieden. 7. Ich kann nicht mitgehen. Erstens habe ich meine Hausaufgaben noch nicht gemacht, zweitens soll ich Hans anrufen, und drittens mache ich mir wirklich nichts aus dem Film. 8. Sie wohnt im sechsten Haus in der neunundzwanzigsten Straße. 9. Er hat uns gestern die Geschichte zum hundersten Mal erzählt. 10. Inge ist in der fünften Klasse, Helmut in der achten, und Wolfgang ist in seinem dritten Jahr an der Universität.

4.1473   1. Er wird bald neunzehn, aber sein kleiner Bruder ist erst zweieinhalb. 2. Man nehme zwei Eier, dreiviertel (drei Viertel) Liter Milch, eineinhalb (anderthalb) Pfund Zucker, drei und ein Viertel Pfund Mehl und ein Achtel Pfund Butter. 3. Es ist Halbzeit; hoffentlich wird die zweite Hälfte besser. 4. Der Zug kommt um neun Uhr dreiundzwanzig abends an und fährt um zehn Uhr sieben wieder ab. 5. Wieviel ist siebzehn mal neunundzwanzig? Rechne es selbst aus! Es ist vierhundertdreiundneunzig. 6. Es ist Zeit schlafen zu gehen, es ist schon zehn nach zwölf; da bleiben nur sechs Stunden, wenn wir um Viertel nach sechs aufstehen wollen. 7. Die Vorstellung beginnt um zwanzig Uhr fünfzehn. Pause ist von einundzwanzig Uhr fünfundvierzig bis zweiundzwanzig Uhr fünf, und sie ist um dreiundzwanzig Uhr zwanzig beendet. 8. Ich habe dich viermal gebeten, es zu senden. Bitte bringe es ein für allemal her! 9. Er gab mir ein Drittel seines Butterbrotes und die Hälfte seines Apfels ab. 10. Sein Roman ist zu drei Fünfteln fertig, aber er wird ihn noch fünfzehn Mal überarbeiten.

4.15   a. ago.
b. 1. Am (3), beim (3); 2. vor (1); 3. mit (3); über (2); 4. dagegen (4); 5. gemäß (4); 6. über (4), aufs (3); 7. während (3), in (2); 8. auf (3), vor (3), über (2); 9. Deswegen (5), ins (3); 10. mit (3), vor (3), an (1).

4.151 a. 1. Gegen den; 2. für; 3. um; 4. bis zum bitteren; 5. durch; 6. für; 7. Für, gegen; 8. ohne, gegen; 9. um, für diesen; 10. Durch ihren, um die, für ihre.
   b. 1. Rings um seinen Besitz baute er einen hohen Zaun. 2. Wenn Sie die Briefmarke gegen das Licht halten, werden Sie das Wasserzeichen sehen. 3. Sie bauten Hotels den ganzen schönen Strand entlang. 4. Das Auto drehte sich um sich selbst und gegen die Leitplanke. 5. Sie kamen bis auf den Ehrengast alle pünktlich. 6. Sie arbeitete bis zum Herbst, dann machte sie eine Reise durch den Süden. 7. Ohne Telefon können wir uns nicht um Mutter kümmern. 8. Sie rannte durch die Stadt zum Bahnhof. 9. Ich bin bereit, bis zu tausend Mark für diese Antiquitäten zu bieten. 10. Können Sie um acht kommen und durch die Mittagspause durcharbeiten? Ohne Hilfe kann ich es nicht schaffen.

4.152 1. mit der Straßenbahn zum Bahnhof, mit dem Eilzug nach Paris. 2. mit ihren Kindern, bei ihrer Schwester. 3. Außer seinem Haus, durch den Prozeß. 4. nach drei J., aus A, seit, bei seinen V. 5. mit Ihnen, zur, vom, zur; 6. von seinem, zum; 7. Außer einem, zu meiner, von ihr mit einer guten; 8. Zu ihrer großen, zu, von ihrem, aus roter, mit aparter, aus Indien, von seinen weiten; 9. Auf unsere, über die bestellten, vom, mit, seit; 10. von einem, mit, zum, nach einer, mit, aus einer.

4.153 a. He lives in a house, vs. he walks into the house: 'in' corresponds to in with dative, the verb implying rest, while 'into' corresponds to in with accusative, the verb denoting motion. As a mnemonic aid: 'in,' 'dative' and 'rest' are short words and belong together, while 'into,' 'accusative' and 'motion' are long words.
   b. 1. in sein, in seinem; 2. auf den, auf dem; 3. auf die, auf der; 4. vor dem; im; 5. In, an; 6. vor dem, vor die; 7. In der; Am, an einen; 8. Auf keinen, unter keiner, hinters, unter; 9. Auf seinen, an, mit großen, über die, in den, über die, auf einem, auf der Spitze.

4.154 a. 1. mit Heizung; 2. wegen der Verlängerung; 3. Von der Behörde; 4. Auf Ihre Anfrage; 5. Durch ihr/Mit ihrem Vermögen; 6. Bei einer genauen/Durch eine genaue Überprüfung; 7. Durch seine Stellung; 8. Wegen seiner schweren Krankheit; 10. Durch den Energiemangel.
   b. 1. wegen (2), auf (3); 2. über (2), durch (3); 3. auf (1), zu (3); 4. durch (1), durch (3); 5. zu (3); 6. wegen (2), nach (3); 7. durch (1), durch (3); 8. zu (1), zu (3); 9. nach (2), über (3); 10. über (2), durch (2).

4.16
4.161 a. 1. seine, es gehorcht ihr, vertraut ihr, bei ihr, ohne sie; 2. Sie Ihren, Sie Ihre, mit Ihnen; 3. sie dir; 4. Euch, an Euch, Euch, Eure Pläne für Euer; Ihr mir bitte meine Bücher; an Euch, an Eure Gäste, Euer Peter. 5. er gefällt ihr, sie, sie, ihres.
   b. 1. Wir zeigen es ihm. 2. Ihnen habe ich sie g. 3. Er raubt sie ihm. 4. Er hat sie ihr gezeigt. 5. Er bringt sie ihnen.
   c. 1. sie dir; 2. es ihm; 3. Sie es mir; 4. sie mir; 5. ihn dir; 6. es mir; 7. ihr es ihm; 8. meiner; 9. es Ihnen; 10. Sie es mir.

d. 1. Es wurde beschlossen; 2. Es läßt sich besser arbeiten; 3. Mir ist kalt; 4. Es wurden seine Ideen besprochen; 5. Es läßt sich o.G. besser leben. 6. Es war dem Studenten unverständlich; 7. Es ärgerte mich; 9. Es hungert ihn; 9. Hier läßt es sich gut einkaufen. 10. Es wurde versucht.

4.1611 a. 1. sich, 2. mich, mir; 3. uns; 4. euch; 5. dir; 6. sich; 7. dir; 8. mir; 9. sich; 10. mir.
b. 1. sich; 2. Hast du dich s.r.? 3. Ich habe mich s.e.; 4. Hat sie sich j.b.? 5. Er hat sich g.v. 6. Wir haben uns d.g. 7. Ich habe mich g.a. 8. Habt ihr euch s.a.? 9. Er hat sich i.b. 10. Ich habe mich d.e.
c. 1. Hast du dich ausgeschlafen? 2. Er brach sich einen Arm und kann sich nicht selbst anziehen. 3. Ich habe mich schrecklich erkältet. 4. Sie haben sich scheiden lassen. 5. Ich kann mir nicht vorstellen, warum er sich in Eva verliebt hat. 6. Er entschloß sich, sich zu betrinken. 7. Hast du g., wie sie sich küßten? 8. Du kannst dir deine Frage selbst beantworten. 9. Wir mögen uns gern und helfen einander. 10. Sie konnte sich nicht daran gewöhnen v. er sich benahm.

4.162 a. Although English 'there'-compounds are no longer used in a manner equivalent to German da-compounds, students will understand them: Er kommt damit - he comes therewith.
b. 1. Seitdem hat er noch nicht mit ihnen gesprochen. 2. Warum hast du mich nicht daran erinnert? 3. Hast du dich schon bei ihr dafür bedankt? 4. Deswegen besuchen wir sie stattdessen. 5. Wir erwarten von ihr e.A. darauf. 6. Er kämpfte gegen ihn dafür. 7. Hast du mit ihnen darüber gesprochen? 8. Währenddessen kann ich mich nicht darauf v. 9. Denkst du gern daran? 10. Sie ist e. auf ihn und darauf.
c. 1. darum; 2. von ihm; 3. damit; 4. von ihm; 5. dabei; 6. dazu; 7. bei uns; 8. an ihn; 9. danach; 10. darauf.

4.163 a. 1. dem, dessen; 2. denen; 3. die; 4. Das; 5. den, dem.
b. 1. dieselbe, der gleichen; 2. denselben, das gleiche; 3. demselben; 4. das gleiche; 5. derselben, die gleichen.
c. 1. Welch ein; 2. welchem; 3. welchen; 4. welche, Welche; 5. Welch einen, welche.

4.164 a. 1. "Jedermann" ist ein berühmtes Drama von Hugo von Hofmannsthal. 2. Niemand Berühmtes war in dem Film, der von allen gelobt wurde. 3. Jemand klopft. Kann denn niemand (nicht jemand/irgendeiner) die Tür öffnen? Ich will mit niemandem sprechen. 4. Könnten Sie mir bitte etwas Geld geben? Ich habe nichts zu essen und würde gern etwas kaufen. 5. Was möchten Sie trinken? Irgendetwas, aber etwas Rotwein wäre gut. 6. Das ist nicht jedermanns Vorstellung von etwas Positivem. 7. Wenn er krank ist, beleidigt er einen und will niemanden und nichts sehen. 8. Wir konnten gar nichts herausfinden. Wir konnten weder jemanden fragen, noch jemanden um Hilfe bitten. 9. Man sollte ihm wirklich dankbar sein, da er einem immer hilft und die Sorgen eines jeden zu seinen eigenen macht. 10. Beklage dich nicht, daß du nicht jemand Reiches und Berühmtes bist!

4.165 a. 1. Bei wem? Wofür? 2. Was sind? 3. Mit welchem Freund? Wo gehen wir? 4. Wann trug? Was für einen Mantel? 5. Mit wem? Wohin? Was muß er tun? 6. Wessen Opern? Wie sind? 7. Weswegen/Warum? Wem? 8. Wem? Wofür? 9. Wann? Ohne was? Zu wem? 10. Trotz was? Weswegen/Warum?

      b. 1. Warum/Wozu/Weshalb hast du das getan? 2. Wegen welchen Befehls muß er weggehen? 3. Wieso/Warum/Weshalb ist er bei der Prüfung durchgefallen? 4. Wessen Buch ist das? 5. Was könnte sie damit meinen? 6. Mit wem hast du die Angelegenheit besprochen? 7. In welchem Topf soll ich das kochen? 8. Wann und wo kann ich dich treffen? 9. Worauf wartest du? 10. Was für Briefe erwartest du?

4.17   1. Weder er noch ich kannte die Antwort. 2. Er war sowohl reich als auch gutaussehend. 3. Er möchte entweder ein Stück Land oder einen kleinen Bauernhof kaufen. 4. Sie ist nicht nur meine Freundin, sondern auch meine verehrte Kollegin. 5. Könntest du oder sie das Buch mitbringen? 6. Mann, Frau und Kind setzten sich zum Essen. 7. Ihre Bitten waren weder bescheiden noch vernünftig. 8. Nein, ich möchte weder dieses noch jenes. 9. Er ist weder ein guter noch ein erfolgreicher Arbeiter. 10. Sie züchten sowohl Pferde als auch Esel und sehr berühmte Kühe.

4.2
4.21 a. 1.=4, 6, 14; 2.=2, 3, 13; 3.=5, 9, 10, 15; 4.=1, 7, 11, 12; 5.=8.
      b. 1, 3.
      c. 6, 7.

4.211 a. 1. gab ein Referat; 2. seine Auswanderung n.A.; 3. Sie gaben u.P. ihre Zustimmung; 4. Wir haben großes Interesse f.M. 5. Er machte ihr den Vorwurf; 6. D.P. kann für die Schuld d.A. keinen Beweis bringen. 7. D.O. übte schäfste Kritik an der R. 8. Sie konnte keine Entscheidung treffen; 9. Ich gebe diesem R. den Vorzug. 10. er hatte Zweifel an dem E.d.E.

      b. 1. Bitte benachrichtigen Sie mich sofort; 2. Wir haben ihn beauftragt; 3. D.L.d.S beeindruckten das P. sehr. 4. Darf ich Sie zu Ihrer P. beglückwünschen? 5. M.s. diese T. nicht zu gering bewerten. 6. S.T. hat die F. sehr beeinflußt. 7. Könnten Sie das beeiden? 8. Er bevollmächtigte sie; 9. Was berechtigt dich zu so scharfer K.? 10. Wir haben neue R. beantragt.

      c. 1. gegangen; 2. geriet; 3. gebracht; 4. nehmen; 5. kam; 6. stellt; 7. geraten; 8. stellt; 9. nehmen; 10. gezogen; 11. bringe; 12. geben; 13. gegangen; 14. stellen; 15. setzt; 16. gestellt; 17. kommt; 18. setzte; 19. steht; 20. setzt.

4.22 a. Yes, it would be practical to distinguish the function of adjectives and participles in the verb phrase from that in the noun phrase, although the binary function is one of their characteristics.

      b. 1. Hammel, Stahl, Gram, Geier, Greis, Apperitiv; 2. willkommen, Datum, verrückt, untertan, verlegen, erhaben; 3. Leutnant, während, intelligent, Heiland, abwesend, Feind; 4. Anliegen, Interesse, Souper, Wesen, Vermögen, Vergnügen; 5. aber, Eltern, Ufer, Major, Jünger, Herr.

4.23
4.231   1. Eine, in die A., in die S., nach --Österreich;
2. --Talent, er --Künstler, ein großer M. 3. Ich mag
--schwarzen K., mit --Zucker und --Sahne. 4. das herrliche
R., das hübsche D. in --Bayern. 5. In den V.S., die größten
W. in der W. 6. Der R., durch --Deutschland, die Niederlande,
in der Nordsee. 7. Der größte B. in --ganz Deutschland
ist die Z. in den B.A. 8. Der R., aus --Platin, einem
der kostbarsten M. der W. 9. Die Titanic, mit --Mann und
--Maus, in dem A.O.; 10. nach dem M., eine Orange.

4.232 a. 1. in die; 2. aus unserem; 3. von diesem; 4. aus dem Z.
ausgebrochene; 5. in; 6. in den; 7. von ihrem; 8. auf
das; 9. auf den; 10. von dieser.
       b. 1. von, bis, in; 2. Um, mit, zwischen; 3. In, mit, zum,
in, in; 4. Während, mit, über; 5. In, zum, an; 6. Vor;
7. von; 8. Nach, ins; 9. auf; 10. Wegen, am; 11. Mit,
vom, zu; 12. in, nach; 13. Nach, in, zu; 14. von, an;
15. über; 16. Am, trotz; 17. am, in, an, neben/bei; 18.
mit; 19. an; 20. in, vor; 21. von; 22. statt, von; 23.
mit, mit, aus; 24. vor, für; 25. um; 26. In, durch;
27. in, 28. bei, für. 29. bei, für; 30. Seit, in, an,
neben, auf/über.

4.24
4.241 a. 1. Dieses Möbelstück ist; 2. An einem Ferientag; 3. Der
Polizist (Schutzmann) ist; 4. dieses Schmuckstück;
5. Diese ausländische Frucht wird; 6. Der Zuhörer (Zuschauer)
klatschte; 7. Hier ist Regen (Schnee); 8. Sein Vater und
seine Mutter sind auf einen Berg g. 9. Ein Förster muß
einen Baum g.k; 10. Im Herbst verliert ein Baum sein Blatt.
       b. 1. Das kostet zwölf Mark und vierundzwanzig Pfennig. 2.
Er ist zwei Meter groß und wiegt zweihundertundzehn Pfund.
3. Geben Sie mir zwei Liter Milch und drei Stück Seife.
4. Er kaufte zwei Dutzend Hemden, zehn Paar Socken und
ein Paar Hosen. 5. Sie trank drei Tassen Kaffee und aß
vier Stück Kuchen. 6. In seinem Keller hat er zwei Faß
Bier und Hunderte von Weinflaschen (Flaschen mit Wein).
7. Wir haben zwanzig Grad unter Null und zwei Meter Schnee.
8. Er zerstörte Hunderte von Büchern und zerbrach zwei
kostbare Gläser. 9. Nach zwei Jahren Sparen (Sparsamkeit)
hatte er doch nur wenige Pfennige. 10. Nein, wir nehmen
keine Dollar an, bitte zahlen Sie in (mit) Mark.

4.242
4.2421- 1. N (3/5), A (2/5), D (4); 2. A (3/5), N (34/5), A (4);
4.2424   3. N (3), A (2), A (2); 4. N (3), A (2), G (2); 5. D (1/2/3),
N (3); 6. D (4), N (2/5), D (4); 7. D (4), N (2/3), D
(5), A (2); 8. N (3/1), N (2); 9. N (2/3), D (2/5), A
2/5); N (3), D (4).

4.25   1. Er und sie; 2. Deswegen bat er darum. 3. seines; 4.
Wem helfe ich gern b.d.A? 5. Mit der; 6. sich; 7. darauf;
8. Wo wohnen sie s.l? 9. Manche fürchten/ Mancher fürchtet;
10. Ich habe ihn und es (sie) g.

4.3
4.31-   a. 1. No, only one subject, although it can consist of several
4.324   noun phrases; 2. Yes, two AO are required by valence of
            kosten, nennen, etc. 3. No, only one; 4. No; 5. Yes, obli-
            gatory and facultative complements of some verbs. 6. Yes.
         b. 1. wer (pers), was (thing); 2. wen, was; 3. wem; 4. wessen;
            5. prepos + wer in correct case (pers), wo + prep (thing).

4.33-
4.331   a. 1. einen Kilometer; 2. eines Tages; 3. einen Monat;
            4. jeden zweiten Tag; 5. Eines Nachts; 6. einen Zentimeter;
            7. einen Pfennig; 8. des Morgens; 9. einen Meter siebzig;
            10. keinen Augenblick.
         b. 1. Er hat seine Bücher in seinem Schreibtisch in der Schule
            vergessen (place); 2. Ich brauche andere Kleidung für diese
            Arbeit (purpose). 3. Ohne Peters Hilfe hättest du es nicht
            geschafft (condition). 4. Sie rief uns um 3 Uhr morgens
            an (time). 5. Wegen der Kälte sollten wir ein Feuer machen
            (cause). 6. Sie schrie vor Zorn und Angst (mood). 7. Er
            schläft trotz seines bevorstehenden Examens bis Mittag
            (contrast, time). 8. Treffen Sie mich nach dem Abendessen
            am Bahnhof (time, place). 9. Warum zerschneidest du die Schnur
            nicht mit der Schere? (mood). 10. Er ist seit vier Wochen
            nicht bei der Arbeit gewesen (time, place).

4.34   1. auf; 2. an unsere, vor den; 3. über seinen; 4. an
            ihrem, vor dem, in der; 5. Zum, an die 6. auf unsere,
            über den; 7. für den; 8. über seinen; 9. Durch, an seiner,
            für die; 10. um eine, in die.

4.4
4.41   a. 1. Ausgerechnet den nettesten Leuten muß das passieren.
            2. Seine Frau kaufte das gerade teuerste Kleid. 3. Aus-
            gerechnet das neueste Auto mußten die Diebe stehlen.
            Haben sie überhaupt Kinder? 5. Dieser Mann eben ist des
            Vertrauens nicht würdig.
         b. 1. Nur die besten Studenten bekommen Stipendien. 2. Sie
            ist erst eine Stunde hier. 3. Er ist zu jung. Er hat
            noch keinen Führerschein. 4. Sie wollten nur einen guten
            Rat. 5. Er starb, als er erst fünf Jahre alt war.
         c. 1. von heute; 2. dort/da; 3. heutzutage; 4. ganz vorn;
            5. herunter; 6. oben; 7. geradeaus, rechts; 8. dort/da;
            9. morgens; 10. hinein.

4.42
4.421   a. 1. der; 2. einen kleinen; 3. die alte, schöne; 4. meinen
            besten, einen; 5. einer, der wichtigsten; 6. dem; 7. einen
            wesentlichen; 8. dem; 9. eines reizenden, alten Ehepaares.
            10. eines erfolgreichen, der erfolglose.
         b. 1. unseren; 2. einen mutigen; 3. dem Verantwortlichen;
            4. dem Ältesten; 5. der behandelnde.
         c. 1. der Fromme, des Großen, den Kaiser, den Deutschen,
            den Kahlen. 2. des Großen, des Herrn über Europa und Amerika.
            3. dem Achten, der als der König von England mit der k.
            Kirche, dem zuvor einzigen Glauben, brach. 4. Ludwig
            dem Ersten, Maximilian den Zweiten. 5. Friedrichs des
            Großen, Schlesien, ein bodenschatzreiches Land.
         d. 1. den; 2. den; 3. dem; 4. einem; 5. dem, den.

4.422 a. 1. meiner kleinen Schwester; 2. das Fahrrad des ausländischen Studenten; 3. die zwei Schornsteine des neuen Hauses. 4. dem Radioapparat des netten Mieters. 5. der besonders netten Lehrerin meiner Kinder. 6. die guten Arbeiten der Schüler; 7. Onkel Ottos Auto; 8. die Tochter der Schwester meiner Mutter. 9. die hellerleuchteten Schaufenster der großen Geschäfte. 10. Großvaters Zigarren.
b. 1. von Kontinenten; 2. Die Arbeiten von Schülern, die von Professoren. 3. Die Bewohner großer Städte, die Bewohner kleiner Dörfer; 4. Die Arbeiten von Tagen sind; 5. Das Möblieren neuer Häuser; 6. Das Versprechen Erwachsener, das kleiner Kinder; 7. Das Erlernen fremder Sprachen; 8. Die Vorhersagen von Wetterberichten sind; 9. Das Schreiben von Büchern, die Geduld von Engeln; 10. Das Blühen schöner Rosen.

4.423 a. 1. Der Zug aus Berlin ist gerade angekommen (place). 2. Könnten Sie mir ein Mittel für/gegen Halsschmerzen geben? (purpose). 3. Schüler sind in Klassen am Nachmittag müde (time). 4. Sie sprach mit einem Mann in einem schwarzen Anzug (mood). 5. Er möchte eine Stellung mit viel Verantwortung (mood). 6. Ihre Ankunft trotz der späten Stunde freute uns (contrast). 7. Einmal möchte ich ein Abendessen ohne Unterbrechung (condition). 8. Er raucht immer Zigaretten mit Filter (mood). 9. Seine Arbeit für die Stadt befriedigt ihn sehr (mood). 10. Das Flugzeug flog über die Grenze zwischen Deutschland und Österreich (place).
b. 1. In den in der Stadtmitte besonders engen Straßen/In den besonders engen Straßen der Stadtmitte. 2. die aus dem Gefängnis in der Kreisstadt geflohenen Verbrecher; 3. sein Fahrrad, sein liebstes Verkehrsmittel; 4. Sie legte die Eier fürs Frühstück ins kochende Wasser. 5. Die Demonstranten gegen den Krieg durchbrachen die von der Polizei durchgeführte Absperrung.

4.43 1. unbekannten/nicht bekannten; 2. Weder durch Geld noch durch gute Worte; 3. kein Auto; 4. keinen Roman sondern eine Novelle; 5. nicht sehr; 6. Nicht einer/Keiner; 7. weder durch das Telefon noch durch Besucher; 8. keinen Puter sondern eine Gans; 9. Nicht alle; 10. weder von ihm noch von ihr.

CHAPTER FIVE

5. SENTENCES AND CLAUSES

5.1
    1. Larger utterance containing at least two clauses. 2. An utterance containing at least subject and predicate. 3. Can be a noun phrase or a verb phrase. 4. A verbal expression without a finite verb, such as infinitive or participle.

5.11
    1. Unserem lieben Großvater (DO) haben (pred) wir (S) zum Geburtstag (mod purpose) gratuliert (pred). 2. Wer (S) hat (pred) dem Briefträger (DO) die Tür (AO) geöffnet (pred). 3. Sehr (mod emphasis) müde (pred adj) bin (pred) ich (S) heute (mod time) (end of first, main clause), denn (conjunction) ich (S) habe (pred) schlecht (mod mood) geschlafen (pred) (end of second, main, clause). 4. Bitte (mod mood) kommt (pred) nicht (mod negation) vor 8 Uhr (mod tim). 5. Sie (S) fahren (pred) morgen (mod time) zur Büchermesse (mod place) nach Frankfurt (mod place).

5.2

5.21
    a. 1.=(2); 2.=(2); 3.=(1); 4.=(1); 5.=(1); 6.=(2); 7.=(1); 8.=(1); 9.=(1); 10.=(2).
    b. 1. Any type of clause, since it is not specified whether the "first stake" is in initial position. 2. The finite verb in a main clause. 3. In a main clause: participles, infinitives. 4. Objects, modifiers.

5.211
    a. 1.=(2b); 2.=(4); 3.=(2a); 4.=(3); 5.=(1); 6.=(2a/3); 7.=(4); 8.=(2b); 9.=(4); 10.=(1).
    b. 1. Doch, ich habe; 2. Nein, ich habe keine Milch; 3. Ja, ich werde; 4. Doch, wir werden; 5. Doch, das wäre; 6. Doch, er hat; 7. Nein, sie war nicht mehr; 8. Doch, die Geschichte ist; 10. Ja, ich wollte.

5.22

5.221
    1. Der Lehrer steht jeden Morgen sehr früh auf. 2. Du hast deine Mutter um Erlaubnis bitten müssen. 3. Ich werde von ihm nicht zur Schule begleitet werden können. 4. Die Häuser waren nach dem Krieg wieder aufgebaut worden. 5. Inge wird zum Abendessen eingeladen werden wollen. 6. Wir hatten sie nicht zu fragen brauchen. 7. Der Direktor führte eine Untersuchung durch. 8. Fritz wird von Ilse angetroffen worden sein. 9. Der Brief wurde wom Briefträger gebracht. 10. Ihr hat für das Geschenk gedankt werden sollen.

5.222
    1. Viele Männer singen b.B.; Beim Baden singen v.M. 2. Die Farben der Bäume sind i.H.a.s.; Am schönsten sind d.F.d.B.i.H. 3. Schon im September werden d.N.i.k.; Immer kälter werden d.N.s.i.S. 4. Der Bote hat ihn g.n.a.; Ihn hat der Bote g.n.a.; Gestern hat der Bote i.n.a.; Nicht angetroffen hat ihn d.B.g. 5. Sie muß den Arzt g.w.i.S.a.; Den Arzt muß sie g.w.i.S.a; Gleich muß sie den Arzt w.i.S.a; Anrufen muß sie d.A.w.i.S.g.

5.223　1. Der Direktor gestattet dem Ausländer den Eintritt; ihm den Eintitt; ihn dem Ausländer; ihn ihm. 2. In der Straßenbahn überläßt ein Herr einer Dame seinen Platz; er ihr seinen Platz; ihn einer Dame; er ihn ihr. 3. Die Feuerwehr bringt dem Verunglückten erste Hilfe; ihm Hilfe; sie dem Verunglückten; sie ihm. 4. Der Lehrer erzählt seinem Kollegen eine gute Neuigkeit; ihm eine g.N; sie seinem K; sie ihm. 5. Die Mutter bestraft die Kinder für die Unordnung; sie für d.U.; die Kinder dafür; sie dafür.

5.224　a. 1. Die Kinder gehen bei Sonnenschein gern mit ihren Freunden zur Schule. 2. Sie kommt heute wahrscheinlich vergeblich zu mir. 3. Das Kind hat gestern wegen seiner schlechten Augen vom Arzt eine Brille bekommen. 4. Er macht jetzt in seinem Labor den Versuch ohne Angst trotz der Gefahr. Bei starkem Verkehr farhen wir täglich zweimal in die Stadt.
　　　　b. By positing modifier into first slot or by using subordinate clauses.

5.2241　a. 1. Mitgehen wird er nicht wollen; 2. Damit soll man u.d.U. zufrieden sein; 3. Meinen alten Tisch hat er mir r.; 4. Seinen Eltern sollte man; 5. Das hat sie; 6. Mit dem G. hat man ihnen g. 7. Verzeihen kann ich ihm d.n.; 8. Geglaubt haben wir i.n.a.s.E.; 9. Erschüttert war sie v.d.N. 10. Aber trotzdem wollen wir e.g.
　　　　b. 1. Er hat sich ausdrücklich dagegen gewehrt. 2. An jenem Morgen erschien ihm das Leben b.s. 3. Von der Vorstellung war das Publikum begeistert. 4. er wollte das m.G. damals erzwingen. 5. Sie hat e.n.S. ihrer Tante versprochen.

5.2242　1. Er hat ihr nicht absichtlich wehgetan. 2. Nein, d.i.s.S. nicht. 3. Warum h.d.e.F.P. nicht gegeben? 4. Um einen Gefallen kann man ihn nicht bitten. 5. Ohne s.A. kann man e.Z. nicht erreichen. 6. Man sollte i.d.L. nicht einkaufen. 7. B.r.u.n.9.U. nicht an! 8. Hast d.i.d.G. nicht gesandt? 9. Man soll sich darüber nicht zu sehr aufregen. 10. Dieser Plan scheint mir als nicht durchführbar.

5.23
5.231a+b. 1. Sie beklagte den Tod ihres Vaters (,) und (sie) weinte. 2. Hans kommt nicht jetzt (,) sondern (er) (kommt) erst später. 3. Sollen wir anrufen (,) oder (sollen) (wir) Inge schicken? 4. Ich bin böse, denn der Brief ist verloren gegangen. 5. Es scheint unmöglich, aber wir werden es versuchen. 6. Wo ist dein Mantel und wohin hast du deine Schuhe gestellt? 7. Müssen Sie jetzt gehen, oder können Sie noch bleiben? 8. Er kam, (er) sah (,) und (er) siegte. 9. Das war nicht meine Schuld (,) sondern (es) (war) seine (Schuld).

5.232　a. 1. danach; 2. darum; 3. auf sie; 4. dabei; 5. dafür; 6. daran; 7. daran; 8. danach; 9. daraus; 10. davon.
　　　　b. 1. Es ist zu naß, deswegen bleibe ich z.H. 2. Er fürchtete sich; trotzdem verteidigte er sich. 3. Sie hatte k.G.; stattdessen gab sie ihm B. 4. Der L. redet v.i.U.; währenddessen schlafen die S. 5. Sie hat geheiratet; seitdem ist sie u.
　　　　c. Er w.n.a., doch muß er a. 2. Der V.h.e.e., folglich solltest du e.t. 3. Er k.s.; allerdings wußten wir das. 4. Die S.i.e., also brauchst du d.d.n.z.k. 5. Einerseits möchte

271

           sie v.G.v., andererseits möchte sie K.h.
- d. 1. Er muß doch a.; 2. du solltest es folglich tun; 3. wir wußten das allerdings; 4. du brauchst dich also d.n.z.k; 5. sie möchte andererseits Kinder h.

5.3
5.31
- a. 1. Er konnte sich durch einen Sprung aus dem Fenster retten (1). 2. Wegen ihrer Krankheit geht sie nicht mit uns ins Theater (1). 3. Der A. ist in s.H. zurückgekehrt. Die P. fragte nach d.A. (2). 4. Ich weiß wirklich nichts über das Verbleiben deines Buches (1). 5. Ich telefoniere oft nach B. Meine V. wohnen dort. (2). 6. Sie haben den Zeitpunkt ihrer Ankunft nicht geschrieben (1). 7. Bei seinem Kommen bringt der P. sicher das Paket (1). 8. Sie hat eine s.E. Sie leidet durch die E. (2). 9. Jemand hat ein V. begangen. Jemand kann nicht festgestellt werden (2). 10. Schulzes sind w.g.F. Mit dem tätigen B. von Schulzes wurde der Kranke gesundgepflegt (2).
- b. Yes, English subordinate clauses function in the same manner.

5.32
- a. No, it is only applicable to main clauses.
- b. 1. The time modifier uses German construction and translates vor zwanzig Jahren literally instead 'twenty years ago.'
2. Main clause with pres perfect: Und ich habe nie den Wunsch gehabt, die edle Sprache zu verletzen; infinitive construction; ich wünschte sie nur zu verbessern; main clause, subjunctive: ich würde sie nur reformieren.
3. No, in German both sie are accusative; in English once the N 'she' and once the object pronoun 'her' is used.
4. Es ist der Traum meines Lebens gewesen.
5. würde plus numerous infinitives.
6. One main clause, one daß-clause with an embedded modifier clause of time.
- c. 1. Weil es stürmt und schneit, bleiben wir g.z.H. 2. Zieh d.w. an, damit du dich nicht erkältest! 3. Freuen Sie sich, wenn der F. endlich kommt? 4. Obwohl er s.f. war, bestand er d.P. nicht. 5. Es ist sehr w., bevor ein Gewitter aufzieht. 6. Als sie in Köln studierte, sah sie ihn z.l.M. 7. Während die Mutter das Essen kocht, liest Vater den Brief. 8. Sobald er i.K. ankam, ging er s.i.H. 9. Wir wunderten uns d., daß sie sich verspätete. 10. Viele K. leben i.S., da das Klima gesund ist.

5.33
5.331
- a. 1. dem ich d.B. empfohlen habe. 2. was d.L. erzählen. 3. mit denen wir uns unterhalten haben? 4. worüber er sich freute. 5. deren ältester T. er G. geliehen hat. 6. wo meine E. wohnen. 7. deren schweren K. er getragen hat. 8. mit der P. befreundet ist. 9. deren schlechte A. hier liegen. 10. den ich noch nicht gelesen habe?
- b. 1. Großmutter, deren G. wir g. feierten, ist 80 geworden. 2. Ich bin dem Polizisten, der mir geholfen hat, dankbar. 3. Die Leute, ohne deren s.H. der U. noch schlimmer geworden wäre, arbeiten i.d.N. 4. D.s.S. ist in s.H. zurückgekehrt, was wir sehr bedauern. 5. Eva, mit der Hans lange verlobt

war, hat geheiratet. 6. Diese Kirche, deren B. g. ist, stammt aus d.d.J. 7. Wir nennen d.S., die R. entdeckt hat, r. 8. Wer zu viel arbeitet, muß a.s.G. achten. 9. Wo ist Hans, dessen altes A. noch hier steht, hingegangen? 10. Sie haben sich um ihre k.T., die lange krank war, große S. gemacht.

5.332 a. 1. Es war dumm von ihm, daß er d.V. unterschrieben hat (1). 2. Wir wußten nichts davon, daß sie s. verunglückt waren (3). 3. daß er f.s.b.T. büßen muß (1). 4. Er behauptet, daß er sie nicht hat kommen hören (2). 5. Die S. zeichnete sich d. aus, daß sie s. arbeitete (3). 6. Es ist mir b.a., daß ihr z. kommt (1). 7. M. hat empfohlen, daß wir f. S. anziehen (2). 8. Er prahlte d., daß er sich s. A. hat machen lassen. (3). 9. Wie ist es möglich, daß sie a.S. berühmt wurde? (1). 10. Man flüsterte, daß er v.d.P.w.D. gesucht wurde (2).

b 1. Das war unnötig, daß du das angezweifelt hast (4,1,4). 2. Es ist sehr peinlich, daß das Buch verloren ging (3,1). 3. Ich wußte, daß er das Mädchen gebeten hat, das zu tun (1,4). 4. Daß ich mitgehe und das tue, war sein Befehl (1,4). Das Märchen, das sie den Kindern vorlas, war das, was sie auch als Kind geliebt hatte (3,2,4). 6. Wußtest du das, daß das Haus, das ihr jetzt bewohnt, einmal uns gehört hatte? (4,1,3,2). 7. Daß du das geschafft hast, das macht mich froh (1,4,4). 8. Ohne das Buch, das er sich geliehen hat, kann ich das Zitat nicht finden (3,2,3). 9. Das ist wirklich ein Jammer, daß das Wasser in der kalten Nacht geforen ist und später das Erdgeschoß überschwemmt hat (4,13,3). 10. Das ist hier Sitte, daß das Mädchen, das uns das Haus putzt, Weihnachten eingeladen wird (4,1,3,2,3).

5.3321 a. 1. uns damit einen G. getan zu haben; 2. dich um die A. zu kümmern; 3. meine Ergebnisse zu veröffentlichen; 4. vorzumarschieren; 5. belastendes M. zu besitzen; 6. die K. zu besuchen; 7. in die S. zu gehen; 8. seinen B. zu verkaufen; 9. ihn nicht gefragt zu haben; 10. die A. zu beenden?

b. 1. Es war unmöglich, ihn zu retten. 2. Sie vergaß, den Brief an die S. zu schreiben. 3. Er muß sich daran gewöhnen, regelmäßig zu arbeiten. 4. Der Pilot fürchtete sich davor, auf dem Eis zu landen. 5. Er forderte den Mieter auf, die Miete pünktlich zu zahlen. 6. Es war unmöglich, die Verhandlungen wieder aufzunehmen. 7. Der Vater warnt den Sohn, sein Geld zu verschwenden. 8. Der Lehrer empfahl dem Fremden, sich ein gutes W. zu kaufen. 9. Wir beabsichtigen, unser Haus i.S. neu zu bedachen. 10. Ich bitte dich darum, mich bald anzurufen.

5.333 1. ob er den B. geschrieben hat. 2. Sie hat nicht gesagt, wie sie heißt und wo sie wohnt. 3. wer heute einkaufen geht. 4. womit sie ihm dienen kann. 5. ob es einen harten Winter g. wird. 6. Er beschrieb, wie er den Bären erjagt hatte. 7. Warum ist es dir nicht bekannt, wie das Kunstwerk entstanden ist? 8. Er sagt nicht, bei welcher Gelegenheit er sie getroffen hat. 9. Wir sprechen darüber, wie man N. bildet. 10. Hast du nicht gehört, wie lange er gestern gearbeitet hat?

5.334
5.3341 1. Neulich habe ich F.M. getroffen, bei der ich a. Studentin wohnte. 2. Wo man singt, da laß dich ruhig nieder, denn b.M. haben keine L. 3. Gehst du i.T., wo "F." aufgeführt wird? 4. Die Straße, auf der man nicht fahren soll, ist f. geteert. 5. Wohin du gehst, dahin will ich auch gehen. 6. wo ich s.e.v.z.J. war. 7. Das Zimmer, in das er eintrat, war s.ü. 8. wohin ich ihn begleitet habe. 9. neben der m.O. wohnt. 10. in den d.P.g. hineingegangen war.

5.3342 a. 1. seitdem; 2. Während; 3. Als; 4. wenn; 5. bevor/ehe; 6. Wenn/Sobald; 7. nachdem; 8. Bevor/Ehe; 9. bis; 10. Sobald; 11. Solange; 12. Sobald/Nachdem/Als; 13. Als; 14. bis; 15. Bevor/Ehe/Sobald/Als.

b. 1. Als der K. ausbrach, waren wir g.i.A. 2. Das H. ist unbewohnt, seitdem er tot ist. 3. Die K. wurde abgebrochen, nachdem man t.e. beraten hatte. 4. Während wir U. machten, ist i.u.H. eingebrochen worden. 5. Als er noch lebte, ging es s.F.v. besser. 6. Bitte stehen Sie auf, wenn der R. eintritt. 7. Wo haben Sie gewohnt, als Sie K. waren? 8. Nachdem die V. bekannt wurden, atmeten alle e. auf. 9. Sobald diese F. geklärt sind, hören Sie von uns. 10. Wenn sie sich wiedersehen, weint sie immer vor Freude.

c. 1. Wann; 2. Wenn, wen; 3. Als, wann, wen; 4. Wenn, wann; 5. Als, wen, wann.

d. 1. davor; 2. Bevor; 3. Nachdem, danach; 4. Danach, nachdem, bevor; 5. davor, danach, nachdem.

5.3343 a. 1. deshalb/darum/deswegen/folglich/also; 2. Weil/Da; 3. denn; 4. Deshalb/etc.; 5. deshalb/etc.; 6. deshalb/etc.; 7. denn; 8. Weil/Da; 9. deshalb/etc.; 10. deshalb/etc.

b. 1. dann; 2. denn/dann; 3. da, dann; 4. da; 5. denn/dann; 6. dann; 7. Da; 8. denn; 9. denn dann; 10. Da, denn, dann, da.

5.3344 a. 1. damit man Geld gewinnt/um Geld zu gewinnen. 2. damit man ihn nicht sieht/damit er nicht gesehen wird/um nicht gesehen zu werden. 3. damit man Ski läuft/um Ski zu laufen. 4. damit er die S. beobachten kann/damit die S. beobachtet werden können/um die S. zu beobachten. 5. damit ich meinem V. ein G. kaufen kann/um meinem V. ein G. zu kaufen. 6. V.M.t.B., damit sie besser sehen/um besser zu sehen. 7. damit der Kranke schlafen kann. 8. D.A.tat a., damit er den Verunglückten retten konnte/ damit der Verunglückte gerettet würde/um den Verunglückten zu retten. 9. Sie gießt die Blumen täglich, damit die B. gedeihen. 10. damit wir bald essen können/damit bald gegegessen werden kann.

b. 1. Um den Wohlstand zu vergrößern, arbeiten wir viel. 2. Um seine Krankeit zu heilen, begab er sich i.e.S. 3. Um ein großes Haus zu heizen, braucht man g.O. 4. Um die Währung zu stabilisieren, müssen wir den I. erhöhen. 5. Um die Sicherheit zu fördern, wurden m.P. eingestellt. 6. Um unser Alter zu versorgen, bezahlen wir S. 7. Um seine Sprachkenntnisse zu verbessern, machte er R. 8. Um Land zu gewinnen, ließ d.R.S. austrocknen. 9. Um die S. zu verschönern, legt man einen P. an. 10. Um das Land zu verteidigen, hat man Armeen.

5.3345 a. 1. Obwohl/Obgleich es verboten war, spielten d.K.m.S.
2. Trotzdem er aufmerksam ist, versteht der S. den L.
nicht. 3. Obwohl die Sonne h. schien, war es kalt. 4.
Er besuchte die V., obwohl er k. war. 5. Obwohl/Trotzdem
er arm war, war er i.f.u.z. 6. Er bekam schlechte Zensuren,
obwohl er fleißig war. 7. Er kaufte das B., obwohl der
Preis zu hoch war. 8. Trotzdem ich sie sorgfältig gepflegt
hatte, ist meine B. gestorben. 9. Er fuhr s., obwohl die
S. eisig waren. 10. Obwohl er es versprochen hatte, half
er den F.n.

b. 1. will ich dir trotzdem verzeihen; 2. Er grüßte mich
dennoch nicht; 3. Der Arzt gab ihn aber nicht auf. 4.
war er trotzdem nicht glücklich. 5. sie verlor dennoch
den M. nicht.

5.3346 a. Wenn er arm ist/Ist er arm, kann er n.v. 2. Ich brauche
keinen Arzt, wenn ich gesund bin/bin ich gesund. 3. Wenn
sie Hunger hat/Hat sie Hunger, ißt sie. 4. Man braucht
warme K., wenn es kalt ist/ist es kalt. 5. Alle Leute
mögen einen, wenn man freundlich ist/ist man freundlich.

b. 1. Wenn man ihm mehr Geld böte (bieten würde), verkaufte
er sein Haus. 2. Ich würde nicht fragen, wenn ich es
wüßte. 3. Wenn er nur den Mut hätte, die Wahrheit zu sagen!
4. Wenn du krank bist, solltest du den Arzt aufsuchen.
5. Was würdest du tun, wenn er plötzlich käme? 6. Wenn
sie uns nur helfen würden! 7. Wenn man sparsam ist, wird
man reicher. 8. Hätte sie keinen Fernseher, würde sich
ihre Arbeit verbessern. 9. Wenn Sie nur wüßten, wie unglücklich er ist! 10. Wir können nicht essen, wenn wir nicht
Geld verdienen.

5.3347 a. 1. Je näher d.G. sind, desto lauter klingen sie. 2. So
wie d.E. leben, so leben die K. 3. Er kam s.z., als man
erwartete. 4. Je schwerer d.A. ist, umso größer ist d.B.
5. Die Ernte ist so gut, wie die Saat ist. 6. Seine F.
sind gößer, als man erwartet. 7. Je größer die Hitze ist,
umso größer ist der Durst. 8. So wie die Frage ist, so
ist auch die A. 9. Je älter die Menschen werden, desto
vernünftiger werden sie. 10. Seine K. sind größer, als
wir glaubten.

b. 1. Je mehr man das Bild betrachtet, desto mehr Details
sieht man. 2. Wir hatten dieses Jahr so viel Schnee, wie
sie in Sibirien haben. 3. Die Reise war billiger, als
ich erwartet hatte. 4. Je mehr seine Freiheit beschränkt
wird desto rebellischer wird er. 5. Je höher die Geschwindigkeit ist, desto schlimmer werden die Unfälle.

c. 1. Wenn (condition); 2. nachdem (time); 3. Wie (question);
4. da (place, adverb); 5. Da (cause); 6. wie (comparision);
7. dennoch (contrast, adv.); 8. Obwohl (contrast);
9. wodurch (relative); 10. Wenn (time).

d. 1. als (time); 2. damit (pronoun); 3. deren (relative)
4. denn (adv); 5. Was (relative); 6. damit (purpose);
7. trotzdem (contrast); 8. was (question) 9. Trotzdem
(contrast); 10. denn (cause).

e. 1. We saw the new drama that he wrote last year (relative).
2. They heard that the police took him into custody
(daß-clause). 3. He said something I did not understand

(relative). 4. He asked her what she did during her vacations (indirect question). 5. What he said I did not understand (relative). 6. Do you know where the lemons bloom? (place). 7. (Where there is work, there is also dirt) (proverb; relative/place). 8. (The biter will be bitten; proverb; lit. He who digs a grave for another, falls into it himself) (relative). 9. Who that was, she did not know (indirect question). 10. If you forget that, I'll get angry (condition). 11. We were happy when we got his letter (time). 12. We were happier than we can describe (comparison). 13. (As one calls into the woods, it echoes) (proverb; comparison). 14. We had to explain to him how one uses the machine (indirect question). 15. However much he tried, he still could not make it (comparison).

5.4
5.41   a. 3, 4, 9, 6, 1, 7, 8, 2, 5, 10.
       b. 1. It will always remain incomprehensible to me why he decided to emigrate to Africa, after he had established such good living here, which his useless son will destroy now. 2. Had he administered the firm, whose products are known world-wide and which his father had founded, better he could now rely on his efficient grandson and introduce him to the firm, after his other sons have chosen different professions, whereby he would gain a successor for the family enterprise who may still save the firm. 3. Why has the paper, which otherwise reports everything important, not mentioned yesterday's incidents at the students' demonstrations who protested against further armament, but limited itself to international news whose impact on our town is really smaller than the occurrences at home?

5.411   1. Mich zu besuchen, wenn d.Z.h, hast du m.v. 2. Sie hat mir n.g., weshalb; 3. Man sollte ihm mehr V. geben, weil es scheint. 4. Wenn das alte Haus, das du v.d.G.g.h, abgerissen würde, wäre e.J. 5. Wann wir d.R. planten, fragte er, damit.

5.412   a. 1. Die Frage danach, wie man leben könne, wenn alles teurer wird, ist häufig gestellt worden. 2. Es ist d.L. der g. ist, unverständlich, warum d.S, die i. sind, nichts lernen. 3. Ihre Aussage, sie sei n.d., als d.D. stattfand, bei dem d.B. ausgeraubt wurde, klang verlogen. 4. Wann, wollte sie wissen, wir uns treffen, um die G., auf die sich d.K. freuen, einzukaufen. 5. H.S. den ich k. habe, als ich b.F.M., die er g. hat, arbeitete, ist I.
       b. 1. Es ist heute, am fünften Juni, noch nicht bekannt, ob das Experiment, das Dr. Schmitt heute bestimmt beginnt und das am neunten Juli beendet sein soll, ebenso erfolgreich wird, wie das vorige war, durch das er Weltruf erlangte. 2. Als seine Mutter, die in der neuen Bibliothek arbeitet, nach Hause kam, nachdem sie unterwegs einkaufen gegangen war, war sie ärgerlich, ihr Haus, das sie am Morgen schnell gesäubert hatte, völlig in Unordnung zu finden, die er und seine Freunde, die er eingeladen hatte, verursacht hatten. 3. Die Frage danach, wo und wann der neue Damm,

der von allen Gruppen, die um Umweltschutz besorgt sind, weithin diskutiert wird, gebaut werden soll, kann nur dann, wenn die Wahlen stattgefunden haben, von der neuen Regierung beantwortet werden.

5.413 a. 1. Er hat ebenso schwer, wie wir es taten, darum kämpfen müssen (object, pred). 2. Sie wollen weder besucht werden, noch wollen sie angerufen werden (complement of pred; subject, finite verb). 3. Werden Sie mit dem Zug fahren oder werden Sie mit dem Auto fahren? (inf; finite verb, subject). 4. Das Kind schlug um sich, das Kind schrie, und das Kind tobte wild. (subject, subject). 5. Das hat weder beschrieben werden können, noch hat das besprochen werden können (2. inf.; finite verb, object).

 b. 1. Wir sind ihr bei ihren Hausaufgaben behilflich. 2. Wir helfen ihr b.i.H. 3. Wir kommen ihr b.i.H. zu Hilfe 4. Sie macht ihre H.; wir helfen ihr. 5. darum helfen wir ihr. 6. Wir helfen ihr, weil sie ihre H. macht. 7. damit; 8. damit ihre H. gemacht werden. 9. ihre H. zu machen. 10. Wir h. i. ihre H. machen. 11. Wir haben ihr ihre H. machen helfen. 12. Wir helfen ihr bei den Aufgaben, die man zu Hause macht. 13. die z.H. gemacht werden. 14. die z.H. zu machen sind. 15. die sie z.H. zu machen hat.